黄飞鸿传

生前寂寥 身后荣光

SHENGQIAN JILIAO SHENHOU RONGGUANG

HUANGFEIHONG ZHUAN

韩春萌 著

中国文史出版社

图书在版编目（CIP）数据

生前寂寥，身后荣光 ：黄飞鸿传 / 韩春萌著 . -- 北京 ：中国文史出版社，2017.5

ISBN 978-7-5034-9338-6

Ⅰ . ①生… Ⅱ . ①韩… Ⅲ . ①黄飞鸿 - 传记 Ⅳ . ① K825.47

中国版本图书馆 CIP 数据核字 (2017) 第 144809 号

责任编辑：梁玉梅

出版发行：**中国文史出版社**

网　　址：www.chinawenshi.net

社　　址：北京市西城区太平桥大街 23 号　邮编：100811

电　　话：010-66173572　66168268　66192736（发行部）

传　　真：010-66192703

印　　装：北京温林源印刷有限公司

经　　销：全国新华书店

开　　本：16 开

印　　张：19.5　　**字数**：305 千字

版　　次：2018 年 1 月北京第 1 版

印　　次：2018 年 1 月第 1 次印刷

定　　价：49.80 元

楔 子

清代末年，广州街头。某日，一群手持刀枪棍棒的歹徒正穷凶极恶地围攻一个身材高大的中年男子。赤手空拳的中年男子毫无惧色，他挥动双拳打倒对方一大片，再飞舞双脚踢倒他们中几个武功不错的家伙。

“不好！这是佛山‘无影脚’！”

“快跑，碰上黄飞鸿了！”

……

黄飞鸿的名字，很多人都听说过。关于他的故事和传说，爱看功夫片的观众更是耳熟能详。在许多人的印象中，黄飞鸿的绝招“无影脚”，成了他克敌制胜的法宝，厉害到子弹打不到他的地步。正因为他太厉害了，有人便认为他是一位虚构出来的为民除害的英雄人物。

其实，黄飞鸿并非虚构出来的人物，而是确有其人。据报道，黄飞鸿是南派武术的一代宗师，他共有四个儿子（其中一子被害）、两个女儿，三个孙子、六个孙女，如今分布在东南亚、澳洲和拉美地区，他的后代完全脱离了武术界。他的徒弟在20世纪30年代就介绍过他的武技，再传弟子还出过他的传记。香港武侠小说家我是山人在《黄飞鸿正传》的序中说：“黄飞鸿真有其人，自然是无疑问，但其生前仅以威盛，不大以名传，省、港、澳知者不少，但南洋、南北美洲不知其人者多。其后声名大著，多得南派武侠小说家的生花妙笔，加上制片家的生意眼光独到，遂造成今日妇孺皆知的局面。”

作为一个传奇式英雄人物，民间流传着许多黄飞鸿的故事——

清末民初，黄飞鸿应国际医学会的邀请，与梁宽、十三姨前往广州，途中与白莲教结下纠纷。后来得到革命义士陆皓东之助，寄居于英国领事馆，并结识革命领袖孙中山。清朝大臣元述为对付革命义士，煽动白莲教团攻打英国领事馆。为保护革命力量，黄飞鸿与元述展开较量，并帮助孙中山等人脱险……

这是徐克获得当年香港电影金像奖最佳导演奖影片《男儿当自强》中描述的故事，他的另一部作品《西域雄狮》更离奇：民团教头黄飞鸿在广州设立宝芝林，与一群弟子锄奸扶弱，发扬中华武术精神。黄飞鸿精通英语的弟子牙擦苏到旧金山开分馆，将中国武术传至海外。黄飞鸿带着十三姨、鬼脚七赴旧金山视察分馆业务，到西域后发生意外。为救十三姨，黄飞鸿坠下峡谷失去了记忆，后来被红番飞鹰族所救，与族人在草原上过着游牧生活。在一次飞鹰族与红毛族的战斗中，黄飞鸿危急关头恢复记忆，击退红毛族。再后来他与十三姨等人会合。为保护镇里的中国同胞，黄飞鸿用中国武术大战西洋枪手，双方打得难解难分！

在众多的故事与传说中，黄飞鸿都是一个不畏强暴、敢于与邪恶势力作斗争的大英雄，他武功盖世，智勇双全。然而，《黄飞鸿笑传》中的黄飞鸿，却是一个不懂武功的平凡之辈。一个大浪打来，黄飞鸿猝不及防，被浇了个落汤鸡，狼狈不堪。奸人石坚以为他深怀绝技，一次次向他挑战。黄飞鸿虽然对奸人坚开烟馆满腔义愤，但一较量却不是他的对手。洋相百出的黄飞鸿丢尽了“英雄”的面子。尽管他最后还是战胜了奸人坚，但这是因为奸人坚经常吸大烟四肢无力、外国人也不再支持他的缘故。

一个是武功盖世的民族英雄，一个却是手无缚鸡之力的无能之辈，两个“黄飞鸿”，到底哪个黄飞鸿是真实的?

据黄飞鸿的门徒和后人回忆以及当时部分报刊记载，黄飞鸿的确武功高强，他与大名鼎鼎的北侠霍元甲当时并称为“南北双侠”。黄飞鸿在世期间，开设武馆授徒无数，其中大部分人在外谋生后失去了联系。如今，黄飞鸿的弟子及再传弟子遍布世界各地，他们主要以开中医诊所和传授武艺为生。有人甚至说，现在只要有华人的地方，就有黄飞鸿的传人。

在众多的嫡传弟子中，黄飞鸿倾力相传的当数陆正刚、林世荣、梁宽、戚继宽、邓秀琼等人。

由于练武之人在封建社会和半封建半殖民地社会中的地位不高，黄飞鸿生前许多见义勇为的侠义故事是靠民间流传保存的，这就使得这位武术大师披上了一层神秘色彩。老百姓喜爱这个侠义之士，小说家和剧作家便把他当成了自己作品中的主角。渐渐地，许多黄飞鸿的事迹被发掘出来。作为武林宗师加民族英雄的化身，他在人们心目中的地位越来越高大。

然而，由于时代的久远，许多真实的故事已经失传，关于黄飞鸿的生平事迹也留下了许多有待考究的谜团。例如，关于黄飞鸿的生卒年月，就有好几种"说法"。曾绍胜编著的《岭南武术史》说他生活的时间"约1855年至1920年"，黄飞鸿家乡佛山的一个网站上，一篇题为《一代宗师黄飞鸿》的文章却又是这样写的：

黄飞鸿原名黄锡祥，字达云，原籍南海西樵岭西禄舟村，道光二十七年七月初九生于佛山，其童年、少年均在佛山度过。黄飞鸿自六岁起随其父黄麒英习武，因家境贫寒，经常在佛山、广州等地卖武售药。

按此文的说法，黄飞鸿应该是在道光二十七年所生，也即1847年诞生的。另外梁达编著的《黄飞鸿嫡传工字伏虎拳》一书中的《黄飞鸿传略》，又称他是1850年出生的。但佛山黄飞鸿纪念馆列出的"黄飞鸿大事年表"和《南方周末》的报道，都称黄飞鸿"1856年农历七月初九生于佛山"。查阅有关资料及比照与黄飞鸿相关的人的生平事迹，黄飞鸿出生于1856年的说法较为准确。关于他的去世时间，大部分资料都认为是1925年，也有少数认为在1920年或1924年的。

黄飞鸿的生平事迹中，还有不少类似的谜团。诸如他是否独子问题、他的母亲是何时如何去世问题，等等。网上引南方一家颇有影响的报纸的消息称："黄飞鸿是独子，和母亲靠父亲黄麒英在外卖艺挣钱度日，一家人在草房容身。"佛山当地作家写的纪实小说《少年黄飞鸿》和《南海旧事》则均称黄飞鸿有一个哥哥叫黄造天，或许当地作家的说法更真实可信。

再如关于黄飞鸿的母亲阿娴之死，电视连续剧《少年黄飞鸿》第六集是这样描写的：十三姨痴心错托，不禁伤心欲绝。她身中剧毒，黄麒英束手无策。留洋归来的西医叶世轩为了救治十三姨，偷入宝芝林却被黄麒英撞破，叶世轩将黄飞鸿的母亲阿娴劫作人质逃走。梁威、黄麒英侦察到叶世轩藏匿于货仓，大加围捕。货仓突然起火，叶世轩和阿娴被困火场，两人被活活烧死。电视剧虚构的成分太大，此事未必可信。但可以断定，黄飞鸿的母亲在他年轻时就已离开人世。

连黄飞鸿都有这么多待解之谜，那些生活在他身边的人，其事迹就更多谜团了。在黄飞鸿的电影中，十三姨是个常常出现的形象。电影《武状元》写黄飞鸿在清末时常教人练武，欲图自强救国。清政府腐败至极，洋人到处横行霸道，黄飞鸿不时与洋人作对。武夫严振东贪图个人名利，被洋人收买，劫持黄飞鸿倾慕的十三姨，想逼黄飞鸿就范。其徒梁宽不满严振东所为，暗中给黄飞鸿通风报信。黄飞鸿本不想在洋人面前与同胞内讧，但情势所逼，一场较量在所难免……

徐克导演的许多电影都有十三姨这个人物，就连新编系列粤剧“佛山黄飞鸿”之《奇情记》也不例外。这个第八届广东省艺术节获奖剧目，描写正当威震武林、名扬四海的黄飞鸿遵父命将与“指腹为婚”却从未谋面的梁小玉完婚之际，不期遇上客居国外、从小青梅竹马的十三姨回家乡省亲，两人旧情重燃。他们的恋情有悖于“父母之命”，遭到黄飞鸿父亲等人的强烈反对和阻挠。法兰西青年乔治深爱十三姨，追随着来到佛山向她求婚，其情真挚令十三姨既感动又无可奈何。即将成为黄家媳妇的梁小玉，与本地一姓何的穷秀才生死相恋，不弃不离，愿以死明志，求黄家退婚，致使黄家骑虎难下，进退维谷！

在许多人看来，十三姨似乎真有其人。有人甚至把她与黄飞鸿的第四位妻子莫桂兰联系起来。网上有一篇文章提道：“提起第四夫人莫桂兰，就不能不说说十三姨，她美若天仙，跟随着黄飞鸿打拼天下。黄飞鸿日常穿对襟唐装，十三姨却穿小洋装，打小花伞，还会说洋文。一天十三姨突发奇想，要教黄飞鸿学英语 I LOVE YOU，可武功了得的黄飞鸿却说‘爱老虎油’。这些情节诙谐幽默，令人印象深刻，给黄飞鸿这个英雄式艺术形象增加了几分生活情趣。其实，十三姨只是徐克导演的构思罢了，真正的红颜娇妻是莫桂兰。”

据有关人士考证，十三姨是个虚构的形象，历史上并无其人。莫桂兰倒是确有其人，她是不是十三姨的生活原型？或者是十三姨另有生活原型呢？

黄飞鸿一生有过四个妻妾，虽然一生结婚四次，但他都是在前妻去世后再娶的。前三任妻子都是在与黄飞鸿结婚后不久去世的，令黄飞鸿百思不得其解。莫桂兰与他成亲时，他已经五十九岁了，而莫桂兰却才十九岁，婚后两人感情非常好。莫桂兰也通武艺，是个超凡脱俗的女中豪杰，但她并没有留过洋，与十三姨的故事不相符。

1976年莫桂兰接受香港记者采访时，讲述了有关黄飞鸿的一些“原汁原味”的往事。她说黄飞鸿生相怪异，寿星公头，有一副罗汉眉，眉长至垂下，瓜子口面，耳大而长。身材高大的黄飞鸿，要穿三尺六寸的长衫。当他被广州水师提督聘为武术教头和军医官时，提督大人叫他穿上官服，请画师为他画像。黄飞鸿见画像上的自己威风凛凛，常常会有发自内心的喜悦。

莫桂兰还说，飞鸿性情极为和顺，老少都喜欢与他亲近。他总是满面笑容，人缘非常好。他很喜欢和徒弟们开玩笑，师徒打成一片。他平日有喝茶的嗜好，只要是徒弟们请他去茶楼，他从来没有推却过。别人称他“教头”时，他总是笑称自己为“豆腐教头”。

莫桂兰直到1982年才逝世于香港。她生前与黄飞鸿的弟子林世南、再传弟子朱愚斋等人，将黄飞鸿的武技发扬光大，使其传人遍布海内外。香港武侠小说家我是山人在《黄飞鸿正传》序文中说他是靠小说家和制片商造成今日妇孺皆知的局面，这种说法其实也不尽然。此前虽有他的再传弟子朱愚斋的传记《黄飞鸿江湖别传》和《岭南奇侠传》，但从另一方面看，黄飞鸿知名度的扩大，与莫桂兰、林世荣等人大量授徒不无关系。

现在，黄飞鸿已经成了佛山旅游文化的一张名牌。有人戏言：佛山市的一位领导去国外考查，演讲时自我介绍说“我是佛山来的”，外商不以为然。而他说“我是黄飞鸿故乡来的”，他们便会频频点头：“佛山！佛山！”无怪乎佛山市在对外旅游招商中，要打“佛山黄飞鸿”的旗号。更有人一语中的：佛山的企业品牌能像“佛山黄飞鸿”一样出名就好了！

随着黄飞鸿狮艺武术馆、纪念馆的建立，越来越多有关黄飞鸿的真实故事被发掘出来并不断得到证实。黄飞鸿的一生，堪称一代武林宗师。他扶弱除奸，伸张正义，的确干了不少除暴安良的事情。他曾单枪匹马与数十名劫匪搏斗于当铺，也曾见义勇为替受歹徒殴打勒索的“卖鱼灿”讨回公道。虽然武艺高强，他却不恃武逞强，而是虚心求教，不断提高自己的武艺。在江湖恩怨面前，他从容面对挑战，经常化干戈为玉帛，不愧为武林风范。

称他为民族英雄，其实一点也不为过。甲午战争期间，他曾与著名的黑旗军将领刘永福到台湾，为保卫国土与日本侵略者展开过生死较量。在此之前，当一洋人带着他的洋犬在香港设擂、欺我中华武林无人时，黄飞鸿亲临擂台击毙洋犬，并打败洋人，为我中华武林争了一口气。这些真实的历史记载，与北侠霍元甲相比丝毫也不逊色。

在一百多部有关黄飞鸿的影视作品中，黄飞鸿的武功被越拍越玄，有的离真实的黄飞鸿越来越远。我们不能苛求文艺工作者都要用写实的手法，塑造出来的都是一个“本色”的黄飞鸿，但也不希望他们将黄飞鸿写得太离谱了，以致造成“黄飞鸿不是真人真事”的误解。

黄飞鸿再传弟子、在全球开馆传授黄飞鸿武术的著名武术家赵志凌说，据统计，目前全球有38万人在学习黄飞鸿武术。黄飞鸿狮艺武术馆、佛山黄飞鸿纪念馆落成后，经常有来自世界各地的黄飞鸿徒子徒孙前来拜祖。在黄飞鸿像前，那些来自海外的洋弟子和华人弟子一样，每个人都大施“三跪九叩”之礼。

黄飞鸿不再是一个平凡的武师，而是一个被施以了更多象征的偶像。他以自己可歌可泣的人生，成为正义的化身，成为中华民族不屈精神的象征！

神秘的“无影脚”到底是怎么回事？黄飞鸿真的与孙中山有过联系吗？黄飞鸿是否到过美国？红颜知己十三姨是否另有他人？本书力求展现一个较为真实的黄飞鸿，走进《生前寂寥，身后荣光：黄飞鸿传》，你自然就会解开上述谜团。

目录

Contents

目录

Contents

第一章
街头卖艺

清代末期，佛山习武成风。一代武林宗师黄飞鸿，于咸丰六年出生在美丽的西樵山下一个武术世家。家境贫寒的飞鸿，六岁开始随父习武，尽得少林派武技真传。迫于生计，不满十三岁时，他随父亲走上街头卖艺售药。一套五郎八卦棍法，吸引了众多围观者，也使黄家收入大增。少年时代的黄飞鸿就有侠义心肠，干出了不少匪夷所思的大事。

第一章 街头卖艺

广东佛山南海市的西南部，有一座美丽的大山——西樵山。它地处广州、佛山、顺德、江门、高明之间，地理位置十分特别。然而，更令人称奇的，是西樵山美轮美奂的自然风光。这里有大大小小的七十二座山峰，有二百零八眼大小清泉、十八处瀑布和四十八个岩洞，真可谓峰峰皆奇、洞洞皆幽。各种奇特的石景与湖、瀑、泉、涧相互点缀，构筑了西樵山特有的岭南风情。古人曾用这样的诗句赞美西樵山旖旎的风光："谁信匡庐千嶂瀑，移来一半在西樵。"

林深苔厚，郁郁葱葱，洞壁岩缝，瀑泉欢歌。山水的秀色与灵气，孕育了不少天地精灵。清代咸丰年间，一代武林宗师黄飞鸿就出生在西樵山下的禄舟村。

黄飞鸿的祖父黄镇江（又名黄泰）、父亲黄麒英都是南拳高手，靠开设"泰康堂"经营药品维持生活。有的资料记载，黄镇江还当过几年私塾先生。尽管如此，黄家的生活过得并不宽裕。由于家境清贫，一家人挤住在一间简陋狭小的茅草屋里。

黄镇江开始不许黄麒英学武，也许是深知江湖险恶的缘故吧！可偏偏黄麒英就喜欢武术，当他父亲练武时，他就在一旁偷学。当时社会动荡，民间习武成风，黄麒英为防身而偷偷习武也就很正常了。

迫于生计，黄麒英常奔走乡间圩镇行医卖药。他祖传的正骨跌打损伤医术，在当地小有名气，但佛山是岭南中成药之都，竞争相当激烈。街头卖药，往往要与卖艺相结合，在这种情况下，黄镇江只得同意黄麒英习武。黄麒英在一次演技卖药时偶然与南少林派高手陆阿采结识，被陆阿采收为徒弟，从此武艺大进，成为清代武林的“广东十虎”之一。

家境渐渐好转，黄麒英娶妻生子。长子黄造天的降生，给这个贫民家庭增添了无限快乐。有了孩子就多了份责任，黄麒英更卖劲地卖药习武。作为南少林洪拳的第四代衣钵传人，他擅长的拳术已有四平六镇拳、三箭拳、夜虎出林拳、二龙争珠拳、单功伏虎拳及小洪拳等。

没过多久，黄麒英的妻子阿娴又有喜了，乐得他合不拢嘴。阿娴的肚子一天比一天大起来，禄舟村的村民们都知道黄麒英不久又要做老爸了，大家都替他高兴。

西樵镇岭西禄舟村，黄姓当时是非常大的姓，黄姓人口占三分之一以上。关于该村黄姓人家的起源，有一段至今流传很广的传说。据说宋朝徽宗年间，中原有个叫黄仲园的人，在朝廷兵部任职。由于与皇宫里的一名宫女相爱并使对方怀孕，引得龙颜大怒，下旨要将黄仲园满门抄斩。听到风声的黄仲园想方设法携宫女逃到岭南的一座大山里，过起了悠闲的田园生活。他们生活的这个地方，就是今天的岭西禄舟村。由于这里村民大多姓黄，村民私下里都称禄舟村为“黄家村”。

到了妻子阿娴分娩的那天，黄麒英没想到会遇上点小麻烦。他的妻子又不是生头胎，但不知道为什么，从凌晨开始出现产兆，天亮已很久了，婴儿仍未下地，把他急得像热锅上的蚂蚁。他在一旁念念有词，祈求老天保佑母子能平平安安。

接生婆很迷信，她让黄麒英到西樵山云泉仙馆去烧炷香，捐些香油钱，以企求吕大仙保佑母子平安，让孩子早点生出来。黄麒英本来不信神信鬼的，但处在这个特殊的关头也只有听接生婆的。他一路小跑上了山，直奔云泉仙馆。

在云泉仙馆，他向吕洞宾像三跪九叩地行过礼，捐了香油钱。道长问他：“施主来此所求何事？”黄麒英如实回答，道长让他先求了签。解签的道长看过他手中的签后告诉他：“你求的是上签，放心吧，一切都会逢凶化吉的。”黄麒英飞也似的跑回家，还没进家门就听到婴儿啼哭声，他悬着的一颗心这才放了下来。不信神的麒英这回也暗自称奇：“这吕大仙真灵验啊！”其实，这不过是巧合而已。

接生婆见麒英回来了，满脸堆笑地向他道喜：“恭喜你呀，又生了个胖小子！吉人自有天相，托神仙保佑，母子都平安！”

“谢谢您了！太谢谢您了！”

黄麒英不停地向接生婆表达内心的感激之情，又是给“利是”(红包)，又要留她吃饭。接生婆说：“乡里乡亲的，何必如此客气。”说完交代了一些注意事项，接生婆便回去了。等她走了以后，黄麒英上去看新生的婴儿，越看心里越喜欢：“嗨，傻小子！又胖又憨的，长得真可爱！”

按照接生婆的吩咐，麒英立即煮了几个鸡蛋，端进屋里慰劳阿娴。过了几天，黄麒英还是笑得合不拢嘴。阿娴说：“别只顾乐了，赶紧给孩子取个名字吧！”

提到取名字，这可给麒英出难题了。麒英的父亲读过几年书，在农村也算是个文化人，过去村里人生孩子后，常有人来请他代取名字。麒英的长子叫造天，这个名字就是黄镇江取的。至于为什么叫造天，麒英并不是很清楚，有一点他认定了，那就是父亲取的名准没错！如今父亲不在人世了，这取名字的事咋办？

麒英跟父亲念过一阵子书，虽说文化不高，字倒也认识不少。他查通书，又翻字典，想自己给儿子取个名字。费了半天功夫，取了个名字叫“黄锡祥”，大家都说不太理想。他把通书和字典一扔，先让乱如麻的脑子休息休息再说。

“今天是咸丰六年（1856年）七月初九，孩子的生辰八字应该是……”

休息了一会，麒英又开始想孩子的名字，仍然没结果。这咬文嚼字比练武都难！麒英这样想，决定还是找别人代取这个名字。找谁好呢？想来想去，村里找不出个合适的人来。山穷水尽之时，麒英突然想到了云泉仙馆的那位道长，道长潜心读经，文化水平肯定不低。麒英想到这里，立马就朝山上的云泉仙馆奔去。

大自然的造化，使得西樵山成为众多鸟类的栖息地。麒英无暇观赏各种嶙峋的怪石，也没时间听各种鸟儿的欢歌，只想尽快找到道长给孩子取个好名。当他行至洞口，突然从头顶飞过两只鸿鹄大鸟。鸿鹄几声鸣叫，触发了麒英的灵感，叫“飞鸿”怎么样？好！既含“展翅高飞”之意，又能表达“鸿鹄之志”。麒英不去找道长了，径直回了家。

他给儿子取名叫“黄飞鸿”，村里的父老乡亲都说这名字取得好。后来去征询云泉仙馆的道长，他们也说好。宝峰寺主持德云长老说：“名字名字，有名还要有字。”古人的名与字是有关联的，鸿鹄飞得高，麒英于是给孩子取字为“达云”。

飞鸿满月那天，按当地习俗黄家在黄氏宗祠摆了几桌满月酒。前来喝满月酒的乡亲你抱抱、他抱抱，把小飞鸿当成了宝贝来欣赏。这小家伙长着一双大眼睛，方方的脸，黑黑的头发，天生就有一副福相。大家都说，这小家伙将来说不定能当个文官武将什么的。

文官要苦读，麒英家没条件，当个武官也许还有可能。六岁的时候，飞鸿倒是开始跟父亲习武了。习武虽说不受年龄限制，但学得越早效果自然就越好。与许多地方不一样的是，佛山是南派武术的发扬光大之地。这里地势平坦，没有天然险峻的屏障进行守卫，所以民间为求自保，当地人很早就有习武强身及自卫的习惯。到了飞鸿出生的年代，佛山的武术达到了鼎盛时期：蔡李佛的创始人张炎1851年在此创办鸿胜馆，传下弟子先后到广州、香港设馆，蔡李佛成为广东当时最大的武术流派。清末还有咏春拳传入佛山，门徒众多，这是后话。

站桩是习武的基本功，马步稳才能立于不败之地。因此，开始习武的时候，飞鸿每天要练很长时间的站桩。老练站桩，不免有点枯燥，飞鸿于是边练边问这问那的。他问麒英：“当年你是在哪遇见师公陆阿采的？”

“这事说来就话长了。”麒英告诉飞鸿，陆阿采是在广东驻防的旗人，小时候父母就去世了，跟着族叔生活。叔叔虐待他，吃不饱穿不暖，12岁那年他悄悄逃了出来。逃出来后在别处当佣工，生活得非常艰难。有一次他去看神功戏，碰上一位高僧，便拜高僧为师学了七年功夫。在高僧的推荐下，陆阿采到南少林跟至善大师习武，与方世玉等同为“少林五祖”。清廷火烧南少林寺后，他曾多方逃藏，后来隐藏于广州。

“有一天，我在镇粤将军署前的空地上售药卖武，陆阿采师傅刚巧路过，也来看热闹。他见我是块练武的好材料，就和我聊了起来，最后竟然答应收我为徒。”

小飞鸿把嘴一咧，然后说：“就这么简单呀？我还以为有许多传奇的故事呢！”

麒英说：“我跟他习武学了十年，怎么会没有一点传奇色彩的故事呢！练武的时候集中精力练武，以后有空我再慢慢地给你讲吧。”

飞鸿懂事地点了点头，然后认真练武。

麒英认为，习武固然重要，文化学习也不能荒废。自己就是读书太少，现在老是觉得用起来费劲。眼见飞鸿一天天长大，他决定把飞鸿送到私塾先生那里去破蒙。可一时又到哪去找私塾先生呢？

因为家庭生活所迫，黄麒英经常外出演技卖药，足迹遍及佛山、广州、顺德等地。在佛山演武卖药时，一次偶然的机会使他认识了佛山书院的先生江明。那次因江明的父亲被围墙倒塌的砖头砸伤，麒英救治了老人，也因此与江明父子结识。听说江明是个先生，麒英就把飞鸿读书的事说了。江明得知飞鸿也不小了，就提出让他来佛山读书一事。

麒英深知读书的重要性，在他的督导下，飞鸿五六岁时就能背诵唐诗。但麒英没有时间认认真真教他，现在向江明提出此事，他居然答应下来，麒英自然非常高兴。可高兴之余他又担心书院学费太贵，孩子想上学也上不起。

正在考虑如何跟江明说学费的事，江明先开口了："这样好不好，你们在佛山住下来，黄师傅只管上街售药，养家糊口这是头等事。飞鸿呢，不上课时练他的武。我呢，利用空余的时间，到家里来给飞鸿上课，这个办法好不好？"

飞鸿的母亲阿娴问："这当然是再好不过了，但学费多少，还请先生告诉我们。"

江明说："你们救了我的老父，我感谢你们还来不及呢，谈什么学费？"

麒英说："多谢先生如此宽怀，学费的事我们以后再商量吧。现在约定个时间，什么时候进行'开笔'礼。"

"开笔"礼是读书人初学时必须进行的一桩仪式。江明说："越快越好，孩子快十岁了，早该读书了。"

双方定了时间，五天后给飞鸿举行"开笔"礼。麒英夫妇一面赶紧让人将飞鸿带到佛山来，一面赶紧在租住的屋子里收拾好一间房，添了一张桌子和几把椅子，准备做飞鸿的书房。

飞鸿第二天便来到佛山。开笔那天，江明送来了一幅孔子的画像和《三字经》《千字文》《幼学琼林》三本教材，还有用红纸包扎好的纸、笔、墨、砚等。"开笔"仪式要敬神祭祖，但飞鸿和父母暂住佛山，祖先神位设在乡下，母亲阿娴只好叫飞鸿祖母及长子造天在乡下祭拜祖先，保佑飞鸿日后功成名就，光宗耀祖。

飞鸿学习很认真，江明每五日来上一课，每次他来上课时都抽查上一课学得如何，而飞鸿总是能背诵出来。这使江明十分满意，在麒英面前一次又一次地夸飞鸿。光阴似箭，边练功边学文化，飞鸿跟江明一学就是两年多。

由于飞鸿虚心好学，武艺和文化成绩都长进很快。跟父亲习武多年，加上耳濡目染，飞鸿武艺更是进步神速。短短几年间，已尽得父亲真传。此后不久，经人推荐黄麒英被聘为镇粤将军所部的技击教练。于是一家人移师广州。技击教练这份差事不需要天天去，只要定期在将军所部教士兵学习武术，练一些摸爬滚打的基本动作，再教几套擒拿、对打的套路即可。但月薪也不多，每月仅有白银三两六钱。

三两六钱白银的月薪，养活不了一家数口人，黄麒英便在广州靖远街开设生草药店。由于生草药的利润很小，开药店所获的利润仍然不能维持一家人的开支，无奈之下黄麒英继续抽空上街头演技卖药。

“让我也跟你去上街表演吧！”

已经12岁的飞鸿，早已懂得体贴父母。听儿子这么一说，麒英眼睛顿时一亮：是可以考虑让他试试！飞鸿学了这么多年武艺，他的拳脚已经中规中矩。他能有如此身手却年纪轻轻，如果带他到街头演技，一定会吸引许多好奇的人来围观。这样在街头演技卖药，肯定会比在生草药店等待顾客上门收入好得多。

“行呀，好小子，明天跟我上街吧！”

于是，黄麒英便带着刀、棒，同12岁的飞鸿一起到街头人多热闹的地方演技卖药。

童子表演武艺，路人都感到新奇，忍不住驻足观看。开始，许多观众都以为飞鸿人小手软脚也软，但只看了几眼，就见他非同一般。略懂武艺者，见其功底扎实，身手敏捷，便觉得这小家伙功夫不寻常。越看越有味，越看人越多，童子的优势显现出来了。

麒英见围观者越来越多，不失时机地敲了一声锣。听见锣声，飞鸿收拳退到一旁。麒英把手抱拳，对观众说：“小儿蒙列位叔伯赏脸，肯留贵步，看他粗手粗脚的表演。‘好’这个字，的确还不敢当，但能够做到这样，在下平日也费了不少心血教他。现在让他再表演另一套拳法，大家认为好不好？认为好的，请说声‘好’，我便令他表演。”

围观者异口同声地叫了声：“好！”

麒英又对观众说：“虽然大家都说好，可惜在下粮食短缺，所以表演前请列位高抬贵手，助我一臂之力。在下所卖的药丸，能医治跌打损伤的新旧疾病，用过的人有口皆碑。我不是走江湖卖狗皮膏药的，我的店就在靖远街。用了觉得好，还可以到我店里买。但到我靖远街的店里购买，价钱就不同了。现在每颗药丸只卖十五个铜钱，比店里便宜还省路费。”

飞鸿看着麒英，没想到他老爸这么能说会道。麒英继续说：“大家都有济人利物之心，如果家里没有预先购买的良药以备急用时的需要，就好比军营里没有枪械弹药那样，是一件值得忧虑的事。列位叔伯一定以助人为怀，以济世为本，多买一个药丸，就是多积一份阴德。大家常说的‘亲手种福’，买药助人即是‘亲手种福’的表现。”

不少观众被麒英说得动了心，都想掏钱买他的药。麒英趁机加把油：“在下黄麒英目前正担任镇粤将军所部的技击教练，绝不敢骗人。卖的药丸如果没有用，可以到靖远街的店里来找我，也可以到在下任职的军营中告我！”

麒英说完，取出药丸向观众出售。观众见他有名有姓，斯斯文文，且有店有职，料他不是个骗子，也就放心地买他的药丸。也有些观众为看飞鸿表演，怕耽误演出时间，便慷慨解囊。还有一部分人用过他家的药，知道功效不错，又比店里便宜，因此也来购买。这样，带去的药丸一卖而光，大出麒英所料。

父子俩非常高兴，麒英亲自打锣，助飞鸿表演拳法。飞鸿十分卖劲地表演完毕，观众报以热烈的掌声。飞鸿再次拱手致谢，父子俩收档回家。

“哇，这么多钱呀！”

飞鸿母亲阿娴看见麒英点钱，忍不住叫了起来。清点当天的收入，多达一千多个铜钱。这是前所未有的事，比在店里卖生草药的收入还多得多。

头一天上街，飞鸿就以出色的表演赢得了观众，也因此而旗开得胜。此后，麒英只要上街卖药，便要带上儿子飞鸿。飞鸿开玩笑说：“老爸，我都成了摇钱树了！”

麒英深知，如果老是表演一样的拳法，观众必然会看腻，久而久之就会生厌，再下去就会没有了市场。这就好比天天吃鲍参翅肚一样，再好的东西吃多了也会生厌吃腻的。考虑到这一点，他对飞鸿说："咱们得加演其他套路，才能吸引观众。否则，你这棵摇钱树就不灵了。"

飞鸿问："加什么套路进去呢？"

"拳术有了，加棍术吧！你不是练了很久的'五郎八卦棍法'吗，就加它吧！"

五郎八卦棍法相传由宋代杨家将之一的杨五郎始创，因此而得名。杨五郎随父征契丹，后到五台山为僧，以枪化棍，棍法由太极生两仪，两仪生四象，四象生八卦，演变为六十四点棍法，符合内外八卦八八六十四之数，故名"五郎八卦"。飞鸿从麒英那里学来，后来他融入南派武学功法精华，并由高徒林世荣发扬光大。而卖艺时飞鸿刚学会五郎八卦棍法不久，但他还是遵父所嘱，准备到街头去演示。

"先演示给我看看，不要到时候出丑！"

麒英一声令下，飞鸿挥棍上阵，他左右开弓，把手中的棍棒舞得"呼呼"作响。表演完毕，麒英满意地点了点头。他不想让飞鸿感到自满，再次提醒他说："这套棍法长短兼施，双单并用，法门多而密，以圈、点、枪、割、抽、挑、拨、弹、掣、标、扫、压、敲、击十四字为诀。变化多端，要多加领悟。"

"谢谢老爸指教，飞鸿知道了！"

再次出去设档卖药时，飞鸿在表演中加进了"五郎八卦棍法"。麒英为飞鸿亲自设计了开场白，口授他"五郎八卦棍法歌诀"。天资聪明的飞鸿只念了几遍，就能全部背下来。麒英暗自高兴，表面上却装出一副很认真的面孔说："成败在此一举，就看你的了！"

飞鸿从容出场表演。表演之前，只见他先抱拳向观众致意，然后对大家说："家有千金积玉楼，不如学艺在心头；日间不怕人来借，夜来不虑盗来偷；风吹雨打无伤损，两手掐拳踏九州。功夫家家有好，派派有妙。小子我自小从父习武，粗知拳棒，只因家贫，卖艺街头，讨口饭吃。万望各位叔伯长者，怜悯包涵。如有出错拳头，踏错马步，不要当堂见笑。多谢，多谢！"

这番"开场白"说得挺溜的，俨然一副老江湖派头。麒英听过之后，感到相当满意。飞鸿也不管父亲是否满意，说完之后便开始表演。他手提单头棍，展开架式后，表演了一套"五郎八卦棍法"。这套棍术姿态雄迈，矫若游龙，观众看得入了神。

观众中有不少略通武技的，他们私下议论说，飞鸿所表演的棍法，不是一般的江湖之流所能及。有人就问："小师傅，能不能给我简单介绍一下刚才表演的'五郎八卦棍法'？"

飞鸿毫无保留地告诉观众："我表演的这套棍术，原名叫'五郎八卦枪'，本是宋代杨继业老将军的第五子杨五郎始创的。杨五郎到五台山削发当和尚后，改枪为棍，因此叫'五郎八卦棍法'。他的棍法辗转流传，为师祖陆阿采所学得，家父向陆师祖学得此棍法，再传于我。"

停了一下，飞鸿继续说："这套棍法比照八卦而成。所谓八卦，以法内有太极、两仪、阴阳、四象等名称而得名。太极生两仪，两仪生四象，四象生八卦，演变为六十四点棍法。这六十四点棍法为全棍法中的经纬，法内有麒麟步、天柱脚、金龙摆尾、饿虎擒羊、羊冲饿虎、……进身大取、退步撩阴、芙蓉滴露、青柳垂丝、金鸡独立、半月冲霄、应变偷弹、死里逢生、下马提栏等，变化多端，不同的招式作用也不相同。"

飞鸿一口气把"五郎八卦棍法"的六十四点棍法全说了出来，唬得一些观众连连称奇。观众觉得飞鸿这样小小的年纪，能把这么复杂的东西记得那么清楚，真是不简单。等飞鸿介绍完了，观众们为他大声喝彩。

麒英上来说："谢谢各位叔伯的捧场！犬子表演的六十四点棍法，还没到家，献丑献丑。"他让飞鸿向观众抱拳走了一圈，然后自己再表演了一套虎形拳。接着重复他的旧节目——向观众推销自己的药丸。

恰好此时观众中有一人不久前扛重物扭伤了腰，麒英便当场让他服下药丸，再敷上他的生草药。飞鸿扶那人在一旁坐下之后，开始卖他家祖传的跌打损伤药。

自从表演"五郎八卦棍法"，麒英父子出去卖药所得，比以前增加了不少，有时比以前多一倍还多。那些用过跌打损伤药丸的人，成了他家的义务宣传员，其宣传作用比任何广告都有效。那位扭伤腰的人用了麒英的药，没两天就完全好了，他对他的工友不止一次地夸麒英家跌打损伤药的妙处。

农历四月十二这天是吕大仙的诞辰日，每年的这个日子西樵山白云洞的云泉仙馆都十分热闹，一些善男信女总是在这天来酬神进香。白云洞口的奎光楼前，卖香的摆起了长龙，其他卖小食、卖杂货的摊子也不少。这股热闹劲，好比过大年一般。

黄麒英早早地就带着飞鸿母子回到老家，为的是去给吕大仙进香。他的妻子阿娴认为，飞鸿是全赖大仙的庇佑才安全降世的，不能忘了吕大仙的大恩大德，于是这天一家大小都到云泉仙馆进香。

上山的路上，飞鸿问起西樵山的情况："听说这座山很早就出名了，是吧老爸？"

麒英边走边告诉他："据史料记载，两千多年前，显赫一时的南越王赵佗就多次游览西樵山。赵佗称王后，在广州建立皇宫。他听说西樵山盛产五色石，风景又美，喜欢书法和治印的他，不久就亲临西樵山，尽情欣赏了山上的锦石。西樵山又称为锦石山，据说就是因为赵佗而得名的。"

"你怎么知道这些事？"

"听山上的道长、长老说的。他们饱读诗书，知道的比我们多。"

史载赵佗确实与西樵山结下不解之缘。汉高祖十一年，西汉王朝派太中大夫陆贾到广州，赵佗与陆贾结为好友，在春暖花开的日子里，两人一道来西樵山观光。汉文帝元年，陆贾再次到南粤，谈及前次到西樵山的感受，赵佗再次陪他故地重游。这次他们被山上的飞流瀑布欢泉所陶醉，称西樵山为"会唱歌的山"。

飞鸿对麒英说："村里的小伙伴都会上山，等咱们到云泉仙馆进完香，我想和小伙伴们一起玩玩，行吗？"

"不能到危险的地方去，知道吗？"

一向疼爱儿子的阿娴先发话，弄得麒英不答应都不行了。麒英对阿娴说："孩子都让你给宠坏了。"

给大仙进过香后，麒英给了飞鸿几个铜钱，让他在山上买点吃的顶中饭，因为他还要去拜访德云长老，中午这顿就不回家吃了。飞鸿乐得能有较长的一段时间和小伙伴在一起，拿了钱转身就走。"等等！"阿娴叫住飞鸿说："凡事要小心哪！"

"知道了，我都快十三岁的人了！"

飞鸿找到小伙伴，他们来到庙前的大榕树下，看见一个眼睛瞎了的小女孩一边敲木鱼，一边在演唱《观音出世》。别看她人小，唱得还挺不错，旁边围了不少男女老少听她唱。飞鸿不知道这个小妹妹的眼睛是怎么瞎的，但对她十分同情，他也禁不住驻足而听。

盲妹唱完一个段落，停下来喝口茶解渴。她旁边的另一个十岁左右的女孩，便拿着个小铜壳子，任人施舍。大家都同情盲妹，都将铜钱扔过去，飞鸿也拿出父亲给他的铜钱放了一个到铜壳子里。

飞鸿正要和小伙伴们一起离开时，不知从哪过来一个十五六岁的男孩，这个男孩把几块小石子放进铜壳里，趁机从里面拿走几个铜钱，然后转身就走。

旁边的人喊了起来："拿别人给盲妹的钱，这坏小子太缺德了！"飞鸿看在眼里，气在心里，他二话没说，就朝那小子追了过去。

没费什么劲，他就追上了那小子。飞鸿命令他："把钱还给盲妹！"那小子见飞鸿比他小，不当一回事，反而让飞鸿少管闲事。飞鸿双手撑腰挡住他的去路："这事我管定了！"

"哟嗨，想过两招？"那小子不甘示弱。飞鸿再次厉声命令他："把你刚才偷的钱送回去，否则有你好受的！"

"我先给你点颜色看看，让你知道我的厉害！"那小子说着就动手，挥拳朝飞鸿打来。飞鸿也不客气，与他过起招来。这小子也略懂几下拳脚，但没两个回合就被飞鸿钳着双手，扭向身后："就凭你这两脚猫功夫，还想跟我打？"

同来的小伙伴阿牛喊："飞鸿，狠狠地教训他！"

那小子一听"飞鸿"两字，知道自己碰上了克星，他听说过"黄飞鸿"的名字，知道飞鸿小小年纪武艺不凡，连忙认错求饶。

飞鸿要他把钱送回去，并向盲妹道歉，他都一一答应了。做完这些事，飞鸿问他为什么干这种缺德事，他老实交代说："我家住在山下，家里还富裕，我在乡下一家武馆学过拳脚。今天我娘给了我十个铜钱到白云洞来玩，不小心被我丢了。刚才听到卖云吞面、牛腩粉的人吆喝，我饿了想吃东西，所以想了这个歪办法。"

那小子表示："现在我知道自己错了，请你放我一马。"飞鸿又教导了他几句，想起父母常说的"做人要以宽大为怀"，也就不再揪着他不放。听说他饿了，飞鸿还给他买了碗牛腩粉，这小子后来与飞鸿成了朋友。

玩了一阵，飞鸿也去吃了点东西，想到父亲还在德云长老那等他，便和小伙伴道别，径直到宝峰寺会父亲。见了德云长老，飞鸿问了好。德云长老合手鞠躬说："阿弥陀佛，小施主请坐，请坐。"飞鸿学着长老的手势，也说了一句："阿弥陀佛。"

麒英说："大师武功高强，请不吝赐教，指点指点犬子。"

德云长老谦逊地说："指点不敢，武道高深，咱们共同修炼。老衲有几句话，想忠告小施主。习武之人，不要忘记济世为怀，弘扬武德。"

这些大道理，麒英过去也对飞鸿说过。飞鸿更想听大师谈一点具体实用的东西，就问德云长老如何才能使武技长进得更快？

"练武不可急于求成，须打牢基础，练好基本功才行。你还年轻，要多学内功，扎稳马步站稳桩，这是最基本的。"说到这里，德云长老指着天井中一个四十多斤重的石锁说："我送你个石锁，你带回去练功吧！"

麒英和飞鸿都向德云长老表示感谢。下山的时候，飞鸿提着石锁，不时地往上举两下。麒英怕他边走边玩不小心会有闪失，走了一段路便由自己来提石锁。

从此，黄氏宗祠里除了刀枪剑戟外，又多了一把石锁。再后来，长辈又让邻村的石匠凿了一个长形的石鼓，也作为练功用的东西。这两件东西至今仍保存在飞鸿的故乡禄舟村。

在故乡短短的几天，飞鸿玩得很愉快。然而很快他又不得不与小伙伴们道别，父亲要带他回广州去。怀着依依不舍之情，飞鸿和阿牛、林仔他们说"再见"，小伙伴们则叮嘱他："有空常回村里来。"

回到广州，飞鸿继续干他的老行当——上街演技卖药。父亲黄麒英到镇粤将军所部去教武时，他便独自在家练武。

又碰上麒英到军中去教武了，阿娴见飞鸿练了半天武，一个人待得很烦闷，就带他去串亲戚。她把飞鸿带到离靖远街较远的亲戚黄二婶家，对二婶说："这两天我事多，飞鸿他爸也要去军中教武，他在你这有伴，就让他和你儿子住一晚吧，明天我来接他。"

阿娴走后，飞鸿就在二婶家和她儿子一起玩耍。他们正开心地玩着，就听外面有人喊："排龟卜卦，卜一支，灵一世！"二婶是个很相信卜卦算命的人，正好几天前她在路上捡到一张写有"首会发其祥鸿图得意扬"十个字的铺票纸，她想问卦是否会发财，便把算卦的老婆子叫进家中来。

二婶如实相告："我在路上捡到一张铺票，想到赌场去搏一把，不知能否发财，去得去不得，请你来算一卦。”

那老婆子拿出她卜卦的乌龟壳、卦纸等，给二婶算了一卦，忙完之后她对二婶说：“你财星高照，这个月一定大发横财。”二婶听后非常高兴，立即给了老婆子算卦的钱。那老婆子接了钱后话锋一转：“我差点忘了将卦内的重要事情告诉你，卦象虽是财星高照，但犯了朱雀赤口相冲，恐怕有小人干扰，导致你发财受阻。”

二婶忙问：“那可怎么办？”

老婆子说：“我给你画符，可以镇住小人。”说完取出一小张黄纸，叠成三角形，在上面乱涂乱画，嘴中念念有词，像是在念咒语。画完后她让二婶将符佩戴在身上。二婶问符的价钱，对方要了一两碎银，二婶只好如数给她。

当二婶用线穿符准备戴在身上时，被飞鸿发现了，飞鸿一问才知道事情的原委。飞鸿知道这种算卦的巫婆都是靠胡说八道骗钱为生，他叫二婶不要相信巫婆的鬼话。飞鸿还列举了巫婆各种骗钱的伎俩，二婶听后恍然大悟，当场撕了纸符扔在地上。

飞鸿估计那老婆子还会来骗钱，就对二婶说：“她下次再来，你就把她叫进来，我整治她一下，叫她永远不敢再来你家骗钱。”二婶忙问如何整治法，飞鸿告诉了她。

过了几天，二婶的儿子跑到靖远街来叫飞鸿，说那骗钱的老婆子果然来了，二婶正留她在家，要殷勤款待她吃晚饭呢！飞鸿听完，立即赶往卖麻街二婶家。

此时巫婆还想多骗财，忙问符灵验否。二婶指着厅里的周仓将军神像说：“我一向虔诚供奉周仓将军，凡事都向他祷告。所以你的卜卦虽然吉利，但我仍不敢深信，还是叩问将军之神掷杯定夺，结果三掷杯只得一只圣杯，因此不敢在赌场下大注。”

巫婆认为二婶是头脑简单之人，决定将计就计利用二婶信周仓将军神像这一点骗她的钱。巫婆说：“那是你心不诚的缘故。”二婶知其用意，故意说：“如果你不介意的话，今晚咱们可同拜周仓将军。”二婶说完，又敬巫婆几杯酒，她想灌醉巫婆来为飞鸿提供方便。

那巫婆不知二婶用意，连喝许多杯酒，不久即被醉倒了。飞鸿出来，将自己从唱戏的人那里借来的袍子、胡须、大刀等穿戴好，再对着镜子把自己的脸涂黑，手握大刀看镜子里的他有没有破绽。二婶笑了：“你装神弄鬼，到底有何作用？”飞鸿说：“你别管，只管去睡觉。”

二婶走后，飞鸿将睡熟了的巫婆移至神台附近榻上，给敬神的灯添上油，然后点燃，静候巫婆醒来。下半夜老婆子开始翻身，飞鸿知道她快醒了，静观其变。口渴的巫婆终于起身想找茶喝，抬头一看吓了一跳：神台后站着一个黑面长须的神人，持刀对她怒目而视。恍惚中她认出此神正是周仓将军，急忙跪下叩头。

黑面“周仓”发话了：“你这个老虔婆，平日假借神灵而行骗，实在可恶。须知真神是公正无私的，惩恶扬善是神的职责。你作恶多端，今夜本应死于刀下。念你阳寿未终，特来显圣，对你加以警告：如再不悔改，继续行骗，你将死于我这把刀下，让你到九层地狱去受罚。你要切记，我走了！”

灯灭了，一点声音也没了。老巫婆以为真的碰上周仓将军显灵，伏在地上不敢动。夜深人静，稍有一点声音也听得见，她好像听见有人离开大厅的声音，顿起疑心。等天亮起来，发现了飞鸿不小心遗留下的胡须，顿时明白了一切。她以二婶叫人装神弄鬼吓着了她为由，非要二婶交出扮周仓的人来不可。飞鸿挺身而出怒斥巫婆，巫婆扬言要报复。

巫婆叫来一帮市井无赖，无赖们围住飞鸿要动手，在这危急时刻，二婶的儿子带着黄麒英来了。麒英佯装不明原委，问过无赖之后故意责骂飞鸿，然后再向众无赖赔礼道歉。无赖们知麒英武艺高强，他能道歉使他们觉得脸上有光，于是都走了。

这件事平息后，黄麒英继续带着飞鸿上街卖艺。那一日他发现观众中有几个人神情异样，不由得警觉起来！欲知后事如何，且看下章分解。

第二章
少年英雄

街头卖艺使生意一天比一天好，收入渐渐增多，却招来同行之妒。武馆教头郑大雄为撵走飞鸿父子，借口飞鸿贬损了他的『左手钓鱼棍法』，与飞鸿比武竞技。12岁的飞鸿大战武馆教头，竟一举击败对手，被誉为少年英雄。落败的郑大雄搬来他的师傅高大金，高大金找上门来要找飞鸿比武雪耻，眼看一场恶斗不可避免就要发生……

第二章 少年英雄

话说黄麒英看到观众中有几个神情异样的人，心里不由得警觉起来。父子俩收工回到家，飞鸿冲凉去了，麒英却一直在回忆那几张神情异样的脸孔。

“不会是仇家来寻衅吧？”

黄麒英在江湖行走这么多年，又是以拳脚混饭吃的人，自然免不了会得罪一些人。但左思右想，他还是想不起近年来与谁构怨结仇。飞鸿冲完凉来叫他去冲凉，发现他还坐在那里抽闷烟，飞鸿禁不住问：

“黄师傅，你在想什么心思呀？”

麒英抬起头，用烟筒指了指飞鸿说：“你这傻小子，老拿你自己老爸开玩笑，看我今天怎么罚你练功！”

“练功嘛，你不罚我也得练，无所谓啦！不过我倒真想弄明白，老爸到底遇到什么头痛的事？”

飞鸿每天只顾表演，因为年幼阅历不深，并没察觉观众中有“异类”。行走江湖，防人之心不可无。麒英认为有必要让飞鸿知道一点，也好平时多留个心眼，于是就实话实说：“你没发现看表演的人中有人对你的表演不以为然吗？”

飞鸿问：“何以见得？”

“近日设档摆摊，有人混入观众中，当你表演完，别人喝彩，他则侧目抿嘴，摆出一副蔑视你的样子。可能这两天会遇上麻烦，你事事小心点。”

“什么人如此大胆，敢来砸我的场子？我黄飞鸿天不怕地不怕，叫他来吧！何况我还有一位武功高强的老爸，是吧？”

麒英笑道：“你小子倒是初生牛犊不怕虎，要是遇上江湖阴险奸人怎么办？”

飞鸿对“奸人”具体指什么人不理解，就问：“你说的江湖奸人是指什么人？”

“就是奸诈小人呗。咱父子俩演技卖药，每天收入比一般摆摊卖药的人多，不免引起同行的妒忌，他们搞些捣乱也就难免了。如果真是这么回事，那也没什么大不了的。怕就怕是江湖上的仇人来寻仇。”

“仇人？你在江湖上得罪过人吗？”

麒英看着天真的孩子，认真地回答说：“武林中人要讲武德，路见不平拔刀相助，练武的谁没有过几回？正气总是要压住邪气的，不必怕它。如果说我有什么仇人的话，除非是很多年前的那件事结下的仇……”

飞鸿很想知道关于这件“结仇”的事，麒英就给他讲了很多年以前的一段恩怨——

说起来这件事已相隔了二十年，但每每提及它，麒英总是感慨万千。广州第十甫有一座洪圣大王庙，每年二月十三日庙里都要举行祭神仪式，每隔三年要捧神巡游一次。该庙毗邻上、下九甫，当年有很多富商云集，庙里邀请各行商家参加庆典，仪式非常隆重。那年麒英和师傅陆阿采前来庙会看戏，因为看戏的人多，师徒俩往前挤想占据一个好位置。正挤着忽然有人一掌从后面劈来，没提防的陆阿采挨了一掌。功夫高强的陆阿采屹然不动，对方又一掌打来，陆阿采火了，用肘轻轻地向后一撞，就听见后面“哎哟”一声。回头看时，只见那用掌打他的人正用手按着胸口，口吐鲜血。

受伤的人的同伙见状，群起指责陆阿采“无故伤人”。阿采与之论理，话不投机，越吵越凶。对方仗着人多势众，动手围攻陆阿采。在这种情势之下，陆阿采不得不奋起抵抗，黄麒英见师傅遭围攻，哪有袖手旁观之理？师徒于是与众敌展开搏斗。对方人多，将师徒俩围住，拳脚齐上，来势凶猛。原来这是一帮肉铺卖肉的工人，他们异常齐心，陆阿采怕相持久了对自己不利，就用五行拳法开路奋力突围。他的五行拳果然厉害，中者倒下一片。好不容易杀出重围，回头一看，麒英又困在里面，于是陆阿采再杀回头，帮助麒英一起杀出一条血路。

师徒俩且战且退，此时喊叫声震耳，四下乱成一片。忽然有两人挺刀追来，一齐举刀砍向黄麒英。感觉背后有风吹来，麒英急忙躲开，只见两道刀光从他身边闪过。麒英知道已处在生死关头，便奋力用脚猛踢对方的腿脚，由于势大力沉，竟将一人足胫踢断。那人倒地，刀掉在一旁。麒英一脚将刀挑起，利索地抓在手中，有刀开路，所向披靡。等后面大批杀猪卖肉的人赶来，师徒俩早已钻进小巷离开了危险之地。

"事后听说那帮人都找我们寻仇，后来你师爷陆阿采开了武馆，威名远扬，那些人慑于他的威名，也不敢再来找麻烦了。此事不会二十年后又起事端吧？"

飞鸿摇摇头："不至于吧，虽说'君子报仇，十年不晚'，虽然师爷过世了，但你老人家也武艺高强，谁敢自找霉头？"

麒英敲掉烟灰，准备去冲凉。他站起来后对飞鸿说："江湖上风风雨雨，这点事算不了什么，日后遇事多留个心眼就是了！"

第二天，飞鸿父子照常设场演武卖药。一连几天，都有人混入观众中，侧目抿嘴做出蔑视飞鸿技艺的样子。飞鸿经父亲提醒后，也特别留意了这些人。每当看到他们做出不以为然的表情时，飞鸿心里就骂：哼，你们又算什么东西？有本事来跟我比试比试！心里这么想，表面上却装着毫无察觉的样子，照常表演武技和卖药。卖完药，飞鸿就收了摊早早回家。

几天下来，不见任何动静，黄麒英也就不把它当一回事了。其实他哪里知道，确实有人想搞他父子的名堂。捣乱的那些人中为首的叫梁贤，是当地有名的武师郑大雄的徒弟。梁贤见飞鸿父子每日演技卖药收入颇多，心生妒意，但他也深知黄麒英武艺高强，不敢轻举妄动，便纠集一伙演武卖药者商讨对策。

"我们每天摆摊卖药，收入都不如黄麒英父子，现在他们父子越来越有人缘，生意越做越红火，长此以往可不行。照这样下去，将来咱们恐怕就只能喝西北风了。"梁贤停了一下，接着说，"不管大家承认不承认，黄氏父子已经成了我们心中的一块石头。这块石头不搬走，将来我们的饭碗就会被他们父子砸掉。各位有什么好的法子，不妨提出来商量。"

在座的一人说："这块石头当然应该想办法搬掉，不然我们连一碗井水也没得喝。不过，如果我们动手驱逐黄氏父子，就会招致别人说闲话。同行是仇人，别人会说我们容不下黄氏父子。你梁兄出面就不同了，不会有这种嫌疑。你是郑大雄的徒弟，现在奉师傅之命设场演技，所推销的是师傅的药品，而不是你自己的药品。你可以回去告诉你师傅，就说最近药品销量锐减，原因是黄氏父子摆摊演技，自称棍法世间无双，诋毁你师傅的武功，因此影响了师傅药品的销量，这样一来，可以借你师傅之手除掉黄飞鸿父子。”

郑大雄的武功以“左手钓鱼棍法”最有名气，这在当地许多人都有耳闻。当下梁贤依计而行，采用“激将法”，在郑大雄面前说飞鸿父子当众如何诋毁“左手钓鱼棍法”，导致郑氏药丸销路不畅，销量日减。

“黄麒英我倒听说过其人，黄飞鸿一个毛孩子有多大能耐，竟敢如此放肆！黄口孺子，竟然如此目中无人，气煞我也！”

郑大雄果然一激就来气。梁贤见状，趁机火上浇油：“是呀，他们父子算哪尊神？师傅，徒弟说句不该说的话，如果你不拿出点厉害给他们瞧瞧，将来咱们的‘左手钓鱼棍法’还会有立足之地吗？你的药丸还想卖出去？武馆还能开下去吗？”

被梁贤这样一激，郑大雄当即拍着桌子说道：“岂有此理！明天我就要让他们见识见识我的“左手钓鱼棍法”的厉害。去，给我拿纸笔来，我要给黄氏父子下战书！”

很快，郑大雄的战书送到了黄麒英的手中。麒英打开来信一看，立刻明白了其中的端倪。信中写道：

黄麒英师傅台鉴：

嗣哲飞鸿，自称棍法世无其俦，仆亦以此自负，明日晌午，请移玉步至西瓜园城基，一较高下，藉以审察左手钓鱼棍法，能及令郎之棍法否？

郑大雄 敬约

看完挑战书，黄麒英知道对方要求比武的目的是想破坏档口生意。飞鸿平日演技之前，并无夸大自己贬低他人之言辞，这一点麒英在现场，了解得也最清楚。既然对方存心要来找麻烦，不应战恐怕很难躲得过去。想到自己是大名鼎鼎的陆阿采的弟子，飞鸿则是南少林再传弟子，决不能丢脸辱及师门，于是麒英苦思冥想对付郑大雄“左手钓鱼棍法”的计策。

破棍法应该怎样才行？麒英忽然想起师傅陆阿采的一番话：“凡操钓鱼棍法者，其所操守势，棍必下垂，使敌无桥可乘。无桥则人不敢冒险抢进。凡遇此法，须诱其棍上起，使我有进击踏入之桥，然后用四象标龙棍进攻，他的守势一定被我击破。”

郑大雄指名要与飞鸿比试，麒英只得指点飞鸿破敌之法。他告诉飞鸿：“武术中很讲究桥的作用。所谓桥，在明天的比武中就是这样一种情况：他的棍先发，如果他不出棍，那么我的棍没有着落点，没有着落点也就是无桥。所以要记住，必须先引诱他出棍，他的棍向上的时候也就形成我们进攻之桥。”

武术中的“桥”，经常与“手”联系在一起，称为“桥手”，实际上是进攻与防守中的手段。黄麒英叮嘱儿子：“明天较量，你一定要谨记‘四象’‘阴阳’等法，不能乱用其他方法。”当晚飞鸿反复练习破敌之招，一招一式练得十分认真。

夜，已经深了，四周一片寂静，只有飞鸿运气发力和舞棍的声音响彻空中。麒英看着儿子，不住地点头。他让飞鸿早点休息：“养精蓄锐，明天才有精神对付郑大雄的左手钓鱼棍法。”

次日中午，麒英、飞鸿父子带着棍棒前往西瓜园城基践约。听说郑大雄要与少年黄飞鸿比武，梁贤等约了朋友来看黄氏父子的笑话，此时西瓜园城基已经聚集了不少看热闹的人。走近城基，远远地飞鸿就看见了平日在他演武时侧目抿嘴的那几个人。近了，又看见几个脸上带有杀气的人早已等候在此。

一名大汉拱手上前问道：“来人是不是黄麒英黄师傅？所带小孩是不是黄师傅令郎黄飞鸿？”麒英点头回答：“正是本人与犬子。请问足下是不是郑大雄郑师傅？”大汉也颔首作了肯定的回答。

麒英用极为平静的语气说：“郑师傅，小儿飞鸿虽然从小跟我走江湖，略知拳棒，但并没有触犯他人，只是将所学的技艺在街头表演，以此混碗饭吃，不知郑师傅为何如此赏脸，非要约他来较技不可呢？”

郑大雄不耐烦地说：“近来社会上都在传说，你儿子说他的棍法世界上无人可敌，我的左手钓鱼棍也就更不是他的对手。因此我特意约他出来比试，让我开开眼界。现在既然你们践约相会，其他不必多说，动手较量吧！”说完他便抓棍在手，摆开架势，准备开战。

飞鸿也取棍摆开架势，两人遥相对应，双方都在寻找机会。郑大雄忽然将棍下垂，飞鸿一见这架势，知道这就是钓鱼棍法，牢记父亲的教诲，飞鸿不敢贸然进攻，先采取守势，侧立露单膊，握棍以观其变。郑大雄也知道飞鸿采取守势而且防守严密，但他欺负对方是个少年，认为飞鸿年轻经验不足，不是自己的对手，相信自己一定能够将他打翻在地。因此他将棍一抬起，用"标龙枪法"向飞鸿发起猛烈进攻。

面对郑大雄咄咄逼人的架势，飞鸿沉着应战，挥舞手中之棍左抵右挡。郑大雄见飞鸿应战，立即使出他师傅秘密传授给他的十分狠毒的"金鸡拾米法"想快速取胜。这一招十分毒辣，能一发三击：先击棍沿想打落飞鸿之棍，实则想重创飞鸿握棍之手；如果未击中，则顺势下刺其脚；再落空，则起棍上挑对方下身。郑大雄满以为此招一出，飞鸿难逃此劫。不料飞鸿久受父亲熏陶，身手已非常灵活。看见对方棍沿着自己棍杀落，飞鸿急忙以"独马单枪法"应战，缩前手在胸前，并将前脚提起；郑大雄的大棍落下，并未击中他任何地方。

郑大雄第一击落空，顺势下击飞鸿之脚，但飞鸿马已提起，郑的第二击也落空，第三击更无法实施。攻势既已落空，不及防守的郑大雄却露出了破绽。飞鸿抓住机会乘隙抢进，用"四象标龙棍"直取其胸。郑大雄躲闪不及，肩膀上已挨了一棍。观众中有人大叫一声："好！"还有人为飞鸿鼓起掌来。

不想输给一个小孩的郑大雄鼓起余勇，忍着剧痛继续迎战飞鸿，不停地挥舞手中之棍向飞鸿斜点，准备破釜沉舟与对手决一雌雄。但飞鸿眼明手快，迅捷扭步侧身让过，然后挥棍猛击郑大雄之棍杆。此时郑大雄伤臂疼痛，哪能挡得住飞鸿猛抽过来之棍？他的棍很快被打落在地。观众又是一片喝彩声，麒英也忍不住为自己的儿子叫好！

说时迟，那时快，飞鸿打落郑大雄手中之棍后，郑大雄见势不妙，转身要逃走，年少气盛的飞鸿挺棍直追。麒英见状，担心郑大雄再受攻击，赶紧制止儿子："飞鸿，胜负已分，不要再追了！"

郑大雄虽然是武馆教头，但技艺却不如年仅 12 岁的黄飞鸿，只好羞愧地带着自己的一班人马灰溜溜地走了。余下的一些看热闹的人，都夸飞鸿武艺高强，在麒英面前对飞鸿赞誉有加。

"想不到，小小少年，如此了不得！"

"真是'虎父无犬子'呀！"

"黄师傅，你家出了个少年英雄，可喜可贺呀！"

“……”

麒英嘴里说：“过奖了！过奖了！”心里却由衷地高兴。望着兴奋不已的飞鸿，麒英自言自语道：看来这小子在学武方面，还真是个可塑之材！好好培养培养，投拜名师，将来也许真能有所建树。

“少年英雄，你真是了不起！什么时候教我两招？”人群中有几个少年要跟飞鸿学武，飞鸿摇了摇头。

一位中年人说：“我平日里也喜欢打两拳，不为别的，就为健身强体。对武术有点爱好，平时也看这位小英雄的演技。看演技时总有点遗憾：表演得很不错，就不知道是不是花拳绣腿。如今目睹了小英雄以小搏大，从心底里佩服。”

“真金不怕火炼嘛！”

麒英对大家说：“今天小儿胜郑师傅，实属侥幸，大家如此夸飞鸿，实在担当不起，我在这里先谢谢大家，同时也希望大家不要称小儿为‘英雄’，武林到处是高手，秘招绝技往往深藏不露，还够他去学呢！”

尽管麒英不希望大家叫飞鸿为“少年英雄”，但飞鸿打败武馆教头一事还是一传十、十传百，很快在当地传开了，大家把12岁的飞鸿描绘成了一个带有传奇色彩的少年英雄，其美名不胫而走，使武林中人对飞鸿父子刮目相看。

郑大雄被飞鸿打败以后，心里十分沮丧。回去的路上他边走边想：今天败在一个乳臭未干的小孩手下，比败在一个健壮的大人手下更感到羞耻，如果不报此仇，将来在武林还有何脸面？又如何能有立足之地？走到半路上，他让其他随行人员先回去，自己径直来到积金巷拜见他的师傅高大金。

见过面后，郑大雄一脸沮丧依然未尽。见他全身衣冠不整，一副无精打采的样子，高大金忙问他为何这么狼狈？

郑大雄唉声叹气地说：“唉，别提了！弟子我将远走他乡，下次不知什么时候才能回来拜见师傅了！”高大金听了他这句话，有点愕然。他很快回过神来，询问其中的原因：“你开馆授徒不是干得很好吗，为什么要远走他乡！”

“唉，有辱师门，我真不好意思说。”

高大金急于知道到底发生了什么事，就加大嗓门说：“别绕圈子了，怎么回事你快说！”

郑大雄这才将事情的经过一五一十地告诉了自己的师傅，末了补充说："弟子败于少年黄飞鸿之手，实在没有面子留在广州城，所以要远走他乡。"

"胜败乃兵家常事，亦是武林中常有的事，仅为这点事何须远走他乡。"高大金安慰郑大雄说，"有志气，你下次再打败他就行了呗！"

郑大雄摇头说："话是这么说，但今天的情况不同一般。因为黄飞鸿还是个十二三岁的孩子，我却是武馆教头。败在他手下，我假如不远走，不就永远成了他人的笑柄吗？"

高大金回答说："既然黄飞鸿是个十二三岁的孩童，而你是个壮汉，就是有什么小事触犯了你，你本来也不应该与他计较。好了，现在你受到侮辱，不但你没有面子，我的声誉也受到影响。"

郑大雄摆出一副可怜兮兮的样子，小声问高大金："事已至此，师傅，你说还有什么比远走更好的办法呢？"

"事已至此，你是我徒弟，我不能看着不管。"高大金问，"黄飞鸿是谁的儿子？他是干什么的？他家住哪？这些你都知道吗？"

听师傅这么一说，郑大雄知道"有戏"了，连忙把自己所知的情况全部竹筒倒豆子般倒了出来："他是黄麒英的儿子，黄麒英就是那个在靖远街开设生草药店的人，这父子俩经常在街头演技卖药，把别人的生意都抢走了。"

高大金毕竟是正统的武林中人，获悉黄麒英父子是武林同道中人后，对这件事的处理变得谨慎起来。尽管郑大雄已经对他讲了大致的情况，他还是想把前因后果了解得更清楚些再去找飞鸿父子。高大金叹了口气，感慨地说：

"你已经长这么大年纪了，为什么还这么不懂事理！他们父子二人是街头卖武之人，你是武馆教头，即使打胜了对你又有什么好处？你为什么这么不自重自爱？你们比武，好比用瓷器去撞烂瓦钵。既然你和他们发生摩擦，其中必有原因，你老老实实告诉我。"

郑大雄见师傅问比武的缘由，一下子又来了义愤，他愤愤不平地对高大金说："黄飞鸿在卖艺时，不但神吹自己的棍法如何高超，并且说了很多难听的话狂贬左手钓鱼棍法。师傅与弟子，因为练左手钓鱼棍法已名声在外，怎能容忍他在大庭广众之下，说这么难听的话诋毁呢！"

略微沉默了一下，高大金再问："黄飞鸿所说的话，是你亲耳听见的，还是从别人那传过给你听的呢？"

郑大雄十分肯定地说："当然是真的啰，是我的徒弟亲耳听来的。"说这话时，郑大雄脸上露出义愤填膺的神情："这件对我们关系很大，如果任由他们诋毁，左手钓鱼棍法就永远不为人所重视，也没有人来学它了，我们的武馆只有关门一条路。"

高大金觉得郑大雄的话也并非全无道理，出于维护自己在武林中的面子，尽管他不想挑起事端，也不能不出面讨个"说法"。因此他按郑大雄所告诉的地址，直接往靖远街黄麒英所开的生草药店而来。

找到了黄氏开的药店，高大金环顾店内，只见到处堆的都是生草药，显得异常杂乱。再看黄麒英店内的摆设，家具桌椅都十分破旧，高大金不禁生出几分同情之心。他觉得应该理解黄飞鸿父子上街演技卖药之举，他们实出无奈啊！

"黄麒英先生在家吗？"

听到问话声，黄麒英以为来了买药的顾客，赶忙出来迎接，当他看到是一位素不相识的人时，和蔼地回道："先生则不敢当，在下黄麒英，不知尊驾光临有何赐教？"

"我叫高大金，今天来是想会会你的儿子黄飞鸿的。"

飞鸿打败郑大雄后，常有人慕名上门找他。麒英不知对方来意，就试探着问："小儿是个乳臭未干的孩子，不知你为何要见他？"

高大金鼻子里"哼"了一声，而后说："你儿子好生厉害，差点打死了我徒弟，因此特地上门来看看他如何勇猛！"

听到高大金这么一说，麒英已猜出他是为郑大雄一事而来，故知道他是郑大雄的师傅无疑。本着"大事化小、小事化了"的原则，麒英对高大金说："我的孩子与郑大雄师傅比武，郑师傅只受了点轻伤，为什么说差点打死了呢？"

高大金冷冷地说："我徒弟气愤得想死。"

麒英耐心地解释："我与小儿在街头卖药，实乃贫穷所迫，为生计想换取一两口稀粥，自问没有得罪你的徒弟，不知他为何要轻信谗言，挑起事端？我们都是武林中人，自然应该爱惜同类，不该再挑起事端。你是通达明理之人，希望你能原谅我小儿的年幼无知。"

"此事总得有个说法，不能就这样了结。"高大金说，"如果不是你儿子当众诋毁左手钓鱼棍法，我徒弟怎么会约他比武见高低？这次我来是看看你儿子的武艺如何，决不能罢手回去。”

黄飞鸿正好从外面回家，听说来人要找他比武，又听对方提到“左手钓鱼棍法”，心里已明白了八九分。年轻气盛的飞鸿不客气地说：“你徒弟武艺平平，却好惹是生非，你当师傅的不好好管教，反而给他护短，你像个师傅吗？”

麒英把脸一沉：“小孩子不知天高地厚，给我滚到一边去！”

父亲不发脾气的时候，什么玩笑都可以开，一旦他认真起来，飞鸿还是有三分畏惧的。见麒英一副威严之样，飞鸿只得收敛孩童那股任性之气，但他嘴里却还在嘟囔：“比就比，谁怕谁！”

麒英继续给高大金解释：“按当时的情况而论，我儿子在表演武技时，自称自赞的话肯定是说过一些的。这没什么奇怪，卖武乞食不容易，如果我把自己的功夫贬得一无所长，怎么能引起观众的注意，又有谁会买我的药品呢？至于你的左手钓鱼棍法，孩子确实没有加以诋毁，我可以对天发誓。你找上门来，一定是有人中伤小儿才劳你尊驾的。话说回来，我说的是真是假，终有水落石出的一天。”

停了一下，麒英接着说：“上面说的这些姑且不谈，我儿子今年才 12 岁，是一个街头卖艺混饭吃的孩子，而您却是大名鼎鼎的武师，不但地位如此悬殊，而且年纪相差这么大，即使你打赢了，人家也会讥笑你以长欺幼，有损你的英名，这样做反而得不偿失。既然如此，又何苦非要这样做呢？”

高大金若有所思，沉默不言。

“这件事发生在同行之中，同为武林中人我不想看到同行相互自残，被人家当笑料，你不是不了解世间事情的人，为什么不仔细想想呢？这件事既然已发生了，总要有个解决的办法，谁对谁错，都不要再去深究，我先向你赔礼道歉，再让我儿子飞鸿来赔罪谢过，你看行吗？”

麒英诚恳谦逊的态度，使高大金心中之气渐渐平息，主动赔礼道歉更使他为之感动。高大金也说：“如果能互相谅解，也就不会有今天这次相聚了。”

麒英见高大金已经心平气和，就抱拳对他说：“高师傅能海量包涵，宽恕飞鸿的冒犯，令我十分钦佩。我本人非常愿意与你做个朋友，相互切磋武艺，使我们父子都得到长进，不知你是否会嫌我们太笨？”

“哪里，哪里，黄师傅不要这样说。武林中人，相互切磋交流，共同提高武艺，是件好事，何乐而不为呢！我很愿意交你这样的同行朋友。”

当下麒英叫过飞鸿，让他向高大金赔礼。飞鸿心里虽一百个不愿意，但碍于老爸的面子，也只得上前。他双手抱拳向高大金行了个礼，对高大金说：“日前与你的高徒比武，飞鸿多有得罪，大人不计小孩之过，还望前辈海涵恕罪。”

高大金仔细打量飞鸿，看在眼里喜在心里，他用赞许的口吻对麒英说：“好一个少年英雄，果然名不虚传！黄师傅，好好培养，令郎将来一定能成大器！”

“过奖，过奖！”飞鸿父子异口同声地说。

“在下武馆还有事，不便多留，就此告辞吧！”高大金临走前说：“不打不相识，我们今天虽然没比武，也算相识了，今后常来武馆指教指教。”

麒英说：“高师傅不必客气，有空一定带犬子登门求教！”

双方谦让一番，订交而别。一场眼见就要发生的恶斗就这样化解了。

高大金走后，麒英把飞鸿叫到跟前：“搬把椅子坐下，有些道理我要跟你讲清楚。咱们学武之人，一定要讲武德，不能逞一时之强，你虽然打败了高大金的徒弟郑大雄，但你未必打得过高大金本人，这就叫天外有天，强中更有强中手。以后切记，以武会友，旨在交流提高技艺，而不在于博取声誉。”

飞鸿点头说：“老爸，我记住了。”

麒英接着说：“今天这事你耍孩子气，与高师傅顶嘴，就做得不好。有长辈在，轮不到你说话。再说矛盾出来了，最好的办法是‘大事化小、小事化了’。诚然，你老爸也拜过名师，上了擂台也可一决雌雄，但如果你与高师傅比武，你输了我不服，我又和他比试，这不是将两家的矛盾越搞越深吗？人在江湖，要学会谦让大度，知道吗？”

“我已经知错了，我不是向高师傅赔礼了吗？”飞鸿对麒英讲的这番道理，已能接受下来，他诚恳地说，“老爸，你说得句句在理，我一定铭记在心。”

“江湖险恶，逞强就容易吃亏呀！”麒英语重心长地教诲飞鸿：“知道做得不够好，就要改正。不能只是嘴皮上说说，要心服口服才行。”

“知道了。老爸，时间还不算晚，下午我看还是再去街头转转，能卖点药也好。”飞鸿提出要出去演技卖药，麒英见时间尚早，也就同意了，父子俩带了药品和表演器械出现在街头。

飞鸿经过与郑大雄比武一事，声名大振，在街头演武卖药，生意比以前更好了。由于收入增加，家境也慢慢得到改善。虽然还有一些卖药的人对飞鸿父子心存妒忌，但他们看见大名鼎鼎的高大金武师对飞鸿父子也谦让三分，也就没人再敢向飞鸿父子挑衅。

靖远街的生草药店一天比一天兴旺，顾客渐渐多了起来。麒英忙于接待买药的顾客，有时就让飞鸿一个人出去演武卖艺。飞鸿天天练习麒英传授的武艺，武艺比过去更加娴熟。

顾客中有一名叫罗绍隐的药材商，听人家说起飞鸿与郑大雄比武一事，对“少年英雄”黄飞鸿格外感兴趣，主动上门来见识这位武林少年。罗绍隐每年都往云南、广西等地选购药材，然后运回广州出售。自从与飞鸿父子结识后，他常来靖远街与飞鸿父子闲谈。

“飞鸿武艺大长，应该让他见见世面，开阔眼界。”罗绍隐提出要带飞鸿到广西去购药。

罗绍隐之语正合飞鸿之意，飞鸿却不知其另有所图。麒英是否答应罗的提议，飞鸿此后将有何传奇遭遇，且听下章分解。

第三章 师传绝技

黄飞鸿父子在佛山遇见一个使飞砣的老人，老人身怀绝技却乞讨为生，他耍飞砣误伤路人，是飞鸿父子为他解了围。真情感化，使老人道出了自己坎坷的身世，原来他是『广东十虎』之首铁桥三的高徒林福成。麒英让飞鸿拜林福成为师，学习铁桥三绝技『铁线拳』，但此技向来不轻易传人。林福成会收飞鸿为徒吗？飞鸿能学成铁线拳吗？

第三章 师传绝技

药材商人罗绍隐提议带黄飞鸿出去见见世面，表面上是为了让黄飞鸿远游以增加知识，实际上是想邀个伴同行，既可作保镖，又可解除旅途寂寞。年幼的飞鸿在他的鼓动下，非常想出去一游增长见识，于是如实对父母谈了自己的想法。

考虑到飞鸿刚满 12 岁，麒英对他外出远行不太放心，没有立即表态。

一天晚上，罗绍隐又来店里聊天，他跟其他几位来聊天的人大谈特谈在外的稀奇古怪见闻，挠得飞鸿心里痒痒的。于是飞鸿又一次找到麒英谈及此事。

飞鸿说："老爸，你年纪已大了，不便整天在街头卖艺，使身体劳累。如同意我去外出，随绍隐叔去广西八排山采购药材出售，你就不必再这样一年到头辛劳了。"

麒英对飞鸿说："你说的虽然不无道理，但你平日没离开过家门半步，如今要去的八排山一带又极度荒芜危险，叫我怎能放心呢！"

飞鸿反复解释，说自己学了这么久的武术，防身没问题，再说又有绍隐叔做伴，不用为他担心。在他左磨右缠之下，麒英只好答应了他的要求。

飞鸿不日即随罗绍隐前往广西八排山地区了。儿子走后，麒英一直牵挂他的安全，心神不宁的他，也没出去演技卖药，整天掰着手指计算飞鸿回来的时间。

好不容易才熬过一个多星期，总算把飞鸿盼回来了。飞鸿离开家和父母这么多天，也非常想家和父母，到家门口还有一小段路，他就高声喊："老爸、老妈，我回来了！我回来了！"

听到儿子的声音，麒英与阿娴夫妇赶忙出来相迎。见了面，飞鸿向父母问安。麒英让妻子弄几个好点的菜，好好地“补偿”一下飞鸿。

“儿子，这次出去怎么样?”

飞鸿说:“长了不少见识，沿途见识了许多新奇的人和事，待会慢慢讲给你听。”看上去飞鸿对此次远游非常满意。

儿子回到广州，麒英夫妇自然高兴，他们煮酒杀鸡谢神保佑。

第二天，麒英对飞鸿说:“你离开广州去八排山后，我没心思上街卖药，现在你回来了，我想应该继续上街卖艺售药，不然家中就没了收入。”

飞鸿点头称“是”。

麒英接着说:“你走了之后，我想了不少问题。既然你喜欢远游，认为远游增长知识，我们可在佛山设场演技卖药。虽然佛山离广州不远，但离家外出，也可当作远游。”

佛山是飞鸿的家乡，那里有不少亲友，加上离广州又不远，倒是值得到那里去开场子试一试。飞鸿这么想，也就对麒英的建议表示赞同。这样，麒英便开始为佛山之行作准备。

说是作准备，其实主要是联系住处。过去在佛山，一家人租房住。这回麒英通过亲友，很快就在佛山的九曲巷借到了一处住房。一家人打点行装，从广州来到佛山。

九曲巷是一条又窄又弯的小巷，这里住的都是些穷苦人家。走进九曲巷，就会看见在砖头碌所砌的地面上，缝隙间长满了野草，路面日久失修已经凹凸不平。飞鸿一家就借住在这条巷子的尽头，房子不大，墙壁破旧像是保留了上千年的历史文物。

把东西卸下以后，一家人开始打扫与布置房间。飞鸿从小生活在贫寒之家，对这套破旧的房屋并不介意，边帮父母打扫还边说笑。

麒英是个做事非常实在的人，稍微将家里的东西摆设了一下，第二天吃过早饭后便带着飞鸿走上佛山街头，开辟新的演技卖药市场。

虽然出生于佛山西樵镇，飞鸿年幼时也随父亲在佛山生活过，但有较长的一段时间没来，他对佛山似乎又有了点陌生感。关于佛山的一些故事和历史名胜，他大都是从父母那里听来的。凭着聪明的脑瓜子，他知道卖艺要到人多热闹的地方去，才能卖出更多的药品。于是他问麒英:“老爸，咱们找佛山最热闹的地方设场，佛山哪里人最多最热闹?”

"傻小子，看来你一点不傻。你说对了，我们是得找个热闹的地方开场，争取一炮打响。我想过了，佛山现在最理想的地方，是豆豉巷（今佛山升平路）附近。那里干什么的都有，过往人特别多。"

"那咱们就直奔那里去呗！"

当天飞鸿父子即往豆豉巷附近摆场子，演技卖药，推销黄氏祖传的跌打良药。佛山镇与江西景德镇、湖北的武昌镇、河南的朱仙镇在当时被称为"中国四大名镇"。佛山是岭南商业和手工业的集散地，曾经鼎盛一时。这里的陶瓷也颇负盛名，佛山因此也称陶城。又因为这里丝织业发达，也有人称之为丝织城。这里还是武术之乡，是南派武术的发扬光大之地。与武术之乡相关联，佛山的药品行业也很兴旺，是岭南中成药之都。走在街上，飞鸿看到商家云集，古镇佛山一派繁华景象，不由得赞叹道：果然名不虚传！

在飞鸿好奇地东张西望之中，父子俩不知不觉就到了豆豉巷。这里云集着许多商家，三教九流什么人都有。车水马龙，人群熙攘，巷内店铺稠密，有陶器店、丝绸店、铸铁店、成药店、竹木店，有茶居，有客栈，还有摆摊算命占卦和卖水果的。费了半天劲，父子俩才找到一块小空地将架势摊开。

"路过的父老乡亲、叔伯兄弟，且听我来说两句！家有千金积玉楼，不如学艺在心头；日间不怕人来借，夜来不虑盗来偷……"

飞鸿又拉开了演技卖药的序幕。念完顺口溜，他大致地介绍了一下自己，表明自己乃佛山本地人氏，希望父老乡亲多多关照。他介绍自己的话还没说完，人群中有一男子高声问道："你说你叫黄飞鸿，是不是在广州打败武师的那个黄飞鸿？"

飞鸿一抱拳："正是在下，敢问有何赐教？"

那人站出来说："我从广州来的朋友那里听说过你与郑大雄武师比武一事，佩服至极，今天能在佛山一见，真是幸会。"

旁边两个年纪大一点的人也说："我们也听说过你的事情了，真是少年英雄呀！""我们都爱好武术，请你给我们表演表演，露两手绝招让我们开开眼界吧！"

飞鸿双手抱拳绕场一周："父老乡亲、叔伯兄弟，在下只是个习武之人，'少年英雄'之名实不敢当。下面我就给大家表演几套拳法和棍术，请各位捧个场！"

飞鸿说罢，就认真地表演起来。

麒英心想，俗话说“丑事传千里”，飞鸿与郑大雄比武一事，虽然不是什么“丑事”，怎么这么快就传到佛山来了？真是不可思议！

想来想去，他终于还是找到了答案：佛山是武术之乡，习武人多，交流切磋的机会也多，加上广州与佛山相距很近，水陆交通都很发达，所以圈内的事一下子就传过来了。

豆豉巷商业繁华，来往人多，听说曾打败武师的少年黄飞鸿来演技卖药，人们都来一睹为快。第一天收场一算，父子俩喜上心头：卖药收入可观呢！

“没想到今天有这么大收获，真出人意料。”

飞鸿见父亲满脸喜悦之色，就开玩笑说：

“老爸，你得多谢我才行，是我这块招牌起了作用。知道吗，这叫招牌效应！”

麒英一笑：“多少有点吧，但也不尽然。你要知道，佛山是个藏龙卧虎之地。就药业一行，竞争激烈得令人咋舌。”

麒英说的一点不假。佛山的药铺很多，药品远销海内外，其中小有名气的药铺就有五十多家：梁仲弘、冯子性、陈李济、黄恒庵、保滋堂、永生堂、广芝馆、罗恕斋、人和堂、敬寿阁、马百良、叶万全、阮时和堂，等等。至于药品更是达数百种之多，有膏、丹、丸、散、油、茶、酒等，据不完全统计，当时从事中成药业谋生的人就达一千多。要在这种环境中竞争出自己的一席之地，谈何容易啊！

“要能长久立于不败之地，飞鸿你须记住，靠的是药品的质量，价廉物美，至关重要。当然，因为咱家出售的是跌打损伤为主的药，因此你的武艺表演也必不可少，武艺高强，人们才更相信你的药也上佳。”

飞鸿牢记父亲的话，每天卖药之余坚持习武，学过的拳法棍技已被他练得熟能生巧了。

佛山古镇以民间传统手工制造闻名，镇上手工作坊遍布，每行每业都有相对集中的地段和场所。江湖卖武者经常在码头、车站、祖庙等地的前面设场谋生。麒英带着飞鸿，经常轮流到车站、码头和祖庙等地去演技卖药。几个月下来，飞鸿对佛山已经摸得很熟了。

1869 年的一天，飞鸿父子卖艺回家经过豆豉巷，看到一个老年人用绳子缚住铁砣，边走边舞，借此向路人讨钱。麒英父子俩觉得老人运砣如风，舞得虎虎生风很有章法，暗暗称奇。尤其是老人舞砣套路非常周密有序，料定这不是个一般的乞讨者，父子俩于是情不自禁地跟在那人后面观看。

“飞鸿，你看这位老人舞砣，上下盘旋飞舞，敏捷得让我们目不暇接，肯定不是个平常之辈，咱们好好看看。”

这时，有一位过路人忽然从横街窄巷中奔跑而出，正迎面朝舞飞砣的老人而来。由于这一情况来得太突然，等老人反应过来时，舞出去的飞砣已经来不及收绳，只听得“哎哟！”一声大叫，过路人头部被飞砣击中，倒在地上。

听到一声惨叫，四周的人全把目光转移到这边来。老人舞飞砣一时兴起，飞砣虎虎生风之际击中路人，其力量之猛令人难以估测，所以路人倒地后再不吱声，是生是死不得而知。如果击中头部要害，那是必死无疑了。

看热闹的人一起围上去，只见倒在地上的伤者血流满面，此时已能发出微弱的呻吟声。“还好，人没死！”人群中有人发出了这样的感慨。但看上去，伤者伤得也不算轻，因为伤者一直用手按着伤口喊痛。

麒英、飞鸿父子夹杂在人群中，想挤上前去救助伤者，但人太多挤不太动。正想叫人让开，却听到看热闹的人中议论纷纷：

“把人打成这样，还不赶快送到医院去！”

舞砣的老人说：“我实在没钱呀！你们没看见我是个讨饭的吗？”

“这个老头不像话，伤了人还推诿！”

“出了人命怎么办？我们把他扭送到镇公所去处理！”

“对，把他扭送到镇公所去！”

说着，就有几个身强力壮的人上去，扭住老人，要一起将他扭送去镇公所处理。

看到这种情况，夹杂在人群中的麒英父子奋力挤上前，拦住那几个壮汉。麒英说：“大家听我说句话，好不好？”

“当务之急是救人！飞鸿快，把咱家祖传的‘刀伤散’给伤者敷上。”

对飞鸿说完，麒英转向几个壮汉，很诚恳地说：“老人这次失手伤人，绝不是故意的，真的是误伤。你们把他扭送到官府，也解决不了问题。现在我已让飞鸿用跌打药给伤者治疗，大家就不要为难这位老人了。”

观众中有人附和：“是啊，老人也挺可怜的。”

麒英接着说："老人有过失，伤了人，在此我可以代他致歉。既然他不是有意的，还请各位谅解。"

壮汉中有一人问："这老人不会是你家什么人吧？"

飞鸿一听这话，气不打一处来，立即反问道："真是以小人之心度君子之腹！是又怎么样？不是又怎么样？"

舞砣老人见双方有发生冲突的迹象，连忙解释说："我与他们素不相识，他们为老夫说情，完全是出于对老夫的同情，千万别把好人看扁了！"

由于飞砣是从侧面伤到这位过路人的，并没伤到脑部要害，不致有生命危险。更神奇的是飞鸿家的药具有立竿见影的效果，敷上去很快就止住了血。过了一会儿，伤者居然让飞鸿将他扶起来，坐在地上。

"我来说几句。"伤者一开口，围观者立即静了下来。伤者说："首先我要感谢这对好心的父子为我治伤，真的让我从心底里十二分感谢。同时也感谢大家对我的关心！再者，我希望大家不要为难这位老人家。因为他事出无心，绝非有意伤人。他表演飞砣在街头卖艺讨钱，活得不容易，我对此不计较。更何况，我自己乱跑冲出来，撞上飞砣，我自己也有一定责任……"

既然当事人都这么说，围观者还有什么话可说呢？于是大家各自散去，只剩下伤者、老人和麒英父子。

飞鸿父子问伤者家住何处，能否行走？伤者表示住得不远，伤情也无大碍。本想护送伤者回家的麒英、飞鸿，便另外赠了几包"刀伤散"给他，让他回家：

"我叫黄麒英，住在九曲巷，如果药用完了，可以来找我要，平时我与儿子飞鸿在街上卖药，我们还会碰到的。"

"谢谢你们！谢谢你们！"

伤者走后，老人对黄麒英作揖说："我一个沦为贫苦乞丐的老头，老天对我还毫不吝惜，今天这事虽属无心造成的过失，但如果不是你们父子俩代我排忧解难，我可能就会因为此事而进监狱。十分感谢你们倾力相助，感谢你们的大恩大德。想对你们有所表示，可惜的是我囊中羞涩，今天只讨得几文钱，不然的话可以买酒请你们喝以表示谢意。"

麒英见老人家说得如此诚心，连忙安慰老人："区区小事，何足挂齿。老人家就不要再说什么了。您要是想饮酒相叙，我可以做东道主。飞鸿，今天咱们晚点回家，陪老人家去喝杯酒，走吧！”

老人过意不去，说：“我不能备酒致谢，现在反而蒙你们邀请，心中不安啊！再说我是个乞丐，一起去喝酒，即使我自己不觉得羞愧，也会影响你们，让你们脸上无光。”

飞鸿说：“老人家，您这话说到哪去了！”

麒英也说：“我们都是江湖中人，不应有地位高低之分，希望你不要怀世俗之见。”

老人推却不过，就和飞鸿父子一起到附近的酒家喝酒。酒过三巡，麒英问老人：“刚才看你表演的飞砣技艺，矫若游龙，一定是出自名家之门。既然你身怀绝技，为何甘心沦落到乞讨的地步，而不把绝技传于世上？我对此大惑不解，能否简单地告知其中的原因？”

老人说：“你真是很有眼光！我这点拙劣的功夫确实出自名师所传，我是铁桥三的弟子，姓林，名福成。”

接着，林福成老人简单地讲述了他的不幸经历。他几十年来一心一意致力于武技，以为学有所成就能出人头地，怎知门派繁多，靠武术谋生并不是件容易的事。相反他半生穷困潦倒，日子一天过得不如一天，最后竟流浪街头，靠玩耍点小技、卖点治咳嗽的生草药糊口，过着半卖艺半乞讨的生活。

林福成讲完自己的经历后，感慨地说：“过去有人说过，凡是练武的人，如果想以它来维持生计，那一定难如愿的。从我的遭遇证明，这话说得一点不假。”

麒英说：“这个行当的苦况，我们都尝过了。我们有祖传的跌打良方，并以此研制出了武夫大力丸和刀伤散，侥幸有碗饭吃而已。”麒英话锋一转，转身对飞鸿说：“林师傅受教于铁桥三名家，可惜没把绝技派上用场，有机会你得好好向林师傅学学。”

林福成叹了口气，未置可否。

麒英宽慰老人：“人生的际遇，不能以一时的得失沉浮而论。这就好比河里的水，如果没有微波荡漾，哪里会有可观之处？失意可以成为得意的基础，更何况您还身怀绝技呢！”麒英让飞鸿站起来：“敬老人家一杯，拜他为师。”

林福成连忙制止：“不敢当，不敢当！”

飞鸿斟满了两杯白酒，站起来递了一杯给林福成，自己也捧上一杯，过去小跪在林福成面前，很认真地说："请您饮下这杯拜师酒，收飞鸿为徒！"说完，他先干为敬，一口气把自己杯中的酒喝光。

见林福成还犹豫不决，飞鸿说："您要是不收我为徒，我就不起来了！"

林福成见状，连忙叫飞鸿起来："既然你们父子如此心诚，我就收下飞鸿了。"说完也一口把酒干了。飞鸿、麒英又各敬了林福成几杯，他都把酒喝了。有点激动的林福成，喝酒时不小心把酒荡出来不少，落在胸前和衣袖上。

林福成之所以有点激动，因为几十年来从没人把他当上宾给他敬酒，更没人提出拜他为师。在人们眼里，他只不过是个乞丐而已。多喝了两杯，自然话又多了起来，林福成对麒英说：

"老夫我已经六七十岁了，距死期也不远了，怀艺至今，有一技从未传授他人，这就是我平生最擅长的铁线拳法。现在感你们的恩，愿将所有的武艺传给飞鸿，希望你们不嫌我人老武艺拙劣。"

麒英早就知道"铁线拳法"是铁桥三的绝技，向来不轻易传人。如今碰上林福成愿意收徒传授此绝技，正求之不得。麒英吩咐飞鸿：

"还不快叩谢师傅！"

飞鸿跪在地上，叫过一声"师傅"后，给林福成叩了三个头。行过大礼，又说道："飞鸿不才，还望师傅多多指教！"

林福成笑着扶起飞鸿说："不要这样。老夫既然愿意做你的师傅，何必行此俗礼。老夫所传授的武技，不同于一般拳师，需要一定的基础才能学习。你父子的武功，我早有所闻。你长期受父亲的指教，武技必然有一定的基础。你先表演一下以前学的功夫给我看，我判断一下你能否学习我的技艺。"

遵照师傅意旨，飞鸿当即找了块空地，脱下外衣，束紧腰带开始表演。他运掌挥拳，把父亲传授与他的功夫演绎得淋漓尽致。

表演完之后，林福成对他说："从你的表演来看，基础不错，足以做我的弟子。但我要指出的是，你的马步还略嫌不足，还稍有动摇，不够稳，进退之间不够老到。凡是入门学武艺，不能不先练习马步。马步是全身的基础，稍不牢固，任凭你进攻手法如何神妙，也难以迎敌。马步不牢固，就好像天上的浮云，水中的浮萍，没有根基，随处飘荡，别人不打，你自己也会跌倒。"

麒英点头道："您老说得极是，飞鸿切记。"

林福成接着说："学习铁线拳法，不但能使马步稳固，而且还能壮身健体。我师傅铁桥三很看重铁线拳法，此拳法不轻易传人。因为师傅特别垂爱于我，我才学到此法。现在我传授给你，希望你用心学习，不要辜负我的心血。"

飞鸿表示："弟子一定牢记师傅教诲！"

从酒馆出来，天色已晚，夜幕像一张大网笼罩着大地，巷子四周的人家早已万家灯火。麒英父子想送林福成回住处，林极力推却："我暂住在普君圩，路不算近。再说一个讨饭人的家破旧不堪，看到那脏乱状况，你们心里也会难受。就让我老头子自己回去吧！"

飞鸿说："师傅既然是一个人，不如今天就别回住处了，干脆到我家去住如何？"

麒英也热情相邀："我借了飞鸿舅公的一间大院子，虽然房子破旧些，但住处很宽，到我那去认个门，以后要常来常往的。"

盛情难却，林福成当晚便随麒英父子来到他们在九曲巷的住处。这座小屋本来是麒英表舅的，不久前表舅全家迁往广州城谋生，留下空屋一座。正好麒英父子要到佛山来开辟市场，表舅就让他们家住在这里，这样既可以为他看守这栋旧屋子，又解决了飞鸿一家人的燃眉之急，还免得花钱去租房。

回到黄家，林福成见过飞鸿母亲阿娴，彼此聊了几句，而后林福成便冲凉休息了。飞鸿因为意外找到一位身怀绝技的老人为师，心里异常兴奋，硬缠着麒英给他讲师公铁桥三的事儿。

"那就给你讲几段吧！"

麒英边吸烟，边给飞鸿讲了起来……

铁桥三原名叫梁坤，广东南海人，说起来与飞鸿父子还是同乡。他从小酷爱武术，四处寻师学艺，后来遇到洪拳巨子、福建莆田少林寺和尚觉因，拜觉因大师为师，并进入广州白云山能仁寺带发修行。跟觉因大师学了七年，把觉因的真功夫全学到了手。

据说觉因大师在 110 岁高龄圆寂后，铁桥三失去了依托，于是下山生活。有一天漫步于长堤，看见有人凭武技赌博，场面热闹非凡，铁桥三也过去凑热闹。"不是要比功力吗，你们瞧我的！"铁桥三"雄心"顿时起来了，他一个手臂上吊挂六个人，居然能面不改色而从容地慢走上百步。在场的人都说他的铁臂有神力，无不叹服，他也因此声名大振。因为在家排行第三，人们因此称他为“铁桥三”。

“后来铁桥三仗义行侠，收徒授艺，有许多为人称道的义举。到光绪年间，他的武功到了炉火纯青的地步，被列为晚清‘广东十虎’之首。铁桥三住在广州海幢寺时，曾与寺里和尚尘异、修已、智圆等互相传授拳棍武术，他从和尚那里学得‘鼠尾棍法’。因为铁桥三名气大，广州富商蔡赞、富家子弟伍熙官相继把他聘为教练，后来育善堂中医施雨良及区珠、林福成等人也拜他为师，这些人都学到了铁线拳法。铁桥三曾经视铁线拳为洪拳至宝，不让弟子随便传人。”

“喂，老爸，能不能讲点故事性强的事情来听听?”飞鸿打断麒英的话，提出自己的要求。

麒英只得应付飞鸿，讲了一个《铁桥三赴宴》的故事——

有一次，铁桥三赴友人的宴会，有个叫胡海的武术教头想把他打败，宴会还没散席便要与铁桥三较量。当下双方摆开阵势，铁桥三先取守势，只用双手招架，胡海便无计可施。两三个回合后，铁桥三转守为攻，他看准机会，三一进马，便破胡海门户。再把手一挥，胡海便被打倒在地。但胡海并不死心，又来一个“黑虎掏心”直取铁桥三。早有防备的铁桥三闪身避开铁爪，一个“龙马扬蹄”把胡海踢了个四脚朝天。

众人哈哈大笑，胡海满面羞愧，无地自容，只好悻悻离去。胡海的师弟假装上前扶铁桥三入座，想出其不意将他掀翻。但铁桥三纹丝不动，功底极深。胡海老想报复，便找到另一个武功高强的教头马南，说铁桥三在背后骂马南是个肥猪，不堪一击，说得马南火冒三丈想找铁桥三算账。

马南与胡海合计之后，派了一个人来找铁桥三，说是马南派他来请铁桥三去赴宴的，并呈上马南亲笔写的请柬。铁桥三见来人说话时神色有些紧张，便多留了个心眼。他跟着来人上路，来到江边，看见一只小船停在那里，有个船家模样的人站在船尾。上船后铁桥三觉得此船可疑，便暗发功力，使船头慢慢下沉，一会儿便没入水平线下了。忽然，铁桥三觉得耳后有风声，迅捷将身一侧，抬起脚一脚将企图推他下水的人打下江中。仔细一看，江中人原来是那个送请柬的人。

铁桥三哈哈大笑，一个“鹞子翻身”飞上岸。回头看时，那只小船已在江中沉没了，被打下水的那人狼狈地爬上岸来。原来胡海、马南两教头想欺铁桥三不识水性，企图骗他上船，让他在水中出丑，重演《水浒传》“浪里白条”张顺斗“黑旋风”李逵那一幕，谁知铁桥三未上当。铁桥三正要问那人为何害自己时，只见胡、马二位教头从江边大树后走了出来，齐向铁桥三拱手，表示折服。当下胡、马二人在附近找了个酒店，设宴向铁桥三赔礼道歉。从此以后，铁桥三更加出名了。

“时候不早了，飞鸿，你也该洗洗睡觉了。”

麒英催飞鸿休息，飞鸿余兴未尽，又问铁桥三后来的情况，麒英假装不知：“以后你问你师傅不就知道了，他是铁桥三的得意弟子。”

当夜再没有多余的话。次日起来，飞鸿先给林福成倒好洗脸水，然后招呼他吃早饭，师徒之间日渐亲密。麒英与飞鸿、林福成约定，白天飞鸿依旧出去演技卖药，晚上让林福成来教他武功。为此，麒英父子让林福成住在自己家。

“住在这里，吃你的，这样不太好，我还是教完武艺后回去吧！”

“您愿住就住，愿意回就回去，随你吧！”麒英知道林福成的生活困难，把卖艺积攒的几两白银拿出来送给林福成，林不肯接受，双方推来推去，最后还是飞鸿说服了他，林收下银子后再次表达了感谢之意。

林福成很守时，每天晚上准时来教飞鸿练习铁线拳。

“飞鸿，认真听我讲。铁线拳属于少林外家拳的内功手法，专为锻炼桥手用的。铁线拳又是一套养生拳，以运动肢干、畅通血脉为主，具有壮魄健体，反弱为强的功能。”

飞鸿端了一碗茶水给林福成：“师傅，您喝水。”

林福成接过茶碗喝了一口水，接着说：“铁线拳的大纲不外分为外膀手与内膀手二式，外膀手属于外功，即手、眼、身、腰、马；内膀手属内功，即心、神、意、气、力。它以刚、柔、逼、直、分、定、串、提、留、运、制、订十二支桥手为经纬，阴阳并用，以气透劲，又以二字钳羊马势保固腰肾。练此拳法要求动中有静，静中有动，放而不放，留而不留，疾而不乱，徐而不驰。无论男女老少都能练习，长期坚持练习，有却病延年之效。”

非习武之人，一时难以听懂这么多的行话术语，飞鸿自五六岁就开始习武，要理解透彻也还有一定难度。麒英说：“不理解的地方，你多问师傅，多学多练，肯定能学会铁线拳。”

林福成也说："在练习中去体会，你就会悟出其中的一些道道来。基本功很重要，还是那句老话，凡是练习铁线拳者，应当以练稳马步为当务之急，不但凭好的马步可以练气下行，而且避免身体有上重下轻的毛病。平时要利用空闲之时，多扎马步，练得越稳越好。"

林福成教拳非常认真，每一个动作都详详细细给飞鸿讲解。准备运动要求习武者直立平视，两手合指下垂，先吸一口气，两手抽至胸臆之侧，引气下行于丹田。

"铁线拳共有 108 个动作，先教你第一式，这第一式叫'敬礼开拳'，记住口诀：敬礼开拳手拱桥，合拳并掌谒明朝；桥中伏虎藏挂手，谁解深义真微妙。"

在师傅的指导下，飞鸿面向南面站立，双手下垂，腰正头平，敛神静气。开拳后吊左脚曲右膝，右手成拳左手成掌（四指撑天），提至右胸前腋下，再一起推出，拱手顶礼，完成第一式。"这是洪拳中有名的拜谒桥手，"林福成说，"记住练习要领，出手时眼睛向前看，口唇在吸气后闭紧，内力悠然贯于桥拳掌中。"

飞鸿不厌其烦地反复练习这一式，林福成心里说："这是块练武的料，不急不躁。"

过了几天，林福成见他的"敬礼开拳"练得很规范了，就开始教飞鸿第二式"二虎潜踪"，他要飞鸿先看他演习了一遍，然后对飞鸿说："这一招式的口诀是：二虎潜踪真奥妙，洪家内功练手桥；全凭呼吸生气力，今生谁知此秘要。"

动作要领承上式，扭手一收，在两手变拳时大喝一声"嗨"，接着双拳立即向上打出。然后气呼至尽，合上嘴，将拳藏腰收后，贴于命门穴；同时收回吊脚，胸部挺直，眼平头正，两脚直而不曲。

"记住要领，嘴要闭紧，用鼻呼吸，连做三次，注力于两臂。"

林福成只跟飞鸿讲解了练习的方法，至于如何将这些招式运用于实战对打之中，他准备日后等飞鸿全练熟了再教他。年轻人气盛好斗，动辄容易冲动，他怕飞鸿学会了此绝技在外惹事。

休息的空闲，飞鸿又向林福成问起铁桥三的情况："师傅，师公他老人家现在怎么样了？"

“他这个人嗜武如命，经常外出四处学武，精神可嘉。年纪这么大了，还不甘自足。前不久听说他还去新会学了五点梅花棍。”

此事麒英也听说过。据说铁桥三了解到新会外海乡茶冠庵的寺僧意诚和尚，擅长五点梅花棍，于是欣然前往该地向意诚讨教，直到学成五点梅花棍才离开。

林福成说：“飞鸿问及师公的情况，我身无分文，很长时间没去看他了，不太清楚他的事。但我知道一点，他年纪大了，又染上抽大烟的毛病，身体一直不太好。”

“有时间的话，我们下次去看看他老人家。”飞鸿这么说，麒英表示赞同。

练习铁线拳有一段时间了，飞鸿的武艺长进不小，麒英与林福成看在眼里，喜在心里。快言快语的林福成是个急性子人，他恨不得三下五除二将自己的功夫全部传给爱徒。他提出让飞鸿早、晚加强练习，白天上街献艺卖药。对此，麒英自然不会有不同意见。

飞鸿眼珠一转，突然对林福成说：“早晚都练当然更好，师傅来回几趟太辛苦，您就干脆住到我这来吧！”麒英认为这是个好办法，林福成接受了他们父子的意见，不久就搬了过来。

麒英父子演技卖药，本以为不会再有什么波澜，不料没过多久却引出了一场禅城恩怨……

第四章
禅城恩怨

被林福成误伤的人来找麒英去帮邻居治伤，在为老吴治伤的过程中，飞鸿父子了解到一段不同寻常的恩怨。本来不想卷入这场恩怨之中的黄氏父子，因为不肯与当地恶棍雷某合作，多次遭到地痞流氓的捣乱加害。凭借过硬的武艺和一身正气，他们打败了对手，但却卷入了这场恩怨。恶棍扬言要报复，飞鸿一家的命运如何？他将如何面对这一切？

第四章 禅城恩怨

晨曦透过黑夜的乌纱，无声地洒落在大地上。九曲巷的居民们从睡梦中睁开了眼，准备新的一天的营生。而此时的黄飞鸿，练拳已练得满身是汗。

林福成在一旁指导飞鸿："铁线拳第三式叫'双剑切桥'，先看我表演动作要领！"飞鸿在旁边仔细观看，生怕漏过了一个细微的动作。林福成表演完毕，让飞鸿接着练。

经过一段时间的接触，林福成对麒英父子加深了了解。他认为飞鸿是个不错的孩子，不但练武很刻苦，人也很正直。林福成决定把铁线拳的实战技巧也传授给飞鸿。

"飞鸿，新招式就学到这里。你把铁线拳的第一式、第二式再复习一下，然后听我讲招式的实战运用。"

"是，师傅！"飞鸿说完，就开始温习学过的几招。看着他练习时的一举一动，林福成不住地点头："练得不错，真的不错。"

练完之后，飞鸿毕恭毕敬地对林福成说："哪些方面还不够好，请师傅赐教！"

林福成笑着说："飞鸿，常言说'学以致用'，能练好铁线拳的套式，对强身健体当然有好处。作为习武之人，不能只停留在这一点上，还要学会用武术来防身，必要的时候还要打抱不平。"

"请师傅将铁线拳的实战手段传授给弟子。"

"你听我讲解，"林福成先从第一式"敬礼开拳"讲起："当我静立时，若敌一拳从中路打入，我可立出此拳掌，连消带打，再顺势扭手，成双挂拳打落。"林福成边说边给飞鸿演示。

麒英不知何时已站在一旁，等林福成演示完，他对师徒俩说："休息一下，马上吃早饭了。"飞鸿嘴里回答："知道了！"手脚却还在不停地演练师傅刚教的实战技术。

林福成也开口了："行了，飞鸿，吃完早饭你还得上街卖药呢！"

师傅发了话，飞鸿这才作罢。

吃过早饭后，飞鸿父子俩依旧上街设场卖药。那天在祖庙附近设场，前来看飞鸿表演武技的人特别多。表演完之后，飞鸿开始介绍自家配制的几种药品："武夫大力丸，这是我家祖传的秘方，对跌打损伤有很好的疗效；还有这'刀伤散'，虽不敢说药到病除立竿见影，但治刀伤之类效果真的很不错……"

"黄师傅，你们在这卖药呀！"围观的人群中挤进一个人来。飞鸿一看，原来是上次被师傅林福成误伤的那一位。

黄麒英关切地问："你头上的伤没事了吧？"

来人赶忙回答："没事，没事，真的没事了。多亏你们的帮助，你们家的药还真灵啊！"他靠近黄麒英，用手捋起自己的头发："你看，那么大的一块伤口，用你家的'刀伤散'敷了几次，现在几乎连疤痕都没留下。真的谢谢你们！"

飞鸿对来人说："说起来，我还得代师傅向你道歉呢！所以大家彼此就不用这么客气了！"

来人吃惊地问："那位老人原来是你师傅？"

飞鸿笑道："你别误会。伤你之前不认识他，因为误伤了你我们才相识，后来才拜他为师的，这就叫缘分。"

麒英说："是呀，这就叫缘分，我们与你不也是缘分吗？"来人点头称是，麒英又问他："你找我们找到这里来了，有什么急事吗？"

"有啊，你看我只顾说话，差点把正事都忘了。是这么回事，我的邻居被人打成重伤，吃了别人几服药都不见好。我想起你们功夫好、药也好，就来找你们了。"

麒英听他这么一说，觉得治伤救人要紧，就对飞鸿说："你一人在这先顶着，我去给伤者看看，对症下药才行。"

麒英说完，跟着那人就走了。望着他远去的背影，围观的群众议论纷纷。

有的说："这黄师傅人挺不错，急人所急，心善又有医德。"也有人说："听说他们父子的武功都不俗，药也不错。""真的，我听说过他儿子打败武师的事。"

伤者来找麒英父子去为邻居治病，他与麒英的对话，无意间为飞鸿卖药起了一个"现身说法"的作用。开始围观的人中还有人怀疑伤者与麒英父子是一伙的，为卖药而演双簧。后来有人认出那人确实是被误伤后得到飞鸿父子救治者，带头买飞鸿的药带回去"以备急用"。其他人见状，也纷纷跟着买飞鸿的药。

近来一段时间，飞鸿父子上街卖艺售药，每天的收获都还不错。销量增加，制药的工作也忙了许多。每天从街上收工回家后，飞鸿在师傅林福成的指导下练武，麒英则忙于制作药丸药散。

居住的这座屋几乎要变成黄家的制药房了，这里已很像一个制药作坊，屋里摆满了各种制药器具：有竹木制成的箩筐、筲箕、筛子、木桶、风箱、木棒等；有石陶制成的石磨、石舂、瓦埕、石锤等；还有金属制成的辗船、刀锯、煮镬、剪蒂机等。除此之外，热风炉、榨汁机、碎粉机、天平、大秤、放大镜等，应有尽有。

制作药丸药散，配剂是关键。为确保质量，这道工序一直都是由黄麒英亲自动手的。例如武夫大力丸的鹿茸、人参、燕窝和蜂蜜，哪样加多少，要配制得十分精确；刀伤散的田七、红花和沉香等，一斤一两甚至一钱一厘都不能有差错。麒英是个很严谨的人，只有自己亲自操作才能放心。至于其他如洗药、晒药、切药、煮制等工夫，则让飞鸿和他母亲干一些。

林福成想尽快把铁线拳法教完，好让飞鸿接下来学他的飞砣功夫。因此这段时间早晚都抓得很紧，飞鸿也就少干了很多切药、榨汁、焙干等事情，专心学武。

这一天林福成有事，飞鸿收工后便自己练习了铁线拳中的第四式"老僧挑担"、第五式"惊鸿歙翼"以及第六式"左右寸桥"。练得一身大汗后，他想休息一下，就来帮父母干活。

每逢制药丸药散时，飞鸿最喜欢争着推辗船，此时也不例外。这种制药的辗船是铁铸的，长约两尺，形状很像一艘小船。船身中间有条深坑，碾粉时把药材放在坑中，用一个铸有铁柄的铁轱辘在船坑上前后推动，反复用力就可把药材碾压粉碎。

飞鸿喜欢推辗船，因为他觉得干这活既可以练内功，又可以边干边谈话。想起前些日子父亲曾跟那位被林师傅误伤的人去救治一位重伤者，飞鸿禁不住问：

“老爸，那个伤者的伤情现在怎样了？”

“伤得太厉害了，用了几服药倒是没生命危险了，但伤情较重，不是一两天能好的。”

“他为何被人打成那样？什么人这么狠毒呀？”飞鸿边干活边问。麒英说：“江湖恩怨，谁说得清楚。小孩子只管做好自己的事，不该管的别多管闲事。”

父亲这么说，飞鸿也就不好多问了。麒英不想让飞鸿知道，是不想让他卷入其中去。被打成重伤的人叫老吴，是一个小生意人。麒英认为，不管在生意场上有什么纠纷，对方都不该将人打成这样。飞鸿生性耿直，路见不平肯定要伸张正义的，他年幼社会经验欠缺，麒英怕儿子打抱不平惹来大麻烦甚至杀身之祸。

俗话说：“商场如战场。”麒英不想介入别人的纠纷中，但别人却设下陷阱让他钻。

那是在学完了铁钱拳所有的一百零八个动作不久，已开始学飞砣技艺的飞鸿像往常一样在白天随父亲上街演技卖药。飞鸿表演了拳术之后，又演示了一套“五郎八卦棍”，博得观众一片喝彩声。

飞鸿正要介绍祖传的跌打良药，人群中有人站了出来：“黄师傅，你家的药不错，都卖给我吧！”飞鸿循声望去，看见一位中年男子已满脸堆笑地站在他父亲黄麒英面前。

那人对麒英说：“我叫雷善德，是仁德堂的主人。家父雷义仁，是佛山有名的善人。我们也开药铺，给那些没钱治病的人送药。你们家的跌打损伤药不错，有多少我要多少。”

飞鸿父子一听这话，心里都很兴奋。如果真的有多少他要多少，那岂不解决了大问题？以后就不必天天上街卖艺售药了。

“久仰仁德堂大名，久仰雷公父子大名。”

飞鸿父子上街卖药，经常从仁德堂门口经过。这仁德堂原来是从雷氏父子的名字中，各取一个字组成的。近两天，他们看见仁德堂门前站满了衣衫褴褛、面黄肌瘦的穷人。他们排着队，手捧破钵在等待仁德堂主人给他们施粥。

雷善德递上自己的帖子："我不打扰你父子的生意，请你们尽快到仁德堂一聚，商量一下药价，或许我们还可以采取别的方式合作嘛！嘿嘿……嘿嘿……"

飞鸿看见雷善德皮笑肉不笑的样子，觉得他脸上堆出的那点笑容实在太勉强，心里对他产生了一种莫名其妙的反感。

晚上躺在床上休息时，麒英还在想这件事。雷氏父子自己开药铺，从我这里倒手卖药能赚多少钱？药价太高没人买，太低了做二手生意没多大赚头。会不会还有别的企图呢？如果有，又是什么企图呢？

麒英一时想不出个所以然来，也就不去多想了。"兵来将挡，水来土掩"，麒英准备静观其变。他带着飞鸿继续上街演技卖药，同时他暗地里打听雷氏父子的为人。

过了两三天，雷善德见麒英父子没有动静，特地派人到飞鸿家来请他们，还郑重其事地写了大红请柬。麒英有点过意不去，就带着飞鸿到仁德堂登门拜访。

仁德堂的正厅供着大慈大悲的观音菩萨像，神像面前点了一排香，香烟袅袅把整个大厅都笼上了一层香气。飞鸿父子刚进门，早已等候在那里的雷氏父子就双手抱拳说："贵客临门，有失远迎，有失远迎！"

雷义仁吩咐下人准备丰盛的午饭招待飞鸿父子，麒英见状连忙制止："雷老不必客气，时候尚早，咱们商量完事，我们还得去上街卖药混口饭吃。"

雷义仁说："你们父子俩真是捧着金饭碗，不知如何觅食呀！凭着你们的武艺，完全可以替有钱人当保镖；凭着你家祖传的药方，也可以卖个好价钱。今天我请你们来，就是商量这事的。"

雷善德也说："你们开个价，把'大力丸'和'刀伤散'的药方卖给我家，不就有钱花了吗？"

飞鸿父子听了一惊：原来如此！

麒英说："药方是祖上传下来的，卖掉药方不就是背叛老祖宗吗？我黄麒英再穷也不干这种事。上次你说要买我的药，这次怎么又变成买我家的药方了呢？"

雷善德尴尬地笑笑："嘿嘿……这个嘛……"

雷义仁见状忙给他解围："其实都一样，你要是不肯卖药方，也可以采取合作的方式，我们办个药厂，生产‘大力丸’和‘刀伤散’，你要几成股份，可以提出来。”

飞鸿心直口快，立即打断他的话：“你的意图我知道，办厂还不是想搞到我家的药方。告诉你，别打这个歪主意！”

“飞鸿，你怎能这样无礼?!”麒英假装十分生气地凶了飞鸿一句，然后转身对雷氏父子说，“你们的好意我心领了，至于合作办厂的事情，容我回去好好想想，行吗?”

雷义仁说：“好的好的，这对大家都有好处嘛，好好考虑一下，想好了来找我。”

雷善德面有不快之色，飞鸿父子要告辞，他不冷不热地说了句：“恕不远送！”

从雷家仁德堂出来，麒英对飞鸿说：“时间还早，我们去看看老吴的伤好得怎么样了吧！”飞鸿一言不发，跟着麒英往前走，他心里还在想雷氏父子的事。

到了老吴家，老吴问麒英父子怎么这么早就到他这儿来，因为平日麒英来给他治伤，都是利用下午收摊以后的空闲来的。麒英直言相告：“仁德堂的雷氏父子请我们去谈一笔生意，生意没谈妥时候尚早，我和飞鸿就过来了。”

“你刚才说和仁德堂的雷氏父子谈生意?”

麒英回答：“是呀，你和他们很熟?”

“不仅是很熟啊，我和他们父子还有永世难忘的深仇大恨呢！”老吴说，“以前我对你说，我的伤是生意场上的纠纷引发的，其实这哪是一般的纠纷，说白了就是雷氏父子强取豪夺不成而报复我的结果啊！”

飞鸿听说跟雷氏父子有关，就扶着老吴背靠床头坐起，让他从头到尾把事情讲述一下。老吴憋了一口恶气，一直没处宣泄，于是一五一十地讲了起来……

事情还得从两年前讲起。那时候的老吴在仁德堂不远处开了个小店，主要经营饮食业。雷义仁的仁德堂常要招待生意上的客人，不时会到老吴的店里来吃饭，一来二往老吴就和雷氏父子熟悉了。每年仁德堂都会装模作样地搞几次施粥给穷人的活动，熬粥的事也多交给老吴的店做，算是关照老吴的生意。

老吴人缘好，店里生意不错，很快便积了点钱。见店里生意好，雷氏父子眼红起来，就想将其占归己有。雷善德找到老吴说："我们合伙经营怎么样？"老吴一听就知道他不怀好意，当场就婉言拒绝了他。

雷义仁有位儿女亲家在佛山镇衙门里任一官半职，经常带着衙役前呼后拥地到雷家走动，雷氏父子因此根本不把一般的百姓放在眼里。有了这位儿女亲家做靠山，巧取豪夺更不择手段。老吴不愿与他家"合伙经营"，雷善德当面警告说："早点关门吧，否则到时候你会想哭都哭不出来！"

果然不久老吴店里就出了事。有一对讨饭的母女来到店门口要饭，老吴让她们进来，端了两碗饭和一些菜给她们吃。吃过不久，不知为何母女俩双双昏倒在地，不省人事。老吴慌了手脚，四处找郎中，好不容易才请到一位。郎中摸了摸脉，摇摇头说："不行了，中毒太深。"

这对讨饭的母女死了，老吴被当作投毒杀人犯抓进了大牢。

"雷义仁这恶棍假惺惺地说要找他亲家把我放出来，骗得我老婆相信了他。雷义仁说打点衙门的人要许多钱，结果把我这几年积攒的钱全骗去了，事却没办成。"

飞鸿问："后来呢？"

后来，老吴的老婆去找雷义仁，雷义仁有点不耐烦地说："你花的钱太少了，人命大案区区几文钱能行吗？你不赶快活动，迟了你男人的命都难保！"

老吴的老婆说："我男人是冤枉的，我们与那讨饭的根本不认得，平日无冤无仇，怎么会去害她们呢？"

雷善德扯着嗓门叫道："你跟我们诉冤有屁用？想保命就别舍不得花钱！是钱重要还是命重要？你自己考虑吧！"

"我们家真的再也拿不出钱了，雷老爷，求你帮帮忙，将来一定报答你。"

雷善德说："没钱，不是还有店铺吗？是命要紧还是店铺要紧？"

雷义仁跟着说："是啊，你要考虑好。钱我有，我可以替你先拿出来，但你必须以店铺做抵押。"

无奈之下，救夫心切的吴妻只得同意这样做。雷氏让吴妻立下字据，吴妻大字不识几个，雷氏就让他家的账房先生代拟。写好后念给吴妻听，大意是吴家向雷氏借一千块大洋做活动经费，一年之内还清，到期不还则店面归雷家所有。走投无路的吴妻只有在上面按了手印，她想只要丈夫能早点出来，勤勤恳恳干上一年再四处筹借一些，应该不是大问题。退一万步说，即使赔了店铺，也要搭救丈夫呀！

一晃几个月过去了，还是不见自己的男人出来，吴妻情急之下又去找雷氏父子。那天雷善德不在家，只有雷义仁在。雷义仁见吴妻有几分姿色，邪念骤起。他一反过去不耐烦的样子，十分热情地让吴妻坐下，对她说："你心里着急，我能理解。没有男人的日子，不好受是吧？"说话时直盯着吴妻，目光中带着几分淫荡。

"我钱也花了，店铺也押了，这事你到底给我办了没有？为什么这么久没有一点消息？"

"嗨，我天天都在找人帮忙。不过这事最近遇到点特殊情况，不抓紧就要出大事了。"

吴妻忙问要出什么大事，雷义仁说："你男人性命难保呀！"雷义仁以大厅说话不便为由，将吴妻带到一间没人的房间，然后接着说："听说这事不久就要开庭审理，我那亲家亲口告诉我的。你看怎么办？"

"求求你尽快想办法救他出来，只要能救出我男人，你要什么东西我都给。"

雷义仁淫笑道："那好，你就把你给我吧！"说着就动手抱吴妻。吴妻不肯，拼命推开他。雷义仁威胁说："你男人的命不要了是吧？我亲家救他要费大劲，想要他的命可是不费吹灰之力！"

被他这么一吓唬，吴妻懵了。雷义仁趁机强行扒了吴妻的衣服，满足了自己的兽欲。此后，为了达到长期占有吴妻的目的，雷义仁总是找这个借口或那个借口不去疏通官府，让老吴待在大牢里。

吴妻后来终于看清了雷义仁父子的真面目，对依靠他们解救自己的男人不抱任何幻想。想到自己的全部积蓄和店铺被雷氏骗去，自己还被雷义仁糟蹋，丈夫出来无望，她把这些事告诉了一个最贴心的姐妹后，上吊自杀了。

亲朋好友见吴妻上吊，猜到其中有冤屈，众多亲友一起凑钱找人疏通，官府以"杀人证据不足"为由，才将老吴放了出来，但此时距他被抓进大牢已经一年多。出来后家破人亡的事实，使他不得不去官府告雷氏父子，但吴妻的那位贴心姐妹将实情告诉他后，死也不敢出面指控雷氏父子。拿不出证据、找不到证人做证，官府对老吴的状子不予受理。

老吴见店铺已被强占，就去找雷氏父子论理。雷氏父子拿出吴妻按了手印的字据说："你老婆为找人救你，问我家借了一千块大洋，现在已超过还钱日期，店铺自动转归我家所有。不服，去衙门告我！"

讨店铺讨不回来，老吴就站在店面门口向过往行人诉说雷氏父子强取豪夺、逼死人命的经过。雷氏父子认为他造谣中伤，还影响了他家的生意，就请来打手狠狠地打老吴。雷善德对打手们说："给我下点猛药，治死了我担着，没你们的事！"

有了他这句承诺，打手们还能轻饶老吴吗？一顿毒打之后，老吴倒在地上动弹不得。后来好心的亲友从别人那里得知了这一情况，才把他抬回家来，现在老吴住的是亲戚的房子。

"衙门真的就没有公理可讲了吗？"

飞鸿听了老吴的叙述，义愤填膺，忍不住问了这么一句。老吴说："自古衙门八字开，有礼无钱莫进来。我们没钱，告也告不过有钱人家。我受重伤后，亲友不平，抬着我去衙门告状，衙门老爷说我欠人家的钱，还去无理取闹，不是看到我伤成这样，还要加打我板子呢！"

麒英说："雷氏父子表面上装出一副大善人的样子，原来禽兽不如！现在是什么世道！"

老吴接着说："这佛山我也待不住了，只要我在这，他们肯定不会放过我。我想提醒你们，既然雷氏父子盯上了你们家祖传的药方，那是绝对不肯轻易罢休的。"

飞鸿把拳头一举："那就让他们来吧，我正想为民除害呢！"

"你还小，不了解世事艰险。常言道，'明枪易躲，暗箭难防'，今后还应该多加小心才是。"

麒英对老吴说："谢谢你的提醒，你好好养伤，养好伤到别处谋生也好。"飞鸿见父亲留下了几块钱放在桌上，提醒麒英说："多留几服药吧！忙起来要过好几天才有空来呢！"

从老吴那里回到家，飞鸿忍不住把这事告诉了师傅林福成。林福成听后也咬牙切齿："我真恨不得一拳将这对豺狼父子打死！"过了一会儿他又问："那母女俩中毒而死，不会是雷氏父子让人下的毒吧？"

"老吴也一直这样怀疑，但找不到确凿的证据，也就拿他们一点办法也没有。”麒英答完林福成的话，转身对飞鸿说，“不要再提这件事了，好好练功，有真本事就不怕邪恶势力！”

转眼又过了半个月。雷氏父子见麒英没有去找他们，知道假借合作骗取飞鸿家祖传秘方一事泡了汤。本来他们想骗到药方以后再赶走飞鸿父子，这个阴谋未能得逞，他们很不甘心，又开始策划新的伎俩。

雷氏父子派人到飞鸿设场售药的地方，假扮成一般的群众买回了飞鸿家研制的“大力丸”五粒和“刀伤散”十包，然后请懂行的人来研究这些药中的成分。

主要成分弄清楚以后，雷氏父子找了当地一家药厂，合伙生产了仿制飞鸿家“武夫大力丸”和“刀伤散”的药品。为了混淆视听，他们分别给两种药丸药散取了与飞鸿家的药相近的名称，一个叫“壮力丸”，一个叫“跌伤散”。

这两种药放到市场上去卖，价钱比飞鸿家的药还便宜，显然这是雷氏父子为挤垮飞鸿家而采取的“放血”买卖，一旦飞鸿家支撑不住后，他便要变本加厉地涨回去，把过去的损失捞回来。

为了扩大“壮力丸”和“跌伤散”的知名度，雷氏父子在仁德堂门口大作宣传，还派人拿着印好的宣传单上街四处张贴。然而许多人一看是雷氏父子生产的药，都摇头表示不敢恭维。因为以前仁德堂卖出的一些药，药效都不行，现在又推出新产品，谁敢轻易信任它呢？

这一招不见效，雷氏父子又出新招，他们特地请了几位卖艺的人上街演技卖药，想学飞鸿父子那一套。因为街头演技的人卖的药便宜，有人从他那里抱着试试看的想法买了几粒所谓的“壮力丸”和几包“跌伤散”。拿回去一试，药效很差，找到卖药的人要退货还钱，从此以后再也没人敢买他们的“壮力丸”和“跌伤散”了。对此，雷氏父子百思不得其解。

“这是为什么？为什么照他们的药料生产的药没人买？为什么？”

雷义仁对雷善德发火：“你问我，我还要问你呢？你请的什么内行人？狗屎！”

雷氏父子不知道，要仿制武夫大力丸和刀伤散谈何容易！既是人家祖传的秘方，必有秘而不宣的难解之料。这两种药丸药散中，各有一两种配药，是很难化验出来的。加上配料的比例要求十分精确，和雷氏合伙的那家小药厂的药匠药艺不高，他们生产出来的仿制品药效当然要相差甚远。

不甘心失败的雷氏父子决定孤注一掷，给飞鸿父子一点厉害看看。

那天飞鸿正在街头表演，突然气势汹汹地闯进一伙人来，为首的一人嘴叼烟卷，手里摇着一把大扇，冲进场内朝着飞鸿大喊一声：

“小子何许人，敢在爷的地盘上耍猴?”

麒英一听，就知来者不善。他见飞鸿要和来者论理，忙抢在飞鸿前面，赔上笑脸：“在下黄麒英和犬子黄飞鸿，乃本地西樵人氏，在此演武卖药，如有得罪之处，还望多多包涵!”

“黄麒英，你好大狗胆!”

飞鸿见对方出言不逊，立即反击：“你是什么鸟人，竟敢如此无礼?”

“小子，等我教训教训你，你就知道大爷是什么人了!”为首的家伙一挥手，跟来的十几个人立即就要动手。

“慢——”黄麒英喊了一声，从容走到为首的那人面前说，“看来今天不领教一下你们的武艺是过不了这个坎了，但凡事总有个说法，既然你们蛮不讲理要动手，那就先立个生死状吧!”

为首的那家伙叫道：“立就立，谁怕你!”

麒英说：“一对一，谁挑战我都行，要是你们一起上，混战之中自相残杀造成生死，在下概不垫付棺材钱!”

“大爷我好歹也练过几年功夫，一对一就一对一，我单挑你!”

“那好，立下生死状吧!”

两人当下立字为据，签下“生死由命”的状子。看到来者气势汹汹的样子，飞鸿不知他到底有多大本事，深为父亲捏了一把汗。麒英心里早有底了，大凡占地为霸的小地痞，手上虽有两下子，但武艺绝对不高深，真正武功高强的人，不会做这种令人鄙视的街头小霸王，武功越高的人隐藏得越深。

本来就有不少人看飞鸿武技表演，一听说有人来砸场子，围观看热闹的人就更多了。对方见黄麒英迟迟不动手，立即来劲地叫道：“怎么，不敢了吧？那好，爷爷我留你条狗命！记住，你既然认输了，就从佛山这块地盘上滚走，永远不得再踏进佛山半步!”

麒英马步一立，迸出六个字：“少废话，你来吧!”

那莽汉原以为能吓得住麒英，没想到对方根本不把自己当回事，怒从中来，挥拳便打。麒英不知对方功底到底如何，先以守为主，探测对方实力。两三招对决之后，他已知对方不过“半桶水”而已，于是转守为攻，施展自己拿手的“工字伏虎拳”打得莽汉无力还手。

莽汉好不容易才找到个机会出拳，麒英用“伏虎拳”的第十五式“四抛标串撑天指”迎击，对方还没反应过来，他又转换成洪拳的“猫儿洗面”，两掌变爪直奔对手门面。莽汉一惊，赶紧护门面，麒英虚晃一枪用腿将他扫倒在地。

“小子们，给我上！”

被麒英踩在地上的莽汉向他的手下发出了救援声。立即就有两人挥刀冲在前面，朝麒英扑了过来。飞鸿将手中的棍棒舞得呼呼响，使那两人不得近前。那两个家伙于是转而围攻飞鸿，飞鸿毫无惧色，用“五郎八卦棍”两三个回合，先后把两人打倒在地。其他同伙见状，一时都不敢上前。他们看到飞鸿仅仅是个小孩都如此厉害，大人要是把真功夫全放出来，今天还有命回家吗？

麒英松开脚，命令地上的莽汉：“起来，再打！反正立下了生死状，今天不弄它个你死我活，这江湖恩怨就不得终了。”

莽汉自知不是麒英对手，赖着不动。

飞鸿过来说：“刚才你说我们输了要滚出佛山，现在你要是认输，我可饶你一命，但必须留下你两只猪耳朵做纪念，你看着办！”

“好汉，咱们前世无冤，后世无仇，为什么要跟我过不去呢？”

麒英说：“这话我正要问你呢！快说，谁让你来踢我场子的？”

莽汉闭口不说话，飞鸿吓唬他说：“不说也行，耳朵也给你留着，我现在把你关键的东西割下来，让你变成皇宫里的公公！”

围观的人群中发出一阵哄笑。

“还不说，那我就动手了！”飞鸿掏出匕首，就去扒莽汉的裤子。莽汉以为他要动真格的了，吓得赶紧说：“高抬贵手，我说，我说！”他朝人群中扫视了一番，这才吞吞吐吐地说：“是雷善德让我干的！”

飞鸿把匕首往莽汉脖子上一架：“他们给了你多少钱？”

“只许诺了不会亏待我和我的弟兄们，请我们吃了一顿饭，说干完事再领赏。你想想，他们家有人在衙门里当官，不给钱我也不敢不干呀！请饶我一次，下次绝不为难好汉了。”

被飞鸿打翻在地的一人也说：“雷善德，别人私下里都叫他雷狼狗，我们是被迫的。”

围观的人听了这话，都在议论雷氏父子，都说：“原来他是个假慈善家！”麒英从莽汉比武前那句“输了就从佛山这块地盘上滚走”的话中，早已猜出这事与雷氏父子有关，现在证实果真如此！

“给我滚走吧！别耽搁我演技卖药！”

飞鸿一声令下，那帮家伙赶紧灰溜溜地走了。这时围观的人中有人喊了一句：“黄师傅，好样的！”话音刚落，一位年轻人已经挤进到场中央来。

麒英问：“这位后生，我们似曾相识，请问你是……”

看上去这位青年没比飞鸿大多少，他自报家门：“我叫陆正刚，佛山本地人氏，人称‘精怪寿’。你之所以觉得我有点面熟似曾相识，因为我十分羡慕小英雄飞鸿的武技，只要他设场演技，我一定在人群中观看。”

看热闹的人渐渐散去，陆正刚却没有离开之意。因为对飞鸿的武艺敬佩一天比一天加深之故，等观众全走完后，他对飞鸿说：“你天天设场演技，很多杂事没人替你干，我觉得你自己亲自做杂事太劳累了。假如你不嫌我太笨，我愿意听你安排做任何事，而且不要工钱，只要有口饭吃就行。”

对他这番话飞鸿多少有点感到意外，他看着陆正刚，半天没回答，好像是想从他脸上找到答案似的。过了好一会儿，飞鸿才说：“你所说的话让我感动，但看你的相貌，不像江湖中的人，可以做的事很多，为什么要帮我做琐事打下手呢？”

陆正刚直言不讳地回答：“我本来是个染布工人，天性疏懒，以致雇主不满，借故将我解雇了。赋闲好几个月，还没找到混饭吃的落脚点。因此更加贫困，几乎到了两天才有一顿饭吃的地步。所以我愿意给你打杂，以图有顿饭吃，绝对没有其他指望。”

飞鸿同情陆的遭遇，准备收留陆正刚，他将此事告诉麒英，麒英也表示赞同。因为林福成已把铁线拳和飞砣的功夫都传授完了，他也离开了飞鸿家。家里住得下，飞鸿就把陆正刚带回家里住。从此以后陆正刚每天都跟着飞鸿出去卖艺，麒英抽出身来，专心去制他的药品。

每次出去演武卖药，陆正刚鞍前马后她把一切都处理得井然有序，飞鸿觉得他并不像那次自我介绍的那样天性疏懒，相反是个挺勤快又灵光的人。也许当初是陆正刚的谦逊之言，也许陆正刚是为了博得飞鸿同情而收留他才这样说。对此中原因，飞鸿并不深究。后来才知道，他是为学武又怕飞鸿不收他，才这么做。

一个晴朗的下午，麒英独自去看望老吴，因为他不久将离开佛山到外地谋生。当他走到老吴寄宿的亲友家时，从里面窜出四个手持刀棍的大汉将他团团围住。雷善德也从旁边钻了出来：

“黄麒英，原来是你给吴某治病做后台！你为何如此大胆，竟敢和我雷府作对？”

麒英一本正经地回答：“我不管你们之间的恩恩怨怨，作为练武和行医之人，治病救人是我的职责，再说我也没有和你们雷府作对，倒是你们父子心术不正！”

雷善德暴跳如雷：“你还敢胡说，给我打！”

四个大汉一起上，刀棍相加，把老吴亲友家的东西打烂了不少。他们本来是雷氏父子请来对付老吴的，偏巧他不在。现在跟麒英较真，他们哪里是对手。几个回合下来，四人都被断手断脚地打倒在地。雷善德见势不妙，抛下一句：“黄麒英，咱们走着瞧！”边说边溜了。

老吴临走前，一把火烧了被雷家父子骗走的饭馆。欲知后事如何，且听下章分解。

第五章
开馆授徒

十六岁的黄飞鸿在广州开武馆，引出一场踢盘风波。武馆教头李澄波开口闭口说飞鸿是个『卖武仔』不算，还亲自到武馆挑衅，自己被打败后又用激将法引郭四再战飞鸿。飞鸿再败『棍王』郭四，声名大振，学徒盈门。陆正刚正式拜师，广州三栏行聘飞鸿为武术教练。铁铺学徒梁宽，目睹飞鸿打败徐百川及其师傅大旧二后，也拜飞鸿为师，原来他就是后来大名鼎鼎的『鬼脚七』！

第五章 开馆授徒

老吴一把火烧了雷氏父子从他这里骗走的饭馆，托人带话给黄麒英后，独自往粤北谋生去了。飞鸿知道这事后，担心雷家把仇恨转到自己家人的身上，问麒英该怎么办？

“反正不是我们干的，身正不怕影子斜。再说像雷氏父子这样的人，你就是不惹他，他也会找你麻烦的。没什么可怕的，每天照常上街去演技卖药吧！”

飞鸿这次待在佛山两年多，主要是因为跟林福成师傅学武技，现在该学的招式都学完了，剩下的就靠自己去苦练了。因为许久没在广州待了，现在他又萌发了回广州的念头。

陆正刚知道他有这种念头后就说：“现在最好不要离开佛山，不然的话雷氏父子还真会以为你们和那把火有关系呢！”

飞鸿觉得有道理，于是决定过两个月再走。过了两个月，没见有什么动静，飞鸿于是和父亲商量：“佛山这个地方我们待了这么久，每天上街卖艺推销咱家的药，现在市场已经基本上打开了。广州也是个大市场，现在这里的生意还可以了，我想回广州去把那边的生意做起来。不知老爸以为如何？”

麒英看着渐渐长大的飞鸿，由衷地感到高兴。俗话说：“穷人的孩子早当家。”飞鸿十五六岁了，也该让他自己独立闯荡一下了。麒英想了片刻，对飞鸿说：“这样也好，咱们父子俩一个佛山，一个广州，双边发展两不误。再说广州到佛山这么近，交通又方便，有事可随时来回商量。”

飞鸿说：“我走了之后，你要多加提防雷家那两条狼狗！”

“不必为我担心。你老爸学了那么久的武艺，拜了那么大名鼎鼎的师傅，几个蟊贼不在话下。倒是你一人在外，让我颇不放心。”

陆正刚插话说：“我天天陪伴小英雄身边，凡事总有个商量，您就不必牵挂了。再说他如今的武功，恐怕三五个人未必是他的对手。”

飞鸿说：“老爸，你什么时候也变得这般婆婆妈妈起来了？你好好照顾好我妈，有空再到西樵乡下去看看我哥造天，其他事就少管点吧。”

1872 年，16 岁的飞鸿和父母道别后，带着陆正刚回到广州，开始了新的生活。

飞鸿回到广州之初，依旧带着陆正刚上街演武卖药。当时中国经过两次鸦片战争的打击，帝国主义势力越来越强大，广东处在前沿，半封建半殖民地社会的特征更明显。走在广州街头，经常可以看到仗势欺人的洋人。

在这动荡不安的年代，许多人不得不习武以自卫防身。帮会势力也在这种社会环境中日渐增长，黑帮互相残杀的事时有发生。社会的动荡，反而为武师提供了用武之地，广州城内的武馆一家接一家地开张，就是最好的佐证。

飞鸿还是像从前那样，早晚练功，白天出去演技卖药。广州第七甫一带有很多铜、铁行的工人，这些人平时干的是力气活，手上都有几斤蛮力。同时也因为有几斤力，不少铜铁行的工人对武术感兴趣。每次飞鸿到这一带演技卖药，围观的人总是特别多，收入也很不错。所以，飞鸿经常到这一带来，渐渐地和不少铜铁行的工人都混熟了。

“黄师傅，几年前你打败武馆教头郑大雄的事，我们都听说了，现在看了你表演技艺，我们更相信你的武艺，既然你年幼时可以打败武师，你也可以开武馆当教头嘛！”

开武馆固然是件好事，但要有人来学徒才行，否则武馆的开支从哪来？铜铁行的工人似乎看出了飞鸿的心思，一再鼓动他自己开武馆，他们说：“有困难，我们大家帮你解决。”

飞鸿很感激铜铁行的工友。当时许多行业的工友都自发组织起来了，他们为了捍卫自己的权益，往往以集体的方式向外抗争，学武艺自卫在各行各业的工友中已很普遍。铜铁行的许多工友，就提出过要跟飞鸿学武艺。

不管怎么说，这么大的一件事，总得和父母商量才行。铜铁行工友一再要求他开武馆，飞鸿只得将此事禀告父母，想征得他们的同意。

麒英接到飞鸿的禀告后，虽然有点担心飞鸿年纪尚轻、社会阅历不足，但最终还是同意了这件事。这样，铜铁行工人集资为飞鸿在第七甫水脚开设了武馆。从此，飞鸿结束了街头卖武的生涯。当时飞鸿只有 16 岁，是当地最年轻的武师。

武馆开张那天，铜铁行的工友们为飞鸿举行了隆重的庆典活动。爆竹声经久不息，舞狮的尽情表演，引来了不少看热闹的。昔日“少年英雄”开武馆啦！消息不胫而走。

当时的第七甫水脚，已有一家武馆，馆主名叫李澄波。这位武师最擅长“排手法”，能以短手破长手。听说附近铜铁行的工人都聘飞鸿为行内武术教练，还集资为他在第七甫水脚租房子开了武馆，这新开的武馆离他的武馆又很近，李澄波妒意顿生。俗话说，“同行如敌人”，自己的门前，岂能容忍他人抢风头。

李澄波出于妒忌心理，逢人就说飞鸿是个街头卖艺讨饭吃的，哪里懂得什么武技！现在竟敢开武馆教徒弟，我真为跟他学艺的人感到悲哀。他还说：“他与我虽未发生什么纠纷，但我不忍心看到这么多人被他的假功夫所害，不让他在市中消失，就没法让被他蒙骗的人醒悟。”

一阵狂贬黄飞鸿之后，李澄波来到黄飞鸿的武馆，昂着头旁若无人地进去，问大家：“谁是黄飞鸿，赶快告诉我！”看到他这副架势，在场的人都有点惊愕不敢告诉他。

在江湖上混了这么多年，飞鸿深谙个中陋习，凡初设武馆者，一定会有人来踢盘捣乱。来人既然这样指名道姓要见自己，不是来踢盘又是干什么呢？我既然敢开馆教武，又怕你这种人干什么呢？

飞鸿这样想，便慢慢走上前问：“你有什么事要找黄飞鸿？”

李澄波说：“没别的，只因我屡屡听人称他武艺娴熟，现在在此开了武馆，故前来领教而已。”

“领教不敢当，我就是黄飞鸿。”

李澄波打量半天飞鸿的身段，好一会儿才说：“你就是黄飞鸿吗？你的胆量之大，恐怕是空前绝后了！你一年到头在街上卖武，也够维护日常开支，为何懵懵懂懂开武馆教徒弟？如果你有自知之明，应当知道江湖上卖武的那几下拳脚，都是花架子，没一点学头。怎么能昧着良心用这种花架子来教人，误人子弟？我为你着想，说几句不太好听的话，你还真的不如重操旧业，到街头打锣卖武。”

听见李澄波开口闭口都是讥诮自己曾在街头卖艺，不够当武师的资格，飞鸿觉得李澄波的话既唐突又刻薄。因为以前飞鸿确实是在街头卖武的，听见对方如此鄙视街头卖武之人，飞鸿禁不住怒气直往上冲，但表面上他还装着不生气的样子，冷笑着回答说：

“街头卖武的人，难道就没有武技高强的吗？你为何如此见识不广？就拿我来说吧，虽然也曾在街头卖艺，但如无真本领，怎么敢贸然开武馆？如果你不相信，可当面一试来证明我所说的不假。”

这句话软中带硬，任何人听见了也知道是在挑战，更何况李澄波本来就是有意来踢盘子的。李澄波厉声对飞鸿说：“黄飞鸿，你敢说这种大话！我手一动，你就会倒在地上像葫芦乱滚，你的武馆也随即要关门！”

飞鸿嗤之以鼻，告诫对方：“我如果没有把握，就不会说这种话。现在再警告你一次，如果还不自量力要与我动手，我在三步之内不把你放倒在门外，那我‘黄飞鸿’三个字，随你倒挂。”说完，飞鸿已摆开“一单虎爪”架势，等对方上来进攻。

李澄波冲上前，想用圈卷法压制对方，封闭飞鸿的变化，从而攻击他的要害之处，瞅准机会将他打翻。飞鸿伸出“前锋手”诱敌，假如对手上钩，稍触他的手，飞鸿则立即发生变化。现在李澄波用重力抢压，让飞鸿有可乘之机，他立即转化为双虎爪法，接住李澄波的肘节将他打退。

李澄波没料到飞鸿会有这一招，受打击后颓然要向后跌倒。飞鸿因事先讲过三步之内要将他打出门外，见对方摇摇欲坠，哪肯错过这千载难逢的机会，他上前一步腾出脚来，神速出脚对准李澄波猛踢过去。

这一招果真厉害异常，李澄波无法消解，被踢中后倒在门外。看上去踢得不轻，他倒下去的样子非常沉重。过了半天，还不见他站起来，飞鸿于是笑着对他说：

“街头卖艺人的手脚，是不是全都是花拳绣腿？从今往后不要自视太高，更不能小看别人。你放心走吧，我不会再打你。但小惩大诫，也是小人的福气。”

李澄波满面羞惭之色，悻悻地离开了。

当时在武馆内的许多人，见黄飞鸿三两下手就将前来踢盘者打出门外，都在外边描绘和传述这件事，不久广州的武术界都知道了。

李澄波的徒弟也不少，他们听说这种事以后，也不知道到底是真是假，都来看望师傅，其实是想了解事情的真相。徒弟们看见师傅萎靡不振地躺在床上，身上涂满跌打药，已猜出传言是真的。口里虽然不说，心里则鄙视他的武艺。这些人认为，即使再跟着李澄波学，学到的功夫也不过如此而已。因此，很多徒弟从此不再上门跟他学武了。

一下子变得“门前冷落鞍马稀”，李澄波也猜出了其中的缘故，因此心里很恨飞鸿。他对天发誓说：“等伤好了之后，如不去报此仇，那我就不是人！”

治伤治了一个多月，伤情彻底好了，回想起这件事，李澄波心里还愤恨不平。他想复仇，但武艺不高，自己也知道并非飞鸿的对手，如果贸然找上门去，只会再遭重创。想来想去，只有求助别的门派武艺高强的人，除此之外没有更好的办法。

找谁帮忙更合适呢？李澄波在脑海里将武林中平时与自己关系较好的人都搜索了一遍，蓦然想到了郭四。为什么选中郭四？因为李澄波知道郭四这个人的性格比较鲁莽，遇事容易冲动，如果用激将法去激他，一定可以利用他来报仇。

李澄波在背后干的这些事，黄飞鸿一点也不知道，他只顾教铜铁行的人习武。

打定主意后，李澄波就去拜访郭四。他用话激郭四：“您的功夫出神入化，真称得上举世无双，谁敢对你不钦佩？没想到，黄飞鸿这小子，就像吃错药似的，口出狂言竟敢诋毁您的武艺。”

郭四一听，忙问：“他说我什么？你快说！”

见郭四上了圈套，李澄波暗自高兴，但表面上仍装出一副气愤的样子，对郭四说：“他说您的技艺好比小孩子的儿戏，真正打斗起来一点用也没有，如果敢和他较量，弹指可让您连翻几个跟斗。我是因为他的话有损于老朋友的声誉，越想越觉得他太无礼，所以才来告诉您。至于怎样与他理论一番，那是您的事。”

本来就以鲁莽出名的郭四，听了这番话后非常生气，也不辨别这些话的真假，就让李澄波给他带路。李澄波得逞，心里自是异常高兴，他也不管老朋友的胜负，拿起郭四惯用的棍棒，直奔黄飞鸿的武馆而来。

此时飞鸿正在教徒弟们练武，看见两人带棍进来，其中还有上次踢盘被挫败的那人，心里已明白了八九分。但对方还没向自己挑衅，他不便先发起事端，就静观其变。

进武馆内后，李澄波远远地指着黄飞鸿对郭四说："他就是狂贬您的小子黄飞鸿！"郭四上前拍着胸瞪着眼怒斥飞鸿："我与你各处一方，毫无关系，为什么诽谤你爷爷我？难道从来没听说过'棍王'郭四爷吗？来吧，今天我与你比个高低，谁高谁低，立马可见，不要全凭一张嘴胡说八道。"

看见郭四与李澄波同来，飞鸿知道郭一定是被李煽风点火激将而来的，既然他是为言所惑，飞鸿于是向他解释说："咱们彼此从来没见过面，我也不了解你，为什么要以难听的话诽谤你呢？希望你仔细想想这个问题，不要被人家所利用。"

郭四说："世上的事，不可能空穴来风。如果你没说过，谁敢编出这话来？不用多解释了，解释也没用，我既然来了，除了较量之外，绝没有其他解决的办法。"说完，把李澄波带来的棍棒握在手上。

飞鸿看见他已抄家伙，为防他突然袭击，也赶忙拿起棍棒，双方一触即发。怒气未消的郭四先发起进攻，他来不及审视飞鸿所布的是哪种守势，就以"蜻蜓点水棍法"，快速捣向飞鸿胸前。飞鸿用棍迎击将其棍挡住，并抓住机会反攻以"削竹连枝棍法"，抓住两棍相交的一刹那，突然运棍沿对方棍杆斜削郭四先锋手之指。假如被他削到，就不能再握棍，打败对手不需多久。

郭四毕竟有"棍王"之称，他的功夫也相当老到。只见他急忙将棍往后一割，先避开攻来之势，扭马斜走，反过棍来攻击飞鸿的两胁。飞鸿见对方棍势凶恶，也急斜伏用棍往上迎架，从而转化成"披身伏虎"架势，运棍横扫对手。郭四连忙垂下棍保护自己的脚，飞鸿见状乘机用"下穿鱼棍法"攻击，举棍插到郭四两只持棍手中间，奋力往外一拨！

这一招果然厉害，由于飞鸿用力太猛，郭四把持不住，手中的棍飞落在地上。手中没了棍，"棍王"就不成其为"棍王"了，如何敢再打下去？郭四急忙夺门而逃，李澄波见状只得跟着他一起逃走。

自从打败李澄波、郭四后，飞鸿的名声越来越大，慕名而来投师的人非常多，不到一个月，已是学徒盈门。

看到上门拜师的人如此之多，陆正刚早已按捺不住学武拜师之心。他到飞鸿这里以打杂的身份留下来，目的就是要学武艺，跟着飞鸿上街卖艺也有这么长的时间，耳濡目染也学到了不少招式。但他觉得自己没有正式拜师，没名没分的，将来终究是件憾事。武林中人讲究师出何门，这是众所周知的事。飞鸿师承诸多名师，武艺之高已多次得到证实，若能拜在他的门下，也是三生有幸。

陆正刚这样想，就找到飞鸿说："我也要拜你为师，请你收我为徒吧！"

飞鸿听到这话，笑道："怕被人家抢了大师兄的位置呀？我早就把你当成自己人了，你不会把我当外人吧？"

"话虽这么说，但凡事总得有个说法。我没有正式拜师，没有举行正式的拜师仪式，毕竟名不正言不顺。你要是不嫌我愚笨，那就请你答应我的要求吧！"

飞鸿见正刚说得这么认真，态度这么诚恳，就答应了他的请求。陆正刚准备请酒拜师，飞鸿说："拜师酒就免了吧，你又不是新来的，以后好好学就行了。"

陆正刚见飞鸿这么说，心里甚是高兴。当着众人的面，他说："拜师酒可以免，拜师礼节不能免。就请师傅坐好，受弟子正刚一拜吧！"飞鸿只得依他，搬了张椅子坐在那里。准备就绪，陆正刚跪在飞鸿面前叩了个头，算是正式拜了师。

武林中讲究门派，许多人认为师傅的绝技往往只传给自己的得意弟子，以光耀门派。如果连弟子的资格都没取得，怎么能得到师傅的真传呢？陆正刚行了拜师之礼，一颗心总算放了下来。

广州的三栏行（即果栏、菜栏、鱼栏）是一个较庞大的行业，他们从事的是人们日常生活必不可少的买卖，天天与各种各样的人打交道，时常会有大大小小的纠纷发生。三栏行内部比较团结，行中都有练武的风气。飞鸿打败几个武师的事传到三栏行中，三栏行中的人都很敬佩飞鸿，他们想请飞鸿当武术教头。

一天，三栏行的代表找到了飞鸿的武馆，准备当面提出这件事。代表进了武馆门，问哪位是黄飞鸿大师傅？陆正刚朝里屋喊了一声："师傅，有人找！"飞鸿听到喊声，放下手中的武术书籍走出来，对三栏行的代表说："我就是黄飞鸿，请问找我有什么事？"

代表见到飞鸿，多少感到有点意外。飞鸿中等个子，长得结结实实，一双浓眉大眼，显得炯炯有神。一看就知道，这是一位练武之人。令他们感到有点意外的是，黄飞鸿大师傅怎么这么年轻？他那对眼珠东转西转的，脸上显然还带着几分稚气。

“没想到，黄师傅这么年轻，真是年轻有为，后生可畏呀！”

飞鸿不好意思地说：“谢谢夸奖，年轻有为不敢当，开馆混口饭吃，还望多多关照！”客气一番后，飞鸿接着说：“言归正传，你们几位来找我，是不是想跟我学武？”

其中一位代表说：“让你猜对了，但想跟你学武的不是几位，而是一大群人。”

另一位代表告诉飞鸿：“我们是三栏行的，代表行内的同人来找黄师傅，想聘请你做行中的武术教头，不知你是否肯赏脸？”

同来的一位代表说：“薪水的事好商量，只要你肯屈就，我们一定会让你满意。”

飞鸿见对方彬彬有礼，也就欣然答应去做三栏行的武术教练：“至于薪金的事，你们看着给就行了。身外之物，不必太当回事。”

见飞鸿如此爽快就答应下来，代表们心下也很高兴。临走之前，一位代表忍不住还要问飞鸿：“恕我冒昧，敢问黄师傅今年多大了？”

飞鸿用手一比画：“十八啦！”

陆正刚插嘴说：“不是嫌我师傅太年轻吧？告诉你们，我师傅 12 岁就打败过武师郑大雄博得‘少年英雄’的美名！”

“多嘴！”飞鸿制止陆正刚往下说，“哪有像你这样王婆卖瓜的，不怕人家笑话？”

代表们一起回答说：“黄师傅的武功之名如雷贯耳，实力非凡自不必多说，正因为如此我们才特地上门请尊驾光临指教，请不要多心。”

“哪里，哪里，不过徒弟的一句玩笑话而已，不必当真。”

问飞鸿年纪的那位代表也说：“因为黄师傅年轻有为，我才更想知道他的年纪。本人对黄师傅由衷敬佩，别无他意，请原谅我的冒昧。”

就这样，黄飞鸿不久成为广州三栏行的武术教练。那年是 1872 年，飞鸿 18 岁。

徒弟多了，武馆热闹起来，飞鸿比以前也忙了许多。他与父母商量，让他们也到广州来。他对父母说："光靠卖武是不够的，我们家在佛山的药店办得很好，而广州是个大城市，潜力很大。所以，应该考虑把广州的药店开得更大更有名。"

不久，黄麒英听从了儿子的建议，与飞鸿母亲回到广州。

尽管做了教头，飞鸿年轻，与其他武馆教头的风格便大不相同，他从来不摆架子，不以师傅自居。他常说师傅与徒弟之间亦是朋友，假如有尊卑高低之分，有鸿沟之隔，就无法加深友情。

向徒弟授技之余，飞鸿喜欢坐下来与邻居闲聊。他是武林中人，三句不离本行，经常谈到武林故事与武技方面的内容。他所谈的，有许多新奇的东西，大家也乐意听他讲。有时他讲得精彩，来往的过路人也有驻足听讲的。

昌隆打铁铺有个学徒叫梁宽，偶然路过听到飞鸿讲述武林之事，也留下来边纳凉边听他讲。以后每次只要下班路过，都来听飞鸿谈论武艺，而且一定要听飞鸿讲完才回铁铺去。久而久之，他与飞鸿就混熟了。

飞鸿饭后休闲，乐得有朋友一起聊天放松。有时他也听别人谈天，交换见闻，他的武馆门口，有时就像说书场所一样。有一天晚饭后他刚到门口，就见梁宽已坐在那等候，便笑着问他："阿宽，你是个铁铺学徒，应该专心学打铁这行才对，将来才能有所成就。我们这里所谈的，听得再多对你又有什么好处？"

梁宽回答："黄师傅，你所讲的武技等事，比起我师傅教我打铁的事，我听起来更感兴趣，留在我脑海中的印迹更深。"

飞鸿对此感到奇怪，问他为什么喜欢听武术技击之事，能否告诉其中的缘故。梁宽告诉飞鸿，他没听飞鸿讲武林中事之前，早已对此有浓厚兴趣。每次路过市区，碰到演技的，不到散场他不会离去。

没等他说完，飞鸿打断他的话，告诉他："你错了，不应该这样。你不看看，我就懂一些武艺，对你自己有多大好处？你现在学打铁，学成了有一技之长，到哪里不可混碗饭吃？"

梁宽说："我认为技击最值得学，武艺不也是一技之长吗？如学到真功夫，不也是哪里都可以谋生呀！"

飞鸿听后，微微点了点头："你所说的，也有一定道理，但学武这行，必须本身有相当的功底才可以。我看你不过十三四岁，还没有足够的力量，不要心生杂念，否则即便是学打铁也永远学不好，不会有成功出头之日。”

梁宽不服气地说：“希望你不要因为我年纪小，就怀疑我的潜力。我虽然是个学徒，但是在铁铺内打铁，我所举的铁锤重量有十多斤，运用时要有相当力气才行。一般人用铁锤连锤三下烧红了的铁，就出汗喘气，我可以连锤十多次，还不用休息，铺内人都夸我力大。”

停了一下，梁宽接着说：“我的两只手也有特别之处，那就是手指特别有力，能把弯曲的铁钉拉直。黄师傅，你说我学武之力够不够？”

飞鸿仔细打量了一下这位少年，见他额角高宽，手脚粗壮，看样子是块打铁的好料。如今听他说得神乎其神，就想试试他到底有几斤力气。他打趣说：“阿宽，现在没有别人在场，我伸出一只手，随你如何扳压，你能将我的手垂下，不但我承认你有力，还带你去喝茶，请你饱吃一顿。”一向以力大自负的梁宽，有一种初生牛犊不怕虎的勇气，他冲着飞鸿一笑：“一言为定！”当飞鸿竖起手后，他就将手卡在飞鸿手上，口数三下，暗自发力。

费了九牛二虎之力，梁宽也未能将飞鸿的手扳下。殊不知飞鸿因练铁线拳法，桥手已经锻炼得非同一般，他的手臂有如铜浇铁铸，梁宽才十三四岁，仅凭几斤蛮力岂能撼动？

梁宽不服气，认为自己用一只手去压不下来，是轻敌之缘故，他要两只手一齐上，再比一次，飞鸿同意了。结果憋足劲的梁宽脸涨得通红，身上出了汗，还是没能赢飞鸿。

飞鸿开玩笑说：“看来这顿茶饭，你是没法享受了。”阿宽表示服输，叩了一个头，对飞鸿说：“黄师傅，我很想吃你这顿饭，因为快一年没吃过酒店的饭了。但我没有口福吃你这顿饭，我输了，输得心服口服。”

正说着，从墙角走出一人，那人冷笑着对飞鸿说：“你多少岁了，还与小孩斗臂力！阿宽连皮带骨不到百斤，哪是你的对手。有本事找健壮者比试。”说话时，露出一副轻蔑的态度。

飞鸿开始不知道对方是故意来挑衅的，忙解释说这是与阿宽开开玩笑而已。来人并不宽容飞鸿：“你和小孩比试，太不自重了。如果实在想与人较量，我愿意奉陪！”

年轻的黄飞鸿，修炼还不是很深，看到对方如此无礼很生气，就大声叱之:“你敢冷言冷语讥讽我？我一动手就可以让你亡魂丧胆。报上狗名来，我才好动手。”

对方厉声回答:“你老爷姓徐名百川，是著名教头大旧二的大徒弟，你天天晚上在这里妄谈武技，我特地来试试你是否名副其实!”

徐百川边说边挥拳向飞鸿迎面打去，飞鸿侧身躲过，先让对方落空，然后从侧面发拳攻击其胁。徐百川学艺不精，对飞鸿发自侧面的拳头无法消解，中拳后倒退了好几步。虽未倒地，然而挑战时的威风已荡然无存。

梁宽在一旁暗自惊叹飞鸿的功夫，飞鸿见徐百川连退几步那狼狈相，嘲笑说:“原来著名教头的首徒如此不堪一击，就像水泡过的豆腐一样。光一张吹牛大嘴有何用？我只是轻轻一击你就这样，假如我用全力，那你骨头都要拆散了。”

当面被挖苦，令徐百川受不了，他不顾一切地挥拳再打向飞鸿，飞鸿本来就讨厌这种挑衅者，他趁徐进拳之际，用桥手一拨，将对方手臂斜摆，同时左手向徐的肩膀胳膊压逼。二力交替作用，再猛地一推，徐百川被重力推倒，跌倒在几尺之外。

飞鸿警告徐百川:“以后不要再自称是著名教头的高徒，大言不惭往往会有辱你师傅。你回去煲跌打药吧!”

技不如人的徐百川，还有什么话好说？惭愧地掩面而逃。梁宽见飞鸿三两下就打得徐百川败走，大开眼界之余倾慕之心更加强烈，以后更是从打铁铺一下班，就到武馆门口等飞鸿。飞鸿问他怎么来得这么勤，他说:“一天不见你，若有所失。”飞鸿抚摩着他的头说:“你如果喜欢听武林中的事，我有空一定给你讲。”

且说徐百川被飞鸿打败后，心中很气，决计报仇，就想向师傅求援。考虑到这一耻辱是自己惹来的，不敢如实将经过告诉师傅大旧二。他想如果不添油加醋，师傅一定不会替自己出头，就编了一段谎话去骗他师傅。他向大旧二讨要跌打损伤药，还假装要给药费，大旧二说“师徒之间不必计较”这点小钱，执意不收。徐百川于是请大旧二去喝茶。

大旧二喜欢吃叉烧包，徐百川投其所好，买来热气腾腾的叉烧包，自己却不吃。大旧二忙问这是为什么，徐百川告诉师傅:“弟子有病，吃多了面食怕对胃不好。”大旧二忙问他害的是什么病？徐百川回答说:“跌打损伤病。”

大旧二原以为徐百川要跌打损伤药是代亲友要的，听了这话才明白是徐百川自己受伤了。“你的伤是跌伤的，还是被人打伤的？你告诉我，我好替你治疗，不要留下后患。”

听了师傅这番话，徐百川故作叹息地说：“如果不是您再三询问，我真的不敢告诉您。我这伤是被黄飞鸿打的。”大旧二问：“黄飞鸿为什么事打你？”

徐百川编了这样一件事给大旧二听：前些天偶然在市区看见黄飞鸿打一个小孩，小孩跪地求饶后黄飞鸿还在掴他的耳光。任何人见了这种事也会忍不住的，于是就上前劝说。谁知黄飞鸿不但不听，反而认为这多管闲事，于是我就说“你要掴就朝我来吧”，黄飞鸿真的就向我掴来。我先警告他别胡乱动手，告诉他我是大旧二的徒弟。他听了之后反而仰天大笑说：“你不说是大旧二的徒弟还可饶恕；既然你说是大旧二的徒弟，那我还要多打你几拳！”就这样，我与黄飞鸿在街上动了手……

“只怪我学艺时间太短，不是黄飞鸿的对手，连中他数拳，所以得了这身病，还有辱师门。师傅待我病好之后，再惩罚我吧！”

大旧二听了他的话，气不打一处来，血往脑门上升：“黄飞鸿这小子，敢目中无人，告诉我他住哪里，我自有惩治他的办法！”

徐百川告诉大旧二，黄飞鸿住第七甫水脚。大旧二于是二话不说，带着徐百川便找上门来。

上次徐百川落败走后，飞鸿想到自己曾奚落他，他一定会告诉他师傅来找麻烦。果然不出所料，大旧二跟在徐百川后面朝第七甫水脚而来。恰好梁宽奉店主之命出来买东西，看见大旧二师徒面带怒色朝飞鸿武馆方向而来，急忙抄近道赶来给飞鸿报信，目的是让飞鸿早作准备。飞鸿向梁宽表示感谢，并说改天请他上茶馆吃一顿。

两人正说着话，大旧二师徒已进了武馆大门。“黄飞鸿在不在？如果在赶快出来见我！”大旧二刚进门就喊，声音像老虎的咆哮声一样。

飞鸿带着梁宽出来，见两个人叉手站在厅里，一个是徐百川，一个是陌生人。飞鸿问他们来访为何事，陌生人说：“黄飞鸿，你自己做的事还假装不知，这不是明知故问吗？告诉你，我名叫大旧二，是徐百川的师傅，今天来找你是因为你当我徒弟的面，污辱了我。我要看看你的拳头到底有多大！”

飞鸿开玩笑戏他：“我的拳头和一般人没什么两样，因此也没什么好看的，你怎么不嫌麻烦专程来看我的拳头？”

“你以为我真的是来看你的拳头吗？我是来看你死的时候是怎样一种状态！”

话不投机半句多，大旧二手随言动，一拳向飞鸿当胸打去。飞鸿侧身一闪，笑着说：“你这无知匹夫，敢向我动手。我可与你立约，三招之内我就要把你打趴下，否则我永世不姓黄！”

飞鸿说完，舒展左手向他面前一扬，诱他迎架。大旧二以为飞鸿举手攻来，立即挥动手臂遮挡，却不知这是飞鸿的诱敌之计。见他出手招架，飞鸿迅速用右手向他桥手肘节一拨，左手再回来压迫他的肩膀，顺势发力向他一推，大旧二措手不及，砰然倒地。

这一绝技是飞鸿练了很久的“双虎爪”，厉害得很。大旧二认为自己是武馆教头，如今与黄飞鸿刚一交手就被打倒，如不再较量，那武馆就别想开下去了，只有关门一条路。从名誉即切身利益考虑，他翻身跃起，抡起拳头又一次向飞鸿扑来。这一拳异常凶猛，一般人肯定只有躲开其锋芒再说。但飞鸿武技高超，知道凶猛之拳更有机会可乘，不但不躲避反而举拳迎架。两臂相接，双方都感到对手的力量之大。飞鸿马步移前，反手攫握对方肘节，另一只手突然又压向他的肩膀，再顺势一推，大旧二又一次跌倒在地。

飞鸿对倒在地上的大旧二说：“你我本来无冤无仇，所以我用这一手法放倒你就算了，如果我用拳打你，你想会是什么结果？小惩大戒，让你知道我黄飞鸿不是‘泡过的豆腐’，你走吧！”

大旧二连跌两次，还有什么话好说，只有和徐百川一道离开了飞鸿的武馆。

目睹飞鸿打败大旧二师徒，梁宽知道飞鸿功力极深。但见他打败大旧二用的是和打败徐百川相同的技艺，就问他：“你是不是只会这一种制敌取胜的方法？”飞鸿说：“这叫双虎爪，这种拳法练得较熟，运用起来得心应手，其他方法我也会。”飞鸿举了黑虎爪、单虎爪等例子，并念了一首虎爪歌诀给梁宽听。梁宽认真听，他讲得更起劲。讲了一大堆拳法，梁宽听后方知飞鸿博采众长，无非没使出其他拳法而已。

想拜飞鸿为师的梁宽又问：“您练虎形拳十多年获得成功，我比较笨，如果练它二十多年，能否像你一样练成功？”

听他这话，飞鸿觉得这少年天真可爱，就用手抚摩他的额头说："如果能专心致志，哪有不成功的道理？"

梁宽于是拜倒在地上说："您既然这么说，我这就拜师了！"接连叩了三个头。飞鸿让他起来："别把头磕破了，我收你为徒就是了。"

考虑到梁宽家有老母要奉养，飞鸿对他说："你还是不要放弃打铁好，白天打铁，晚上来武馆学武，那就一举两得了。"

"谢谢恩师，梁宽遵命！"从此，梁宽便成为飞鸿武馆中年纪虽小、悟性却最高的半工半学的徒弟。

武馆之事红红火火，没想到不久家里却出了大事。在一次意外事件中，飞鸿的母亲不幸葬身火海，令飞鸿父子悲痛欲绝……

第六章
鏖战群匪

拳师宋辉镗来切磋武艺，黄与飞鸿打了个平手，双方交换绝技，飞鸿从对方那里学得神技『无影脚』。回乡探亲夜宿西樵官山墟一当铺，遇上劫匪打劫，飞鸿一人与几十个劫匪鏖战，击退群匪而成英雄。陆正刚告别师傅前往香港发展，略有起色便写信让飞鸿到香港相会。在香港飞鸿因徒孙被人打伤，与当地帮派发生冲突，再次一人苦战对方数人……

第六章　鏖战群匪

话说黄飞鸿因母亲意外去世，好长一段时间都沉浸在悲痛之中。他伤心得一连好几天茶饭不进，夜里做梦一次次梦见母亲。

为什么会发生这次意外？阿娴到出事地点去干什么？这都是令黄麒英大为不解的事。飞鸿甚至怀疑，母亲的死，是不是仇家的报复。他把自己的想法对父亲说了，麒英也陷入了沉思之中。想来想去，父子俩始终没有找到可疑的对象。处理完母亲的后事，父亲去佛山等地散心也有较长一段时间了，飞鸿准备回家乡去探望父亲。正准备起程，忽听见武馆外有人问："黄飞鸿黄师傅在吗？"

飞鸿出来一看，来的又是一个陌生男子，心想莫不是又来了个踢盘的！自从打败李澄波、郭四、徐百川、大旧二等人后，飞鸿的武技已得到武林人士的公认，没有人再上门踢盘了，今天怎么又冒出一个来？不管他，多来一个我就多打翻他一个！

"在下就是黄飞鸿，请问光临敝馆有何赐教？"

对方很客气地一抱拳："本人宋辉镗，一名普普通通的拳师。久仰黄师傅大名，特登门拜访，以武会友，切磋武艺，万望赐教！"

听他这话，似乎不像是来砸场子踢盘子的，飞鸿顿时对来人刮目相看。他还对方一个抱拳礼："宋师傅不必如此客气，你我都是江湖中人，又是武林同行，以武会友切磋交流，是件好事，请多多指教！"

飞鸿的徒弟们也以为又来了个踢盘者，都为师傅捏了把汗。看见师傅谈笑自如，徒弟们也心宽了许多。自古就有"艺高人胆大"这一说，徒弟们相信飞鸿正是这种人。

宋辉镗看上去年龄与飞鸿差不了多少，可能稍大一些。他长得结结实实，一看就是个练武之人。既然上门来“讨教”，其他礼节也就搁到一边再说吧！宋辉镗将外衣一脱，扔在旁边的椅子上，再一抱拳：“黄师傅，咱们点到为止。请！”

一场特别的比武就这样开始了！

飞鸿不知对方底细，先以防守为主，他以伏虎拳迎战，宋辉镗边打边夸飞鸿。两三个回合之后，飞鸿转守为攻，他用工字伏虎拳中的“合掌分开定金桥”，连破宋辉镗的蝶掌，宋禁不住问：“黄师傅，你这是什么招式？”

“这一招叫定金桥，伏虎拳的第十二式。”

宋辉镗一声喊：“看拳！”连续不断出拳，左右开弓，令飞鸿眼花缭乱。正当飞鸿为防对方铁拳而迎架时，冷不防中了宋辉镗的飞来之腿，连退几步后，飞鸿也由衷地叫了声：“好！”

飞鸿接着改用铁线拳与宋辉镗大战，一招“双剑切桥”吸引了宋辉镗注意，宋变招防守时，他又转成“二虎潜踪”，令对手防不胜防。武艺娴熟的飞鸿，很快又转回伏虎拳套路，再穿插虎鹤双形拳，宋辉镗稍不留意，身上连挨两记重拳。

这下宋辉镗不说话了，他认真观察飞鸿的一招一式，抓住机会就施以一阵暴风骤雨般的重拳。飞鸿再一次被他眼花缭乱的快招迷惑，宋辉镗瞅准机会，又飞起一脚击中飞鸿下肢，险些使飞鸿倒地。

飞鸿第一次碰到如此厉害的对手，他对宋辉镗不由得心生敬意。又战了几个回合，还是难分难解各有胜负。宋辉镗瞅准空隙示意停战：“黄师傅名不虚传，在下佩服至极！”

见对方彬彬有礼，飞鸿也还礼道：“宋师傅身怀绝技，飞鸿已经领教，同样佩服得五体投地。今天以武会友告一段落，坐下来喝口茶吧！”

徒弟们见师傅对人家这么客气，赶紧泡好上等茶，点心出来。两位刚才还在龙虎争斗的武林高手，开始了另一种方式的武艺切磋。

飞鸿给宋辉镗倒满茶水，继而问他：“宋师傅，你的腿功非同一般，这叫什么功？”

宋辉镗一笑：“雕虫小技，不足挂齿。这一招叫‘无影脚’，让你见笑了。”

“好一个‘无影脚’，真是来得无影无踪！”飞鸿诚恳地说，“宋师傅的

'无影脚'真是太神奇了，如果你愿意的话，我愿执弟子之礼拜你为师学'无影脚'，不知宋师傅意下如何？"

宋辉镗打断飞鸿的话："咱们武艺不相上下，我怎能做你的师傅呢？此话欠妥，黄师傅不必如此谦虚。"

其实武功不相上下固然是一个原因，更有重要原因宋辉镗没说出来，这就是"无影脚"被他视为至宝，是他克敌制胜的绝招，他不愿轻易传人。

世人多以为"无影脚"是黄飞鸿所创的，在一些电影中将这一招式描写得神而又神。《黄飞鸿初试无影脚》描绘"佛山无影脚"是飞鸿独有的制胜法宝，殊不知其另有源头与传人。说起"无影脚"的来历，真可谓充满戏剧性。

与飞鸿切磋武艺的宋辉镗，一次出门远行，来到一家旅店投宿，因为住店寂寞，就来到庭院中练拳打发时光。

宋辉镗原以为在这宁静的夜晚，四周无人，一个人练得非常投入。练了一阵，当他停下来歇口气时，忽然听到旁边有女子嗤笑之声。宋惊讶之下，偷偷地走到发声的邻舍壁上贴耳偷听，刚好听到一女子在讥笑自己"有拳无脚"。

宋辉镗心里不怎么服气，自以为会两下拳脚的他，怎能容忍一个女子嗤笑呢？他仔细回味那女子的话，不觉猛然醒悟：武功中拳脚并用才叫"会拳脚"，"有拳无脚"岂不是半桶水？敢说此话者，一定有两下子，说不定还是个武林中的高人呢！

宋辉镗心想，此女必有来头，于是叩门向她求教。这位年轻的女子人长得一般，但谈起武术来却一套套的。口谈为虚，眼见为实，宋辉镗于是请姑娘表演武技："让我开开眼界。"这位姑娘说："一人演技毕竟还是花架子，干脆我们比试一下，边打边演示不是更好吗？"

一会儿，两人便在房中较量起来。宋辉镗原以为打败这样一个姑娘不会有问题，谁知刚一交手，就连中了对方几记重腿。挨踢了这么多下，竟然不知她的脚从哪踢来的，于是宋辉镗表示服输，并态度诚恳地向姑娘请教。姑娘对宋辉镗虚心好学这一点也很欣赏，结果竟由此成就了一段千里姻缘。

两人成亲后，在妻子的督导下，宋辉镗勤练"无影脚"秘法。经过一段时间的勤学苦练，练得相当娴熟，连他的严妻也对他赞誉有加。此后，宋辉镗将"无影脚"视为至宝，誓不传人。如今飞鸿提出要拜师学此秘法，他岂会轻易答应?

“宋师傅，你是不愿教我这一绝技吧?”

黄飞鸿天生耿直，说话没遮拦，开门见山直接点到宋辉镗的要害。宋辉镗有点不好意思，赶忙说:“哪里哪里，既然是来切磋交流，怎么会这样小家子气呢! 我还想学黄师傅的绝招呢!”

宋辉镗的话倒也是实话，他忍不住想学飞鸿的铁线拳和伏虎拳绝技。于是他提出以“绝”易“绝”，彼此互相传授秘技:“我教你‘无影脚’，你教我铁线拳、伏虎拳，怎么样?”

虽然以一易二，在一般人看来不划算，飞鸿听宋这么一说还是大喜过望，立即答应下来。从此“无影脚”传到了黄飞鸿一方。

宋辉镗告诉飞鸿，这一秘技不能随便传人。他再次演示给飞鸿看时，脚直奔飞鸿的下身而去，但点到为止。

“看清了吗，刚才比武时我随便用脚踢你的身体，真正的‘无影脚’是踢对方下身的，可以一招致命，因为此招凶狠异常，所以要择人而传。”

“原来如此，谢谢宋师傅指教。”

飞鸿与宋辉镗因此成了好朋友，以后以兄弟相称。“无影脚”学成之后，飞鸿因为此招凶狠异常，一般不用，弟子中得其真传者，仅梁宽、林世荣和后来拜师的陈殿标三人。

历史上真正的“无影脚”是一种偷袭手段，据飞鸿第四任妻子莫桂兰后来回忆:此招发招前，先以手使出快招让对手眼花缭乱，待其注意力全部被吸引，忽然起脚击其下部。

与宋辉镗交流武技，使飞鸿又多了一门防身制胜绝技。不久，飞鸿赶往佛山，当他到九曲巷舅公借给他们暂住的房屋时，大门上铁将军把守，父亲不在佛山的住处。

会不会上街干什么去了呢? 飞鸿在佛山镇上转悠了半天，也没有见到父亲的身影。想起几年前在佛山的经历，他不由得生出许多感慨。后来听人家说，雷善德父子在佛山树敌太多，生意无法做，一家人到南洋去发展了。怪不得现在路过仁德堂时，看到的是一座大门紧闭的大屋。

天色已晚，估计父亲也该回家了，飞鸿再往九曲巷，父亲住的房屋依然是锁着的。邻居见了黄飞鸿，告诉他:“你父亲到西樵老家去了，要过几天才回佛山。”

父亲回乡下老家去了，飞鸿也不想在佛山多待，他想凭着自己一身本领，不怕走夜路，于是连夜赶往几十里外的西樵。

很多年前，飞鸿曾随父母回过几次老家。最近一次回老家，也是几年前的事了。那是认识林福成师傅那年的春节，飞鸿回到西樵的禄舟村。现在想起来，还记忆犹新……

禄舟村里有飞鸿儿时的一群伙伴，小时候他们一起到河涌捉鱼虾，在田里拾田螺，大家都喜欢看飞鸿在大榕树下表演杂耍。农历春节是乡村少年最向往的日子，还有几天就要过年了，小伙伴们都盼着飞鸿回乡，大家好一起到村外去“卖呆卖懒”。

飞鸿那次在除夕这天回村，他从佛山带了佛山特产“盲公饼”回来给大家品尝，阿牛、林仔他们高兴得不得了。吃完“盲公饼”，伙伴们让飞鸿教他们练武，于是飞鸿就从家中拿出那把德云长老送的石锁来到祠堂里。

伙伴们见飞鸿又让他们练习举大石锁，都责怪起飞鸿来，飞鸿解释说：“别小看举石锁，这实际上是练习基本功。学武术马步要扎得稳，练石锁上可练臂力，下可练马步。”

林仔问：“离开家乡这么久，飞鸿哥没学什么新招式吗？”阿牛也说：“是啊，学了就露两手让我们开开眼界吧！”

飞鸿答应过两天村中酬神时，表演一样绝活给大家看。于是小伙伴们等呀等，好不容易等到酬神活动到来。那天村民们敲锣打鼓抬着菩萨沿村巡游，飞鸿就在地堂的榕树下表演他的绝活。

只见他把一个大酒埕用麻绳系着，横放在一个树杈上，埕口朝东，埕底朝西，飞鸿站在埕底这边的树下十多米远的地方。

“各位叔伯婶嫂、兄弟姐妹，飞鸿今天给大家表演飞砣打酒埕技艺。这点小技虽算不了什么，姑且为今天的巡游凑个热闹吧！”

飞鸿说罢，拿起一个用小麻绳系着的飞砣，在乡亲们面前舞动了几下，又在空中转了两圈，然后突然甩向树上的酒埕，只听得“当”的一声，埕底被打穿一个孔，飞砣却从埕口飞了出去……

“好！功夫过硬！”

围观的人群中一片喝彩声。有人觉得这是飞鸿碰运气，就提议：“好绝技，能不能再来一次！”飞鸿想再来一次又何妨，就叫道：“谁再去拿个酒埕来？”

酒埕拿来后，飞鸿如法炮制，飞砣准确无误再次从底入口出。乡亲们看得目瞪口呆，怎么会有这么神的功夫呀！飞砣看上去很简单，功夫却不是一天两天能练就的。眼力要准不说吧，甩飞砣劲要大，内功要深厚，否则埕底被击中了全破碎，飞砣也无法从埕口出来。

……

一转眼，这事就过去五六年了。如今飞鸿又踏上了回乡的路途。林仔、阿牛他们现在怎么样了？村里的变化一定不小吧？飞鸿边走边想，觉得时光真的如流水，过得真快呀！

赶到西樵，在禄舟村见到父亲，见他一切都还好，飞鸿心里才稍安。

有一天飞鸿来到西樵官山墟，在墟上碰巧遇上了一个开当铺的熟人。许久未见，这位儿时朋友非要拉飞鸿到当铺上喝口茶聊聊天不可。在他家吃过晚饭，不知不觉就到了晚上八九点钟，飞鸿想赶回禄舟村去，朋友热情相留：“天已晚，就在这住一宿吧。”飞鸿想既然儿时朋友这么热情，那就留下，于是他决定在朋友的当铺住一晚。

泡上茶，两人继续叙旧。一别这么多年，飞鸿对这位朋友的事一无所知，他倒知道飞鸿的一些事，武林中事往往传播得快又广，茶余饭后成为人们的谈资笑料的也不少。

“当铺的生意怎么样？”

“时好时差。做这种生意，要到大地方去才行，到大地方开当铺嘛，又要比较厚实的本钱。我要求不高，能让全家混口饭吃就行。”

飞鸿又问：“最近生意怎么样？”

朋友说：“这段时期不知为什么，生意一下子好了许多。典当的东西中，还真有几件值钱的货，所以我也有点提心吊胆的，生怕出什么乱子。”

飞鸿开玩笑说：“生意做大了，就请几个武林高手来当卫士。我这人功夫不高，几个蟊贼还能对付。要不，你就请我来当保镖怎么样？”

对方知道飞鸿在开玩笑，也和飞鸿开玩笑说：“行啊，你这保镖特别一点，工资也特殊对待。这样行不行，我不发给你月薪，年底总结算，纯利的百分之四十归你，行吧？”

“那好，从现在开始，我就是当铺的股东之一了。”

两人东聊西聊，聊了两三个小时才熄灯睡觉。飞鸿走了这么长的路，倒下去就睡着了。不知过了多少时间，忽然听到有人喊“抓贼”，他听出好像就是当铺主人的声音，于是立即起来，往当铺营业的大厅里奔去。

他刚迈进厅里，就被人绊了一脚，飞鸿功夫好就势往地上一滚，厉声问道：“谁？干什么的？”

黑暗中有人应了声：“打劫的，要命你就少管闲事！”

已被绑住手脚、塞住嘴巴的店主在墙角不停地挣扎，发出怪怪的响声。飞鸿听到对方直言打劫如此嚣张，益发愤慨，朝其中一个黑影飞起一脚踢了过去。

只听得“哎哟！”一声，有人像是倒在地上，几条黑影同时扑向飞鸿，飞鸿借助窗外月色的微弱余光，与四五个劫匪打成一团。

他一连打趴下好几个劫匪，不知为何却还有这么多人朝他扑来，原来站在当铺外放哨的几个劫匪也进来助战了，劫了当铺东西准备走的十来个歹徒又回头助同伙，这样飞鸿一人要力敌劫匪几十人。

当铺太小，施展不开拳脚，飞鸿边打边将劫匪引到当铺门外。劫匪仗着人多，持刀持棍一起围攻飞鸿，飞鸿大喊一声：“来吧，你们这帮杂种，爷爷不怕你！”

当铺外月色撩人，飞鸿此时却无心恋景。月光下，飞鸿越打越猛，他把父亲传授的本领和林福成教的绝技全用上了。虎形拳、铁线拳轮番上，刚学会不久的无影腿也用上了，劫匪中不时有被他击中而作猪嚎叫的。

大开杀戒的飞鸿，从一劫匪手中夺过一根棍棒，又施展起他精湛的棍技来。“五郎八卦棍”“四象标龙棍”交错使用，令对手防不胜防。“嗨！都来送死吧！”他大喊一声，挥棍横扫，一次打倒三四个匪徒。

“这小子太厉害了！大哥，咱们不能再打下去了。”

飞鸿听见对方有人打起了退堂鼓，斗志更坚强，他越战越勇，施展虎鹤双形拳中的爪法与钩法，挖瞎了一个劫匪一只眼，疼得他“嗷嗷”直叫。

“别打了，大哥，要不咱们脱不了身就全完了！”

劫匪中有人大声问：“小子，你是哪路神仙，敢坏爷爷的好事？”

飞鸿大声回答：“行不改名，坐不改姓。爷爷我姓黄名飞鸿！”

“啊，黄飞鸿！弟兄们，快撤！”

为首的劫匪一声令下，劫匪们全住了手，他们也顾不得抢来的店铺内的东西了，扶起受伤的同伴夺路而逃。

打杀声震彻长空时，早已吵醒了左邻右舍，大家害怕劫匪报复，都不敢来助战，躲在暗处看龙虎斗群狼。劫匪被飞鸿打跑后，他们才出来。飞鸿这才想起店主，回到大厅。邻居点亮灯，飞鸿给店主松绑拔下塞在他口里的破布。

19 岁的飞鸿一人击退几十人，这件事在当地一时传为佳话。很长一段时间，西樵一带的乡村都在流传飞鸿鏖战群匪的英雄事迹。勇斗群匪的第二天，飞鸿回到禄舟村，将此事告诉麒英，麒英在事后很长一段时间还为儿子感到心悸，生怕那帮歹徒报复飞鸿。

黄飞鸿勇斗群匪一事传到石龙乡，当地的乡民也把飞鸿当成了大英雄。该乡一些武术爱好者，都想拜飞鸿为师，没过多久就派人找上门来。飞鸿本来就以开馆授徒为业，有人来请，有弟子拜自己为师，不亦乐乎？于是他欣然而往石龙乡授徒。

徒弟越教越多，飞鸿经常四处走动对他们加以指点。回到广州，学徒较早的陆正刚要请师傅喝茶，飞鸿估计他有事要商量，也就随他上了茶肆。

“师傅，弟子今有一事想和您商量，不知道当讲不当讲？”

飞鸿说：“我就知道你有事，正刚，有话就直说吧，不要拐弯抹角的。”

陆正刚支吾了半天，还是说了出来：“师傅，我很感谢师公和您收留了我，使我有了一个落脚的地方。您又收我为徒，传授给我那么多武艺，说真的我很舍不得离开您的……”

飞鸿已从他的话中听出了道道，估计陆正刚要走。果然，陆正刚说：“您带了这么多徒弟，都挤在广州附近，我想也不是个办法。考虑了许久，我决定到香港去发展，一来可以见世面开阔眼界，二来也可将师傅的武艺和声名远播。”

“这是件好事嘛！”飞鸿说，“你在我这里学武，也有许多年了，武艺长进了不少。该教你的，我大都教了。天下没有不散的宴席，只要感情在，师徒间还可以经常走动嘛！”

正刚听了这话，长长地舒了一口气。他说：“师傅这样说，正刚心里就好受些了。这件事我还会去禀告师公，希望得到他老人家的同意。”

黄麒英收到陆正刚带去的口信，特意回信一封带给陆正刚。信中他表示同意正刚去香港发展，希望他把黄家的药丸药散也在香港打开销售市场。

陆正刚走时，飞鸿给他送行。对他去香港开馆一事该注意的事项，反反复复地叮嘱。正刚上船的时候，拉着飞鸿的手说："您就放心吧，我在那边还有亲戚朋友。"

陆正刚走后，飞鸿有一段时间很不习惯，好在还有梁宽等弟子常在武馆陪伴，师徒间学武聊天，倒也不会感到寂寞。飞鸿设馆授徒，在不长的一段时间里，发生了好几起踢盘事件，都被他打退了。因此他的名声更大，爱好武术的人纷纷上门拜师。不久，陈殿标、凌云阶、帅老彦、帅老郁等人相继拜飞鸿为师，飞鸿的徒弟中又多了几位不俗的高手。飞鸿自己忙不过来，考虑到梁宽学艺刻苦，功夫已学得不错，飞鸿便让梁宽担任武馆助教一职，并让他辞去了打铁店学徒一职，搬到武馆来居住。

光阴似箭，转眼半年又过去了。这半年对飞鸿来说过得飞快，可对陆正刚来说却并不轻松。初到香港这块地方，尽管有几个亲友，毕竟人生地不熟，要重新打开局面并非易事。但不管怎么说，经过半年的努力，陆正刚总算把店面租下来了，武馆也办起来了。

又过了一段时间，陆正刚托人从香港带了封信给飞鸿。信中说，他在香港大笪地办起了武馆，生草药店铺也开张了，尽管一切刚刚起步，但总算走上了正轨，希望师傅有空的话到香港来看看，一叙离别之情。

飞鸿从未去过香港，收到陆正刚的信后，禁不住有点心动。他请示父亲说："儿子很想去香港会晤正刚，不知老爸以为如何？"麒英想，飞鸿的徒弟都开武馆了，飞鸿都要成师公了，没有必要像过去那样，还把他当小孩子看。麒英同意飞鸿去香港看看，让他长长见识。

那时去香港，大多靠水路前往。得到父亲允许后，飞鸿立即买了船票直航香港。

轮船终于靠了岸，飞鸿生平第一次登上了港岛。香港自古以来就是中国的领土，其历史可上溯到新石器中期，最早生活在这里的居民是百越族的一支，他们以捕鱼猎兽为生，不从事农业生产。秦始皇在公元前 214 年派出南征军击败了百越族，将岭南纳入秦朝版图。以后中原文化传至岭南，香港人不再固守单一的渔猎，而是渔猎农耕并重。晋代香港归东莞郡宝安县管辖，唐肃宗时又隶属广州郡东莞县……对于香港的历史，飞鸿略知一些。

而今物是人非，香港还是过去这块土地，但经过两次鸦片战争，飞鸿脚踩的这块土地已经成为英帝国主义的殖民地。对于近年的历史，飞鸿是比较清楚的。1840 年鸦片战争爆发，腐败无能的清廷于 1842 年 8 月 29 日签订《南京条约》，将香港割让给英国以求和。然而靠割地赔款换来苟安，绝对不可能长治久安。帝国主义的欲望是永远得不到满足的，1856 年 10 月，也即黄飞鸿刚出世两个月左右，英国又找借口挑起了第二次鸦片战争。到 1860 年以后，英帝国主义侵占了九龙司，并准备霸占整个九龙半岛。

自从 1841 年 1 月 26 日英军强行占领香港岛，港岛到处都可以看到红头发蓝眼睛的“番鬼”(外国佬)。飞鸿走在香港大街上，看到的是米字旗，听到的是叽里呱啦的英国话，心里有一种说不出的滋味。这是中国的领土啊，腐败的清廷，你怎么拱手就送人了?!

按照陆正刚提供的地址，黄飞鸿一路找过去，终于找到了设在荷里活道的陆正刚武馆。师徒相见，自然是万分高兴。师徒俩握手，接着互道了分别后的情况。

陆正刚这间武馆，前座出售跌打药，后座则是练武场，屋的一角则是卧室。陆正刚嫌外面太吵，有碍和师傅聊天，就把飞鸿带到内屋。他吩咐人置办了好酒好菜为飞鸿接风洗尘，然后继续陪飞鸿聊天。

在为飞鸿洗尘的酒宴上，陆正刚把他收的徒弟都叫来了。陆正刚先敬酒，接着是他的徒弟向师公敬酒，飞鸿本来就比较随便，很好相处，徒孙们敬的酒他都喝了。喝这么多酒，对他来说是少有的，因为他当时确实很高兴。

徒孙们要飞鸿讲他过去的故事，飞鸿笑着说:“社会上那些故事你们都听说过，把我传得神乎其神，今天你们见了我，我没长三头六臂吧?学武贵在勤学苦练，如果你们肯虚心好学，没有练不成的功夫。”

飞鸿将宋辉镗虚心好学、不但得到无影脚绝技且还促成一段美满婚姻的故事讲给徒弟、徒孙们听。正刚问:“师傅，听说您也向宋师傅学了无影脚，是真的吗?”

飞鸿点了点头。

“明天，我陪师傅到港岛走走，看看香港的景色，后天再让他们陪您到九龙半岛转转。既然来了，就多住些日子吧!”

听陆正刚这么一说，徒孙们也附和:“是啊，多住几天吧，有空闲的时间我们希望师公指点指点我们练武呢！”

飞鸿问：“听说香港比较乱，各种各样的帮派林立，有不少东南亚其他地方的人也在这里发展势力？”

陆正刚说：“一点不假，这里实行的是自由港政策，持英国护照的人可以自由出入，其他国籍的人进出的手续也相当简便。私人开办企业注册简便，收费又低，所以各种各样的人都涌到香港来，这里已成为冒险家的乐园。”

一位徒孙也说：“我祖祖辈辈都住在这里，知道很多这里的情况，很多大家族发家，都是靠捞偏门起来的，比如开赌场的、贩鸦片的、开妓院的……他们神通得很呐！”

飞鸿告诫徒子徒孙：凡事要小心为妙，要多留个心眼，但正义总是要打败邪恶的，遇到邪恶势力也不可畏惧，要敢于斗争！

香港帮派多、社会治安乱这一点，很快就得到证实。那天飞鸿正与陆正刚在武馆闲聊，陆的一个徒弟跑回来报告，他的另一个徒弟被人打成重伤，要师傅赶快去救人。

考虑到陆正刚要长期待在香港，由他出面不太好，飞鸿便自告奋勇随报信的徒弟赶往现场。当他赶到出事地点时，陆正刚的徒弟已被打得焦头烂额。对方边踢边警告他：“这是我们的地盘，下次再敢来卖这卖那，打断你的腿！”

飞鸿示意另一个徒孙将受伤的徒孙带走，自己上前对那伙人说：“大家都出来混口饭吃，何必这么狠呢？”

“你是从哪里冒出来的鸟？少管闲事，否则把你也打趴下。”

飞鸿故意说：“我是个大陆客，刚到香港，路过此地。路见不平，难道连说句话都不能说吗？”

为首的那个家伙说：“少跟他啰唆，给他两个耳光让他长长记性！”

站在飞鸿身边的一个家伙立即掴了过来，飞鸿心想哪有这么不讲道理的？不给他点颜色看看他不知天高地厚！说时迟，那时快，飞鸿一把抓住他掴过来的手，一边用劲往前扯，一边用飞腿扫向那人的下肢，那人猝不及防，立即倒在地上。

那帮家伙见状，五六个人一起上，有拿长刀的，有持匕首的，围住飞鸿，个个杀气腾腾。飞鸿毫无惧色，左右开弓，先打倒两个。为首的那人吩咐手下一人：“还不快去叫人！”那位手下乐得逃走，飞腿就跑。

飞鸿想，再拖下去对自己不利，得尽早脱身。无奈为首的那家伙不顾死活，死缠烂打咬住不放，加上手上确实有两下子，飞鸿一时脱不了身。不知从哪又过来他们两三个同伙，飞鸿为尽快脱身，只得出手凶狠一些，他使出绝招，一下子打倒多人，为首的那人也被他打趴在地上一时起不来了。因害怕警察抓人，飞鸿急忙离开现场，拐道回陆正刚武馆。

第二天飞鸿匆匆回到广州。有资料说这是他害怕警方抓他，也有说他害怕对方报复的。有人说他再不敢去香港，真的是这么回事吗？

第七章

勇斗洋犬

一洋人带着一条大如牛犊的狼狗在香港向华人挑衅，陆正刚想请黄飞鸿去应战，飞鸿顾虑多而回绝了。梁宽打抱不平，惹来武师麦洪向飞鸿挑战。打败麦洪之后，飞鸿随陆正刚等来到香港与洋犬搏斗，他用『拐子脚』踢断狼狗的脊梁骨赢了这场人兽大战，但洋人却耍赖不给奖金。为了给香港华人争口气，打败狼狗之后飞鸿再与洋人决一雌雄！

第七章 勇斗洋犬

黄飞鸿因在香港出手打伤多人，怕对方报复，也怕外国警察抓他，离开香港回广州后，一时没打算再去香港。没想到怕鬼鬼却偏找上门来，一天他收到陆正刚的一封信，读过来信之后感到进退两难。

原来在他离港不久，香港发生了一件怪事。陆正刚在信中说，有个西方人带着一只巨大凶猛的狼犬来到香港，在香港的大街小巷贴满了广告，自称这只大狼狗能与人搏斗，如果愿意接受与狼犬比试，赢了它可得 50 元港币的奖励，输给了它却只需出 5 港元的费用。

香港自从被英国人强占后，洋人在那里肆无忌惮，横行霸道不可一世，当地华人一直憋着一口恶气。如今见洋人又带着洋狗来挑衅，明显是狗仗人势。所以当地的一些华人非常义愤，纷纷报名应战。

洋人将比试场地设在水坑口大笪地，此处正好就在陆正刚新开武馆附近。旅港华人中懂武术的人，已经有好几人上台与狼狗搏斗，结果都被狼狗的利爪和獠牙抓伤咬伤。看到这么多人败下阵来，陆正刚也想上去与洋犬一搏，但权衡利弊之后，他觉得自己毫无取胜把握，只得写信向师傅求援。

“这么多华人习武者败在狼狗爪下，我认为这是非常大的耻辱。我向来知道师傅您的武艺超群，所以特地写信将此事告诉您，希望您能抽空来一趟香港，以洗雪华人的耻辱……”

看着陆正刚的信，飞鸿一时拿不定主意去还是不去。不去嘛，深感这是洋人有意欺侮我华人，从 50 港元对 5 港元这个数字，就知道洋人不是为钱而来。打不赢畜生，人家更要骂我们为“东亚病夫”；去嘛，也有余悸，想起年前曾与香港一帮派在大笪地发生纠纷，打伤对方多人，再去香港碰上那些人怎么办。在这种场合下亮相是不可能发现不了的，他们要是纠集同伙再来寻仇报复，又要发生事端，这样仇上加仇，永不得解。

有鉴于此，黄飞鸿写了封回信给陆正刚，讲明了利害关系，表明自己不能去香港的理由。信中说到，因为担心香港帮派报复，即使到了香港也无法全心投入斗洋狗一事中，如果再与那帮人发生事端，势必暴露飞鸿与陆正刚的关系，肯定会给陆正刚带来麻烦。去香港利多弊少还是利少弊多，不言而喻。

信发出去很多天，没有接到陆正刚的回信，飞鸿认为他对自己不能去香港一事已能谅解，也就把此事先搁在了一边。梁宽知道师傅心里其实并不甘心，从他看到陆正刚来信时为难的表情就知道，但在这种情况下他又不好多说什么。

飞鸿对虎形拳钻研得较多也较透彻，他在进一步完善虎形拳，摸索一套更具威力的拳术。陆阿采将"工字伏虎拳"传给了黄麒英，麒英再传给飞鸿。经常练习此拳法，飞鸿已悟出了不少新东西。

"如果能采各家之精华创立一种新套路，那不是更好吗？"

在众多的武艺中，飞鸿掌握了双飞砣、子母刀、罗汉袍、铁线拳、单双虎爪、工字伏虎拳、罗汉金钱镖、四象标龙棍和瑶家大耙等。十八般武艺中，他对虎形诸势武艺尤为精通，故在武林中有虎痴的雅号。

既然是虎痴，对虎形拳当然一点就通，飞鸿不久即创立了"虎鹤双形拳"。这套拳将各家之精华融会贯通，套路中既取虎的"劲"（如虎之猛）和"形"（如虎爪），又取鹤的"象"（如鹤之灵秀飘逸）。虎形练气与力，动作沉雄，声威叱咤，有龙腾虎跃之势；鹤形练精与神，身手灵捷，动作迅速，有气静神闲之妙，所以飞鸿将他取名为"虎鹤双形拳"。

这套拳手形有拳、掌、指、爪、钩，手法有抛、挂、撞、插等，步法有弓步、马步、虚步、独立步和麒麟步等，形形色色，变化多端。

摸索出了虎鹤双形拳的套路，飞鸿再研究它的实战技巧。他将梁宽叫来，手把手地如实将虎鹤双形拳技法传授给他。

飞鸿先示范了两遍，整套动作既吸取佛家拳的凌厉攻势，又吸收洪家拳的严密守势，拳势威武，刚柔并用，长短兼施，后来成为飞鸿一门的代表拳法。

飞鸿让梁宽练习几遍，悟性高的梁宽演示得非常好。飞鸿很高兴，不停地夸梁宽："好！就这样，不错！"

梁宽最近难得看到飞鸿如此高兴，他知道香港洋狗的事一直压在他心上。如今见师傅高兴，他便想孝敬一下师傅。师傅喜欢吃叉烧包，他托人打听何处的叉烧包最好。有人告诉他第四甫有家叫桂香楼的，叉烧包美味可口，全广州无店可比。于是，他打定主意去桂香楼买叉烧包。

此地离第四甫并不太远，梁宽于是直奔桂香楼。刚到桂香楼口，就听得里面人声鼎沸，有不少顾客纷纷下楼。梁宽年轻好事，知道里面出事了还要去探个究竟。上楼后，看见里面有个人正在拍桌子大骂，旁边好几个人在向他解释和赔不是。没走的食客则交头接耳，议论纷纷。

梁宽悄悄地问旁边的食客到底怎么回事，有人告诉他：别管闲事，否则惹火上身。别人越是这么说，梁宽就越想过问。终于还是让他从一位食客那里问明白了，原来是这么回事——

拍桌子骂人的叫周南，在第二甫远馨包办筵席酒家做厨师，拜麒麟里的麦洪为师。麦洪武艺不错，就是收徒弟不重人品，只要缴纳学徒费，鸡鸣狗盗之徒全收。周南在那种环境中学艺，自然沾上了不少恶习。原来他就有武功基础，再跟麦洪学习，不过两三年时间，他的武艺就成了麦洪徒弟中最高的了。麦洪把他当成左右手，他更加猖狂，经常在外欺负善良人，一两句话不投机就大打出手。

这次周南带了他养的一只鹌鹑来品茶，为给鹌鹑驱寒，他泼掉茶楼装在茶盅中的茶叶，将鹌鹑放在茶盅里，盖上茶杯盖子。倒茶水的伙计给他倒水泡茶，不知杯中有鹌鹑，打开茶杯盖后，鹌鹑飞走了。周南大骂，要他赔自己的鸟，并说不赔的话要砸烂店里的一切。老板不在，掌柜不敢擅自做主赔付，因此他大吵大闹。

这种邪恶歪徒，说不定是故意找茬敲诈。梁宽忍不住上前说："揭盖冲水是伙计的职责，鹌鹑飞走了也不过值二三十个铜钱，为此生气不值得。你不是个傻子，你认为我说的在理不在理？"见有人敢多事，周南一拳打在桌上："你是什么人，敢向老子替伙计说情？你小子既想主持公道，这鸟就由你来赔好了！"

梁宽见周南如此猖狂，有点看不过去，就说："既然你这么不讲道理，我也就不必跟你客气了！告诉你，我叫梁宽，今天就是想主持公道。你把鸟放在茶盅里，那是你自己的错，不用赔！”

周南一听这话，更加生气。他说：“公道与不公道，都在我的拳头上。你小子想主持公道，得先问问我的拳头才行！”

梁宽怒火顿起，他把拳头一挥说：“既然如此，不妨睁开你的狗眼，看看本少爷的拳头！”

周南两眼冒火，不再多说，抢先向梁宽一拳打去。梁宽跟飞鸿学武这么久，正想找机会检验一下武艺。见周南一拳打来，梁宽以虎鹤双形拳中的“美人照镜”式应对，他将臂往上一提，同时往下一割，先使周南的马步跟着牵动，紧接着梁宽左拳随割势迅速打出。

周南差点被这一拳击中，他急忙退马回避。吃惊之余，他意识到今天碰到对手了。在众目睽睽之下，为顾及面子，他于是又挥拳扑向梁宽。梁宽见状，边迎架边转化成勾弹脚法：右手先向对方桥手一圈，带下对方之手；左手向他胸部一推，同时偷偷将脚插入对方马内，往外用力一弹。这勾弹脚法是飞鸿教他的撒手锏之一，上下夹攻，厉害非同一般！周南岂能抵挡得住，踉踉跄跄地跌倒在楼上。

见对方跌倒，梁宽再赠以冷嘲热讽，使周南恨之入骨。周南起来后，拼死再斗，向梁宽左右开弓，乱拳齐发。梁宽觉得与这种莽夫斗下去没太大意思，不过浪费力气罢了，就想早点解决他。于是乘其靠近自己的一刹那，用飞鸿教他的另一绝招——双虎爪法，移步绕到他的侧面，右手扒他的肘节，左手向他肩膀压迫，再将虎爪法变化，从小门突袭，又一次将周南打倒在地。

连摔两跤，有自知之明的人肯定会溜走再说，但周南却不肯罢休，掏出匕首向梁宽当胸刺去。白光一闪，梁宽一惊，急忙躲避。镇定之后，梁宽想：他用匕首，而我却赤手空拳，不用脚法攻击他，恐难取胜！打定主意后梁宽假装躲避，引诱对方进攻。

进退攻防之间，忽见梁宽向侧一闪，腾脚向周南猛踢。周南见梁宽用脚来攻，随即用匕首朝下乱刺。梁宽虚晃一脚，周南中计刺来，梁宽转化成“白马献蹄”法，再猛踢对方。速度快如劲风，周南措手不及，匕首掉了不说，人又一次倒地。这次伤得较重，半天不能起来。

梁宽这次不再用冷言冷语嘲讽他了，而是正色警告了他两句，让他滚走。周南勉强支撑直身，嘴上却不肯服输，他要梁宽“有胆量将姓名地址相告”。

梁宽笑着说："看来你是被我打昏头了，我开始不是告诉了你我叫梁宽吗？记住：我是黄飞鸿的徒弟梁宽，住第七甫水脚，你还想尝尝我拳头的滋味，就上门来吧！"

掌柜的感谢梁宽解围，送他一大筐叉烧包和其他吃的："就算我私人请你吃吧！"飞鸿见梁宽带这么多好吃的孝敬他，高兴之余问梁宽哪来那么多钱，梁宽编了个谎言骗他。

周南在他师傅面前说，梁宽仗着是黄飞鸿徒弟，在茶楼故意挑衅将其打伤，报出师名后他不但不给面子，反而说他曾将麦洪打翻在玉器墟前。麦洪没等周南说完，就带着周南找上门来。到了飞鸿武馆，麦洪用拳捶门喊道："黄飞鸿在吗？"

飞鸿以为有伤者来求医，起来看见门口有两个壮汉，两人都满脸杀气，怒目相对，就知麻烦来了。他颇有礼貌地问："二位有什么事，为何用拳头打我的门？"

麦洪说："打门算什么，拆你的屋也算不了什么，就是连地皮翻起也属正常。你是谁？快告诉我，免得受拳头之苦！"

"我就是黄飞鸿，有什么话你直说。"

麦洪说："你管教无方，你的徒弟梁宽无故在桂香楼侮辱我徒弟周南，还口出狂言诋毁我。我今天就是来见识见识他的拳头的！"

飞鸿听他这么一说，暗自责怪梁宽惹事。飞鸿说了几句好话，对方仍不肯罢休，而且以为飞鸿心虚不敢迎战，骂得更难听。飞鸿知道不比试两招是过不了今天这个坎的，就说："既然你不肯和解，那我只好告诉你，梁宽的拳头和我的一样，看我的拳头就知道他的拳头了。"

麦洪听他话里软中带硬，就对飞鸿说："你有本事，就来攻我摆的架势！"边说边摆开藏龙伏虎架势。飞鸿也不客气，抡起铁拳就打。麦洪迎架之中往下一割，想使飞鸿出击之手随其割势垂下，然后他好回敬一拳。

飞鸿故意将手垂下，诱他攻来。麦洪以为有机可乘，立即挥拳打来。见他中计，飞鸿立即变势换形，偏身移步偷偷地靠近他的侧面，用"还魂掌"攻击麦洪的太阳穴。

麦洪被掌击中，急忙转身抵御。飞鸿再侧身到他的右面，举掌再击他的太阳穴。连中两掌后，麦洪头晕目眩，摇摇欲坠。飞鸿见状，笑着说："知难而退，明智之举；不听劝告，那就要受更大打击。”麦洪听后，火气更大了，他拼死再打，拳头如雨点般泻向飞鸿。

看来不给他点厉害他不会住手！飞鸿这么想，就用“八分箭拳”攻击对手。他乘麦洪抢进的瞬间，先用掌向他打去，麦洪举拳抵挡，用拳劈向飞鸿桥手。飞鸿快速收掌，趁对手拳头来不及收回之际，发右拳猛攻他腹部。此拳之猛之快，令措手不及的麦洪中拳倒地。

麦洪半天才起来，无心再战的他，带着周南灰溜溜地走了。

梁宽原以为麦洪是周南的师傅，武功一定很高强，他与自己师傅肯定有一场恶斗。没想到飞鸿这么快就放倒了对手，于是对师傅大加赞扬。飞鸿毫不客气地批了梁宽一顿，叫他以后不要在外招惹是非，结怨太多不好。

一天中午，飞鸿正在午休，梁宽进来说：“师傅，正刚师兄带了一个人来拜访您。”听说陆正刚来了，飞鸿赶忙起身迎客。

只见陆正刚与一陌生人已坐在厅堂里，飞鸿赶紧过去与他们握手。陆正刚还没开口，飞鸿已知其来意，但他不想主动道破此事。陆正刚是个直性子人，寒暄几句后，直奔主题：“无事不登三宝殿。你为什么不问我为何而来呢？我想不说出来你也知道了。”他将带来的陌生人介绍给飞鸿：“他叫符祥，年前师傅在香港水坑口一架，他也参加了打斗。我为什么带他来拜访您，因为您还把年前那桩事放在心上，不敢到香港来。”

陆正刚接着说：“说实在的，开始他们这帮人不是不记恨您，但更钦佩您的武艺超群，现在他们已经不记恨您了。我如写信告诉您，您可能不会相信，所以我就带符祥亲自上门拜访，目的是让您不要再有顾虑。”

符祥拱手向飞鸿表示歉意，说当时冒犯，还望多多原谅。他还说：“假如没有这回事，哪里能知道您武功盖世呢。俗话说得好，不打不相识，这也是武林中常有的事。日前听陆师傅说，您对过去那件事还有顾虑，不便来香港斗洋犬，故特地随他来拜访您，就是要告诉您，我们在这件事上已达成一致谅解，并向您致歉。”

飞鸿听他这么一说，心里反而有点不好意思，就谦逊地说：“当时不自量力，冒犯了你们，假如不是你们高抬贵手，我怎能生还？”双方相互谦让，于是前嫌尽释。飞鸿为陆、符两人置酒筵接风洗尘，酒席上飞鸿问起欧洲人设擂台让狗与人斗一事：“现在情况怎么样了？”

符祥说：“这头狼狗相当厉害，自从洋人在大笪地设擂台以来，香港武林中人不少都败在它的爪牙下。我武馆的教头，也被这条狼狗咬得鲜血淋漓。我们武馆向来以武勇而著称，这一点在全香港都有名。现在败在一条狼狗下，武馆声誉受损不说，我们炎黄子孙的脸往何处搁？想来想去，除了先生您之外，恐怕真的无人能制服这条狼狗。”

停了片刻，符祥接着说：“为了给旅港华人争回脸面，所以我不顾冒失，随陆师傅来见您，请求您到香港来攻擂。此举绝不是仅仅为我自己的武馆着想，更重要的是要一洗华人的耻辱啊！”

“我也是中国人，为华人雪耻，是义不容辞之事。香港之行，我去！”

既然武馆教头都不是狼狗的对手，飞鸿觉得此事不可蛮干。要制服这头畜生，不先观察它搏斗时的动作如何是很难办的。飞鸿对陆正刚和符祥说：“据你们这么说，这头洋狗如不是久经训练，它的主人是不敢让它与人搏斗的。再说这条狼狗从外国来，它经历的搏斗场次也一定很多。据我个人推测，它不仅爪子和牙齿厉害，个性也机敏，不是一般的好斗之狗。我们要先了解这条狼狗搏斗的特点再打。”

飞鸿答应前往香港与恶狗一斗，陆正刚与符祥自然高兴。飞鸿还提出：“你武馆的教头当时挫败的情况，你一定目睹了，能否将这条恶狗攻击人的情形描述给我？”

符祥说，这条狗与人搏斗时，开始前伏在地上蓄势，然后奔上前像老虎一样猛扑过来。它攻击人时有个特点，就是攻下门为多，偶然也有跃起咬人肩膀的时候。一旦被它咬住，它乱摇乱摆，不到被咬的人鲜血横流，它是绝不松口。最奇怪的是，这狼狗一见人流血，就站立不动，被咬的人逃走，它也不追。

“这正好说明，这畜生训练有素。”飞鸿表示，“与它搏斗前，无论如何也要先看看它搏斗时的情形再说。”

飞鸿答应去香港，就已经使陆、符二人心满意足，他们哪还敢多说什么呢？第二天，飞鸿吩咐梁宽代他负责打理武馆的事，他随陆正刚、符祥前往香港。到香港后，陆正刚好吃好喝地招待他，符祥武馆内的那些人，都来与飞鸿见面。

又过了一天，飞鸿随大家一起来到大笪地洋人摆擂台的地方。到了现场，看见这里用几根大木头支撑着一个像蒙古包式的大帐篷，四周用绳子绑在地上。门口有几个洋人操着洋鼓，摇着铃向路人不停招手以此招揽观众。场地外面，挂着一幅绘着大狼狗的大油画。

洋人用一口不伦不类的汉语，邀请路人购票看人与狗搏斗。由于此事被炒作，前来观战者还真不少。陆正刚等买好票，飞鸿和大家一起到场内观看。坐下没多久，幕后铃声响起，很快就看见一个高大的洋人，带着华人翻译和他的大狼狗出现在擂台上。

洋人向观众脱下帽子算是礼节，然后叽里呱啦地说了一顿算是开场白。华人翻译转译说：洋人说他带着这条狼狗漫游世界，曾和各国的勇士赛斗，没有人能赢它的。今天来到香港，不论什么人都可以与狼狗较量，但必须脱衣服赤膊上阵，不准暗藏利器及迷魂药剂。赢了可获 50 港元，败者只要交 5 港币。

“至于搏斗时，双方死伤，各安天命，不得借此以生枝节！听清楚了没有？”

翻译译述完毕，洋人带着狼狗绕场一周。转到飞鸿这边时，飞鸿发现这条狼狗健壮得像小牛犊。狼犬一咧嘴，可以看见它的牙齿又尖又粗，狗眼暴出却藏着凶光，一看就知道是英国的物种。飞鸿想先看别人与它相斗，静候今天是否有人上场。

过了一会儿，台下有位身强力壮的汉子站起来，表示愿意上台斗狗。洋人把他叫上台，打开本子让他签名，洋人自己也在上面署上名字，这就算双方签订了协议了。接着，洋人让那壮汉先交 5 港元做押金。

办好了手续，壮汉先脱衣后紧腰带，然后等待出击。洋人将狼狗带到场地的左边，摇铃让双方准备搏斗。三声铃声响过，人兽大战开始了！壮汉挥拳打向狼狗头部，那狗长长叫了一声敏捷地避开，再张开口扑上前来，想咬壮汉的脚。壮汉见状，赶紧扭马避开，并乘势转身，再次快速用拳猛击狼狗的头。

但是这只狼狗特别狡猾，看见壮汉劈拳过来，赶紧掉头走开，躲过危险之后立即又回头进攻。趁壮汉一不留神，它反身扑上去猛咬壮汉的小腿。那人连忙俯下身舒张两手想抓狼狗的头，然后像武松打虎一样击毙它，但狼狗却低头躲了过去。

陆正刚边看边对飞鸿说："看上去这人的身手不凡，估计不要多久就将打败这条狼狗，用不着师傅去搏斗了。"

飞鸿摇头说："我的看法与你不一样，我敢打赌这人必败无疑。"陆正刚问他为什么，他就说："这个人所有的攻势，都是冲着狗头而去，这种打法如果是对人，不能说不行。但用来斗狗，那就白费力了，而且容易让狗钻空子。因为狗的高度不如人，要打它的头，你必须俯身下去打，弯腰俯身的时候，人的中下门户往往防守松弛，自露破绽。相反，狼狗攻人，最擅长的就是下三路。你看壮汉打狗头，几次都被狗躲过去了，他还不知改变打法而一味打狗头，打不着狗总要让狗抓住机会的，我敢肯定他不久就会被狗所咬。"

陆正刚听后，觉得师傅说的有道理。

擂台上，人与狗相持了二十分钟之后，壮汉渐渐感到有些疲惫，汗如雨下，气也喘起来了。那条恶狗突然乘势而起，猛扑过去咬壮汉的小腿。那人躲避不及，被狼狗咬住，痛得大叫一声，倒在地上。那狼狗未见血，还紧紧咬住他不放。洋人得意地大笑起来，吹口哨将狗招回，那狼狗这才松口，奔过来倚靠在他的脚下。

飞鸿在琢磨战胜狼狗的办法。后来又有几个人到擂台上与狼狗搏斗，但都败在狗爪之下。洋人非常得意，笑着问："还有没有人与我的爱犬赛斗？"笑里显然含有鄙视之意，让人听了极不舒服。于是人群中又有一大个子入场，誓与洋狗决一雌雄。

"叮当，叮当，叮当！"三声铃响之后，又一场人兽大战拉开序幕。此时这条恶狗已接连咬伤挫败多人，它的凶残性更强，还没开斗就张开血盆大口，露出又粗又利的大牙。它目露凶光，凶猛得像只老虎。听到铃响，那狼狗就如有职业敏感似的向人猛扑过来。大个子见状，吓得赶忙示意认输，掉头就跑。

观众们都很失望，大家纷纷起座离场。看看时候也不早了，飞鸿也没打算今天上去与狼狗打斗，于是和陆正刚、符祥等人往回走。

回去的路上，陆正刚、符祥等人都闷闷不乐，飞鸿对陆正刚说："你们不要难受，我回去好好总结一下今天的情况。这条狼狗的确非同一般，不过它再凶顽，智慧也远不及人，明天我一定会想办法制服它！"

看到黄飞鸿充满信心，大家心里这才好受些。于是大家开始议论今天的事，都对被狗咬伤的那几个同胞而深表同情之心。对于后来上去那个大个子，则表现出了不屑一顾的神情，大家都认为他不应该如此丢华人的脸，既然毫无把握就不应该上去。

回到住处，符祥感叹着对飞鸿说："您已看过这头狼狗攻击时的姿势了，它厉害在哪里，可以攻击它的地方又在哪里，您搞清楚了没有？"

飞鸿回答说："这条狼狗虽然是条凶猛的野兽，也不是无懈可击。与它相斗的武林人士，都不能看到它的短处，巧妙地对付它，所以都输了。人与狗相比，狗身的高度最高也不到人的腹部，所以它攻击人的地方都在下三路。相反，人的身体即使矮小，也高于狗。今天与狼狗相斗的人，大多数都俯下身弯腰抡拳往下打，这种打法，灵活、敏捷度不如狗。"

陆正刚、符祥都觉得飞鸿分析得有道理，让飞鸿继续分析。飞鸿接着说："斗狗的人，都是站庄与它斗，站好庄步法就缓慢不够活。狼狗奔跑灵活，有机可乘。我在看斗狗时已和正刚说过，没出我所料吧！"

符祥说："您所说的都有道理，但我们这些人，难道都不是这条狼狗的对手吗？这次幸亏是条狗，如果是只老虎，那我们这些人还敢去看吗？"言语之中，带有几分愤慨。

飞鸿安慰符祥说："你也不必这样生气，我在看斗狗时已摸清了这条狼狗的情况，它再凶猛智力也不如人，我如果智取，它将被我打败。"

陆正刚赶忙问："您有什么好计谋？"

飞鸿充满信心地说："明天上去斗狗，我将用'点子脚法'胜它。因为这条恶狗最擅长的都是伏身低头猛扑，这种手段不如我的'点子脚法'。明天，你们等着瞧吧！"

众人听了都很高兴，置办酒宴先预祝飞鸿成功。这顿饭大家吃得很开心，因为飞鸿给了一颗定心丸。

第二天上午，飞鸿等人来到大笪地擂台斗狗。观众来得特别多，因为有不少人不知从哪里已知道飞鸿今天要上去斗狼狗。

同前一天一样，洋人带着狼狗先出台作开场白。翻译说完之后，飞鸿从自己的座位上起来，表示自己愿上去一试。洋人说了一声"OK"，然后让飞鸿上去签名。

签完名，飞鸿利索地脱掉了衣服。铃声三响，人狗大搏斗便开始了！

了解此狼狗攻击特点的飞鸿沉着应战，丝毫不敢大意。因此这头狼狗虽猛扑了许多次，皆无功而返。飞鸿也不反攻，只是腾跃躲避而已。

观众中有不少人知道飞鸿武功高超，但对飞鸿在场上的表现不理解。看到飞鸿没有还击一下，都以为是飞鸿害怕狼狗的凶猛。他们在台下大喊大叫："黄师傅，打呀，为什么不出手呀？"陆正刚与符祥两人更是焦急万分，替飞鸿担心。

其实飞鸿哪里是怕这条狼狗，还没来斗狗之前，他已成竹在胸。他处处以退为进，忽左忽右，是要让狼狗消耗大量体力。洋人见飞鸿只是躲闪，也以为飞鸿胆怯，暗自发笑。

相持约有三刻钟，仍未分出胜负。狼狗多次发狂地扑上去想咬飞鸿要害之处，都未能得逞，这畜生开始乱来，不像开始那样有章有法。飞鸿用智慧先乱犬性，目的已经达到。

又一个回合的搏斗开始了，只见飞鸿向侧移步，狼狗张着大口露着利齿猛扑过来，想咬飞鸿的脚踝，飞鸿纵步侧走，身体作猴行之状。等狼狗扑近他的一刹那，他突然用两手合掌向狼狗头上用力拍了两下巴掌。狼狗听到响声，仰起头往上看，飞鸿趁机用点子脚出击，飞脚如风又急又猛，一下子踢中了狼狗的背脊。这一脚又准又狠，把狼狗的脊梁骨踢断了！只见狼狗倒在地上，不停地哀鸣，声音非常凄厉。

在场的观众欢呼雀跃，有人向空中抛帽子，还有人抛鞋子来庆祝飞鸿获胜。洋人非常沮丧，吆喝了几声，那狼狗想动还是动弹不了，气得他忍不住踢了狼狗一脚。

按照事先签订的协议，飞鸿上前向洋人要回5港元押金，同时要对方付给他50港元的获胜奖金。这虽然不是个大数目，钱不足挂齿，但它却有非同寻常的意义。但洋人此时却要起了无赖，他不肯给。

"你凭什么要无赖？"

他越是不肯给，飞鸿越是要他给。

"有约在先，不给不行！"

"他敢不给，连他一起扁！"

……

观众一片呐喊声。洋人见他的爱犬受了重伤，就找此借口来赖账："你把我的爱犬打成重伤，我不向你要赔偿，已经给了你很大面子，还想来讨要奖金吗？”

翻译把此话译述出来，飞鸿据理力争：“我们有约在先，怎么能说变就变？”洋人仍不想给，讲了一大通屁话，意思是他的狗伤成这样，他要花钱给狗治伤。

台下观众了解到怎么回事后义愤填膺，许多人高喊：“打死这洋毛子！”

飞鸿厉声说：“你的狗要花钱治伤，那么前段时间我们那么多被你的狗咬伤的同胞，就不要治伤了吗？”

一句话问得洋人哑口无言。过了一会儿，这个洋人竟仗着自己人高马大，提出这样的无理要求：“我的狗输了，但我人没输，你若想要奖金，必须与我较量身手才行。”言下之意很明显，如果飞鸿打不过他，这五十港元奖金也是别想要。

对方提这种无理要求，对于许多人来说恐怕都是不能容忍和接受的，观众中立即有人作出反应：“黄师傅不要理他！”还有一个中年男子上前来，指着洋人说：“一是一，二是二，先付这场斗狗的奖金再说！”看到他那副威严的样子，洋人心虚得不敢多说。

陆正刚、符祥更是义愤至极，陆正刚喊道：“洋毛子欺人太甚，他不给钱今天就别想出这个门！”符祥也表示：“我倒要看看他今天怎么收场！”

见大家情绪激愤，飞鸿怕惹出什么事来，自己人吃亏，因为这不是在广州，毕竟香港现在是英国人的天下。所以他忍住气愤之情，答应了与洋人比武。

本来买票是来看人狗大战的观众，有幸目睹了一场“黄飞鸿勇斗洋人”的精彩表演。

飞鸿对洋人说：“比武要讲信义，既然你我要比试，就必须再立协议，找出公证人。”洋人无奈，只好画押签字。

洋人自以为身体健壮又懂一点拳术，比飞鸿高出一大截，此番较量不费多少力气就可以将飞鸿打趴在地。所以双方较量刚一开始，他就举拳直逼飞鸿，拳拳打向飞鸿胸前。

飞鸿见这洋人来势凶猛，迎架不是那么容易，就以封闭手法应战，意在截格中封闭他手势的变化。在双方交手过程中，飞鸿乘势逼迫对方，暗中用脚插入对手马步内。马步偷进成功后，再用“勾弹脚法”，向他的马步用力一弹撬，两手再向他身体猛推，上下夹攻，打得洋人措手不及。力量之大，使猝不及防的洋人仰面倒在地上。

洋人倒地一瞬间，飞鸿飞身跃起，落地之后单脚已经准确无误地踏在了洋人的肩上。洋人一动不动，放弃了反抗，飞鸿松了脚。

观众又一次欢呼雀跃，有人喊起了："黄师傅，好样的！"有人则吹起了口哨，讥讽洋人。符祥握住陆正刚的手说："你师傅名不虚传！"

飞鸿朝倒在地上的洋人摆摆手，示意他起来再打。洋人被重重地摔倒在地上，身体肥壮摔得够分量。见飞鸿朝他摆手示意，他躺在地上摇摇头说："No，No……"

不打了？那好，认输你就得给钱！飞鸿把这话给翻译说了，翻译再转译给洋人听。洋人慢慢从地上起来，示意手下人付钱给飞鸿。

飞鸿被大家当作民族英雄，簇拥着回到住处。打败洋犬洋人的第二天，香港的各大报刊用套红标题，报道了这个特大喜讯。有家报纸以"铁脚斗洋犬"为题，对此事进行了详细报道，并配有一幅照片，只可惜这是一幅侧面照片。有位诗人还在报上发表了一首打油诗，诗中写道：

一双铁脚斗凶狼，洋人不服太嚣张。
飞鸿再度来开战，击败红须绿眼郎。

打败凶残的狼狗，再打趴黑心的绿眼郎，飞鸿一次干了两桩了不起的大事，大大地长了华人的志气，灭了洋人的威风，飞鸿的名气在香港一下子大了许多。

陆正刚、符祥等人热情款待，飞鸿在港过得非常愉快。不觉三四天已过，因挂念广州武馆里的事情，飞鸿提出要回去。陆正刚说："才出来几天，广州不会有什么事的，你就安心地在这好好玩几天吧！"

符祥也盛情挽留，陆正刚的徒弟想跟飞鸿学几招，也齐声劝师公多住几天。于是飞鸿又多住了两天。他担心广州武馆有事，没想到真的就有了事。有两个从广州来的陌生人到香港找飞鸿，说有要事相商，这到底是怎么回事呢？

第八章
义薄云天

武林中人仗义行侠，『路见不平，拔刀相助』成了常有之事。梁宽替和盛店工人打抱不平，驱除了武林败类。黄飞鸿自己在香港为小贩彭玉主持公道，结果招来数十人围攻。他施展所学的各种绝招，杀开一条血路，却不幸遁入一条死巷子。危急关头，一位少女在楼上向他招手示意……陆正刚从澳门回港，师傅生死未卜，他将如何面对？

第八章 义薄云天

从广州来的两个人，是代梁宽来征求飞鸿意见的。黄飞鸿从两个陌生人口中了解到大致情况后，认为这不是件小事，便收拾东西匆匆回广州。

师傅回来，梁宽不知他到底同意不同意他请示的事，心里十五只吊桶七上八下。飞鸿先不表态，让梁宽先把这件事的前后经过详细地介绍一遍，因为他不能只听两个陌生人说的。

梁宽只得遵命，从头到尾把事情的经过讲给飞鸿听。

原来，飞鸿把武馆里的事交由梁宽代理后赶往香港斗恶犬，梁宽受命后不敢有丝毫怠慢。飞鸿将一些跌打损伤药的配制方法和一些武艺绝技都传授给了梁宽，对梁宽的偏爱可见一斑。为了不让师傅担心，飞鸿走后梁宽每天足不出馆，边守馆卖药边指导师弟们习武。

大约是在飞鸿走后的第三天，有人到武馆里来请梁宽出去治伤，梁宽问伤者在何处，住在哪里？对方回答说，伤者住韭菜栏附近的荣华里，受伤部位是腿部，动弹不了，所以只好托他来请医师去诊治。

救死扶伤是医者的道义，师傅一向都以“义”字当先，梁宽谨记师训，带上药箱就随这个人前往荣华里。到了伤者的住处，只见他躺在床上，不时地呻吟。梁宽边检查他的伤口，边问他怎么受伤的？伤者有气无力地说，是被人打伤的。

梁宽开始没太在意，以为涂点跌打药酒，吃几粒跌打丸就会好的。没想到给伤者涂药时，一挨到伤口对方就痛得嗷嗷直叫。再一检查，发现伤者的大腿骨骼已脱臼，要很长一段时间才能治好。

“你伤得不轻呀，没有较长的一段时间，恐怕好不了。”梁宽如实相告。

伤者难过地说：“真是这样的话，我就要被饿死了。”据伤者介绍，他是一家商店的员工，伤是他师傅打的。梁宽一惊：还有这么狠毒的师傅？打伤了徒弟也不闻不问？梁宽要他把情况详细说说。

伤者说他叫尤忠，在和盛韭菜栏做工。老板因为工人们闲暇时经常聚赌，不忍心看到工人们的血汗钱白白赌掉，就请了一个叫谢荣的武师教他们习武。这个谢荣非常贪婪，经常要学徒的工人孝敬他，那些没钱满足他欲壑的人，在练武时常常被他借故打伤，尤忠就是其中一个。梁宽听尤忠这么一说，忍不住蹦出一句：“岂有此理！”

照尤忠这么说，这谢荣岂不是武林中的败类？梁宽当即表示不收尤忠的医药费，只要求尤忠带他去会会谢荣。尤忠表示，腿稍能动就可以带梁宽去。由于梁宽精心治疗，没过几天尤忠就可拄着拐杖行走，于是他带着梁宽来到练武的地方。

梁宽进去之后，先观察武师谢荣如何教徒。坐了片刻，听见谢荣问一工人：“阿成，我让你准备的跌打药酒费用，准备了没有？”被问的工人说：“手头较紧，等店主发了工资才能送到。”谢荣面露怒色，让阿成表演一下昨天教的“通天炮拳法”。借故说阿成演示得不对，谢荣手把手教拳时，扭着阿成的手将他摔伤。

尤忠的话没有假！梁宽当时就上前指出，谢荣用心狠毒。谢荣问梁宽是谁，敢在这里指手画脚？梁宽报上姓名，再次谴责谢荣无德。谢荣说：“你要是来学的话，我也照样摔你！”

“那就请你多指教了！”梁宽说完就上前，有意摆出一个“通天炮”架势让谢荣来摔。一接手，双方便真刀真枪干了起来。梁宽以白虎献爪法攻击，谢荣教武多年手脚也很灵活，躲过虎爪后发掌猛推梁宽。梁宽在垂臂防守的同时，用腿横扫对手。双方打了好几个回合，一时未分胜负。

经过几个回合，梁宽摸清了对手底细，用师傅教的“八分箭法”诱敌上钩。谢荣以为梁宽已处守势，挥拳猛冲，只见梁宽左掌向他一穿，右拳从侧出击。未及提防的谢荣中了一记重拳，正要变势抵御，梁宽的猛掌又来了，躲闪不及，又遭一击。连受二击，谢荣跌倒在地。

学武的工人们暗自为梁宽叫好。梁宽没有乘胜猛打，而是问谢荣敢不敢再打？谢荣知道不是梁宽对手，哪敢再战，起来后指责梁宽不该来踢他的盘。

梁宽正色指出："我不是来踢盘的，只是看不惯你这种卑鄙行为。前些天你打伤尤忠，今天又见你借故摔伤阿成，你无非要诈人家孝敬的钱而已。你用心歹毒，哪有这样当师傅的？"梁宽警告他，如果还要做人家的师傅，就要改掉这些坏品德，否则还会有更大的麻烦惹上身！

……

飞鸿听到这里，问梁宽："这事不就完了吗？"

"没有呢！"梁宽喝了口茶，继续往下讲。

谢荣临走时，对梁宽恨得咬牙切齿，他表示一定会让梁宽尝到厉害，到时候来求他用跌打损伤药治伤。

和盛店里的工人们都不满谢荣的为人，虽然表面没说，内心都憋了一股怨气。现在看到他被梁宽打翻，心想他武艺也不过如此，也就更瞧不起他了。轮到学武的时间，这些工人都找理由出去不听他的课。没有人听他的课，谢荣想赚这份钱也没法赚，只好不辞而别。

谢荣不当教练后，和盛店的工人就想请梁宽做教头，梁宽觉得不妥，未答应。而谢荣落败后，耿耿于怀，挖空心思想找人来替自己雪耻。想到自己的好友"铁锤渣"一拳能在墙上打个洞，谢荣就去求他帮忙。

"铁锤渣"听说谢荣无缘无故被人踢盘砸了饭碗，也为谢荣愤愤不平。谢荣趁机添油加醋，把梁宽的无礼描述了一番。作为谢的好友，不能坐视朋友有事而不管，"铁锤渣"当即表示要为谢荣摆平此事。

为找到梁宽，他们先到和盛店找尤忠。尤忠见谢荣气势汹汹，身边还带着人高马大的人，心生害怕，就把梁宽的地址告诉了他们。谢荣和"铁锤渣"直奔第七甫水脚。

梁宽见谢荣带一罗汉上门，知道是来复仇的，他沉住气与他们周旋，拱手笑着说："谢师傅大驾光临，不知为何事？"谢荣说："谁与你嬉笑，我这次来是为取你的狗命的！"

年轻气盛的梁宽听他这么一说，也就不再那么客气了，拍着胸脯说："你敢说这种大话？我一动手你就会重蹈韭菜栏的覆辙。你已经尝过我拳头的滋味，如果自不量力再打，你会伤得比上次更重！"

"铁锤渣"指着梁宽骂道："你小子的拳头什么滋味，他尝过了可我还没尝过，而我的拳头味道更好，你想尝尝吗？""铁锤渣"说完，就向梁宽一拳打来。

梁宽出手迎架，两臂相接，则感觉到对手拳重力大，非谢荣可比。遇上劲敌，梁宽不敢轻敌，急忙蹲下身去，用脚横扫对方马步。见梁宽施展“扫把脚法”，“铁锤渣”跃起躲避。梁宽一击不中，用力过猛，自己差点倒地。“铁锤渣”深知要以“快”“重”二字才能取胜，随即施以一顿快拳。梁宽急忙用“猫儿洗面”应对，几招之后再转化“双弓千字法”反攻。

“铁锤渣”功夫也相当老到，他以“三星挂哨拳法”对付梁宽的“千字手”，一连三次发拳，攻势相当猛。梁宽毕竟是飞鸿高徒，他用“左右献花”架势，分化攻来的“挂哨”手段，然后用飞鸿教他的“无影脚”，腾脚向对方猛踢。

无影脚飞鸿是不轻易传人的，因为此招太狠，容易致人于死地。梁宽初试无影脚，果然出手不凡，“铁锤渣”中踢之后飞倒在门外，躺在地上半天没动静。梁宽以为他死了，过去一看嘴里还在有气无力地呻吟，他这才舒了一口气。

此事被尤忠带来观战的和盛店工人看得一清二楚，大家都夸梁宽武艺高强。而尤忠的伤这么快就被治好了许多，又知其治伤技术也了不得。大家商量之后，还是想让梁宽顶替谢荣之职，当他们的教头。他们派人来找梁宽，梁宽觉得盛情难却，又不敢擅自做主，就把飞鸿在香港的地址告诉了他们：“你们找我师傅去说吧！”

和盛店的人听说飞鸿到香港去斗恶犬，为华人争气，更佩服这师徒俩。他们估计一时半会儿飞鸿回不了广州，就派了店里一名副掌柜带着一个同伴到香港找飞鸿。副掌柜见过飞鸿后，开门见山地提出要聘梁宽为店里工人的教头，这就有了香港那一幕。

听完梁宽的述说，飞鸿批评梁宽说：“都是武林中人，应该惺惺相惜，为什么不能好好规劝对方，而要去踢人家的盘呢？”

梁宽跪下说：“徒弟出于一时义愤，还请师傅息怒。对谢荣这样的败类不加惩罚，有违武德武道。师傅愿打愿罚，徒弟悉听尊便。”

飞鸿对梁宽说：“你说的不是一点道理都没有，但你以后要记住，切莫恃武逞强，否则你我就不再是师徒，我没有你这样的弟子！”

梁宽说：“徒弟记住了。”飞鸿让他起来：“好好想一想我说的话，年轻气盛惹祸上身，到时候吃了亏后悔就迟了。”

话虽这么说，飞鸿心里还是能理解梁宽的。路见不平，换上自己也会拔刀相助，何况梁宽年纪轻轻血气方刚呢！没过两天，和盛店的副掌柜和一帮工人又到武馆来，请求飞鸿答应让梁宽出任他们的教头，大家言辞恳切，飞鸿只好答应了他们的请求。

转眼过去了好几个月。飞鸿见武馆生意不错，徒弟教了不少，跌打损伤药也远近闻名，就想出去走走。正巧陆正刚来信，说他在香港也渐渐打开了局面，邀请师傅有空的话再到香港去，多待段时间好好玩玩。收到陆正刚的信后，飞鸿不日起程。

轮船驶出珠江口，前面出现的是一片汪洋。蓝蓝的天，绿绿的海，给人以心旷神怡的感觉。飞鸿站在甲板上，遥见一列海鸥在远处飞翔，他的心也开始放飞。他想到了第一次去香港的情况，又回忆起不久前在香港打狼狗和洋人的事情。此番再去香港，又会发生什么呢？

轮船像一叶扁舟，在波涛汹涌的大海中行驶了十多个小时。终于，远处出现了一串长长的小山脉。再往前行，已经看见了一栋栋耸立的楼宇。香港到了，旅客们下船上岸。陆正刚和几个朋友在码头上接飞鸿，见了面彼此难免寒暄一番，然后到酒店为飞鸿洗尘。

“这次既然是来散心的，师傅就在香港好好玩玩。”

陆正刚的徒弟说：“是呀，我可以给师公当向导。”

到香港后的第二天，在陆正刚等人的陪同下，飞鸿开开心心地游览了太平山、浅水湾，参观了各大商场，还去看了香港历史悠久的赛马。他觉得香港变化真快，这次看到的比上次又有不小的变化。

“维多利亚港的夜色真美，香港真是个美丽的城市，可恨的是让洋人割占了。”

正刚听飞鸿发感慨，也附和说：“是啊，清廷无能，卖我山河，让我们这些华人被洋毛子吆喝，耻辱啊！”

过了几天，陆正刚有事要到澳门去，临走前他对飞鸿说，他很快就会回来，要飞鸿等他回港之后再返广州。飞鸿答应了他，也就待在香港等他。

一个人待了两天，百无聊赖，于是飞鸿决定独自出去走走。陆正刚的徒弟要陪他，被他谢绝了：“你们忙你们的吧，香港我又不是第一次来，这么大一个人难道还怕丢了不成？”徒孙们只好由他，飞鸿就到附近的夜市去逛。

黄飞鸿往水坑口方向游览，这是个热闹的地方，娼门林立，游人如织。该处附近的大笪地，聚集了各种各样的走江湖的人，说唱卖艺的、演武卖药的、卖各种水果的，应有尽有。还有不少来采购东西和看热闹的人，所以这里游人更多。飞鸿挤在人群中，东看西看兴致挺高。

不知不觉来到一个卖药的档位前，飞鸿蹲下来看人家的药物。正看着，忽听得一声怒吼："这个摊位是我的，你不能在这里摆摊子！"飞鸿回头一看，旁边一位卖药的正呵斥另一个卖水马蹄的老人。

老人对吆喝他的中年人说："凡事总有个先来后到吧？我在这里卖水马蹄已经很长时间了，这个摊位一直是我的，大家都可以证明。昨天晚上因我来迟了些，你占了我的摊位，我想反正卖的不是一样的东西，我也就在边上摆摊子忍了。今天晚上我怕你再占我的位置，特意早早就来了，你怎么说我占了你的位？"

那卖药的中年人还是坚持要老人让开。飞鸿见中年人有欺老之嫌，就问老人："你说的都是真的吗？"老人回答："我叫彭玉，在这里摆摊已经两年多了，不信你问问旁边摊位的人。"

飞鸿还未开口问，那位中年人便瞪着眼睛说："这个摊位我昨天用了，那就是我的了！不管你在这里摆了多久的摊子，你都必须让出来，否则我的拳头可不认得你是谁！"

老人与他争辩。中年人更生气，用脚去扫彭玉老人摊子里的水马蹄。这还不解气，他一把抓住老人胸襟，挥拳就打。彭玉见对方动手打他，就呼喊大家来主持公理。

黄飞鸿已经有点看不过去了，但他还是强忍心中之气以观事态发展。那中年人才不听别人的劝告呢，照旧挥拳打彭玉。

人们议论纷纷，都认为中年卖药人蛮不讲理。飞鸿问摆摊子的其他小贩，老人所说的是否属实？大家早已看不惯中年人欺负善良人的行为，纷纷站出来做证。飞鸿听了，知道事情都是由中年人恃强欺善引起的，他于是主动上前为彭玉解难。

飞鸿对中年人说："人家已在这里摆了两三年摊子，你何必要抢占人家的摊位呢？"那人不吭声，飞鸿接着说："再说这里的空余地方还很多，为何非要这个摊位？其他地方摆摊子，同样可以做生意，争吵不休有什么好处？"

中年人盯着黄飞鸿看了半天，然后说道："朋友，这种事与你毫无关系，不应该多嘴。祸从口中来，你应该想到这一点。"

中年人的话中有话，明显是在威胁飞鸿。飞鸿想，我偏偏不识相要多嘴呢！他对中年人说："凡事总要讲个道理，如果碰上没有道理的事，旁观的人就不应该袖手旁观。你今天的所作所为，一点道理都没有，也就难怪我多嘴了。"

中年人很没耐心，勃然大怒说："你小子不知道死字如何写是吧？老子两只拳头，就是道理！"边说边挥拳向飞鸿迎面打去。

见人就打，这人也太不讲道理了！飞鸿心想，对这种人如果不予以惩戒，他就不知天高地厚了！打定主意要给中年人一点厉害瞧瞧。飞鸿躲过他的第一拳后，就找机会整治他。

又一拳打过来，飞鸿挥拳相格（格，武术中的术语），挡开他的拳头，再次警告他说："放下你的拳头吧，何必以武力相威胁呢。"

那中年人被飞鸿猛"格"了一下，手臂感到有点发麻，连退了好几步。他心里说：这小子还有两下子！飞鸿练铁线拳这么多年，他的桥手坚实得像铁一样，他运足气力向对手猛格，当然威力不同一般。

旁观的人见飞鸿将中年人打得退了几步，都拍手叫好。这位中年人是个老江湖，刚一交手就尝到飞鸿厉害，因此怕吃亏不敢再打。他嘴上却仍然非常强硬，他指着飞鸿说："你小子敢把姓名报上来吗？"

飞鸿微笑着回答："为什么不敢，告诉你吧，我姓黄，叫黄飞鸿！"

"黄飞鸿？是不是打败洋人洋狗那位？"

"好像是，我看蛮像的！"

观众议论纷纷，飞鸿装着没听见。

那位卖药的中年人又说："黄飞鸿，算你胆大。你明天敢不敢再到这个地方来？"

"笑话，这里又没老虎，我有什么可怕的？就是真的有老虎会吃人，我也一定来！"

中年人不说话，心里憋了一团气，捡起摊边的草药，头也不回地走了。

卖水马蹄的老人彭玉过来对飞鸿说："好后生，息事宁人算了。明天可不能来，这卖药的蛮不讲理，今天丢了面子，明天他要是带一群人来，你怎么打得过那么多人，我担心你会吃亏的！”

旁边的小贩也说：“是啊，小心为妙啊！”

彭玉又说：“我不和他争这个地摊了，这种人我惹不起。你也不要争这个面子，还是赶紧躲开他吧！”

天下哪有这种道理，正气难道怕邪气？飞鸿偏不信这个邪！他对老人说：“大伯你不用为我担心，有理走遍天下。我不怕他人多，明天我一定来，看他能拿我怎样。”

听话听音，从中年人临走时说的话，飞鸿也知道他一定会邀人来寻仇。至于是邀武林高手，还是邀一大群打手，这就难以推断。既然已经答应了来，就要讲信义，否则会被人看不起。

第二天，黄飞鸿夹着一根鼠尾棍，坦然来到大笪地的小商贩市场。当他来到前一天与中年人论理的地方，那人早已纠集他的同乡数十人，埋伏在附近等飞鸿出现。这伙人开始以为飞鸿不敢来，等看见飞鸿大摇大摆过来后，都被他的镇定怔住了。

大笪地的小贩们知道今天这里有一场恶斗，怕祸及自己，纷纷收拾东西准备离开此地。飞鸿见大家都走，看看周围不见有人，还以为那中年人昨天临走的话是吓吓自己而已。他正要返身回去，只听得一声口哨响，立即从四周杀出十几个持刀握棍的人，将他团团围住。

好在飞鸿早有准备，带了棍棒出来。见对方来势凶猛，飞鸿急忙挥棍抵御。他将手中那根大棍舞得呼呼直响，围攻他的人中有两个躲闪不及的，当即被扫倒在地。

对方仗着人多势众，好像不顾生死，轮番上来围攻飞鸿，前仆后继，一般人见了肯定会被吓倒。飞鸿担心还有埋伏的人，就想早点收拾这些与他打斗的人，免得打到后来体力不支。所以他改用“五郎八卦棍法”应战。只见他运棍如风，所向披靡，很快就杀出一条血路。

飞鸿打了一阵，且战且退，想尽快突围。这时候围攻飞鸿的人看见飞鸿沿水坑口直奔大马路，生怕飞鸿一走了之，急忙出来阻击。有三个挺棍的人冲在最前面，他们三人举棍成品字形将飞鸿围住，向飞鸿进攻，他们后面还有追击者。

飞鸿意识到，此番大战没有人死伤，他是很难杀出马路的。不是你死就是我活！他把心一横，使出撒手锏对打。飞鸿奋力举起手中的棍棒，向品字形的三人横扫。势大力猛，当即三人中就有两人被击中而倒地。

正要拔步奔出大马路，飞鸿发现对方人数并不见减少，好像从哪又冒出些人来。于是他用“四象漏弹棍法”又扫倒几个。眼看就要奔出大马路，横街巷子里又扑出十几个人，一起向飞鸿攻击。

飞鸿前后受敌，担心自己再次被围困在中间脱不了身，急忙用“旋风翻滚棍法”冲杀。对方虽然人多，毕竟武艺不如飞鸿，几个回合下来，又被飞鸿杀出一条路来，抓住这难得的机会，他终于冲出了大马路。

附近的商店见双方打斗得如此激烈，恐怕发生命案，便鸣笛报警。还有人担心歹徒趁乱抢劫，也鸣笛报警。一时警笛声声，乱成一片。

一会儿大队警察赶来，见打斗者就抓，参加这次斗殴的人纷纷奔路而逃，场面更加混乱。混乱之中，飞鸿逃进一条巷子里，想找个地方先避一避再说。然而他走进的是条掘头巷，前面没了出路。再看看巷子里的人家，都因为附近发生厮杀害怕祸及自家，把门窗关得紧紧的。

怎么办？要是对方再杀出十几人来，或是警察进来抓人，那就一点办法都没有了。飞鸿不想束手待毙，继续寻找藏身之处，他边走边张望，不觉到了巷子尾。

正当他走投无路之际，见左边二楼有一扇窗户半开，一个少女探头张望，像是用手向他示意，让他上楼避难。

二楼的窗户距地下有一丈多高，少女又没有绳索垂下，怎么能上去呢？情急生智，只见飞鸿后退两步，蓄势后向前急跑，然后用手中的棍插地，身子腾空一跃，借势跳上二楼，迅速从窗口进了屋内。

那少女随即关闭了窗户，让飞鸿蹲在窗下。过了很久，街上的喧闹声已渐渐变得寂静，飞鸿估计围攻他的人和警察都走了，连忙上前向少女表示感谢：“飞鸿叩谢姑娘救命之恩！”

“不必客气，我在楼上看见大马路上那么多人围攻你，他们以众欺寡，我看不过去，正好你往我这边过来了，顺便救你，举手之劳。”

飞鸿又问：“敢问姑娘尊姓大名？我铭记在心，日后定当图报。”

少女笑笑后回答：“我姓陆，叫阿宽。”

飞鸿再次向阿宽表示感谢，然后从阿宽家的后门出来。因怕有人跟踪连累陆正刚，他没回陆的武馆，连夜坐船回到广州。

第二天回到广州自己的武馆，正巧父亲麒英也在，飞鸿喜出望外。见面之后，飞鸿忙问麒英何时来的、家人一切可好，等等。

麒英回答说："听说你要去香港会正刚，我屡听人说梁宽守馆喜欢惹事，因此不太放心，在你去香港两三天后，我就来了。家里人都好，不用你牵挂。我看你这副狼狈样，好像脸都没洗，是不是在香港那边又惹什么事啦？"

父亲认真追问，飞鸿不敢隐瞒，只得如实将香港发生的事讲了一遍："因为陆正刚去了澳门，加上也怕牵连他，所以连夜逃回来，所以成了这副狼狈样。"

麒英听后，责怪儿子说："你为什么一遇不平事就鲁莽行事，惹祸上身?！要知道，世界上的不平之事很多，我们能铲除所有的不平之事吗？身处在复杂的社会之中，这种事到处都是，坏人到处为非作歹，你能一一替人除掉它吗？有一个很重要的东西你要记住，武术家贵就贵在有涵养，待人接物尤其需要温和。即使武功再高，也只能用来自卫，不是到了万不得已的时候，不能轻易出手。如果违背这些，就容易起纷争招来祸事。今天你能打败他们那么多人，想过没有哪天他们也可以打败你？过去的教训，为什么那么快就忘记了？"

飞鸿见父亲声色俱厉，不敢多说什么，就在父亲面前低下头求他饶恕。麒英叫他把头抬起来，接着说："陆阿宽姑娘见义勇为，不忍看到你被那伙人打死，所以招手让你藏身于她闺房之中。但你要考虑到她还是个姑娘家，你也刚刚二十出头。孤男寡女，她将你招入房内，容易引起人家说闲话。假如她的父母怪她，那她岂不有冤说不清？你也应该替人家着想，免得人家受此委屈。"

父亲说得有道理，但飞鸿一时却想不出更好的办法来。就征询父亲的意见："这件事，您说该怎么处理才好呢？"

麒英回答："我明天写封信让人送给她的父母，把情况跟他们讲清楚。也许解释清楚了，人家就不见怪了。另外我还想认阿宽为义女，来报答她对你的恩德。到阿宽结婚的时候，我父子俩也要前往祝贺。这样做的话，人家才不会乱说闲话。"

飞鸿点头赞成。他回广州的第二天，麒英父子备了份厚礼，让人带到香港去，并写了封信给阿宽的父母，称赞了阿宽见义勇为的品德。飞鸿对麒英说："礼品和信就托人交给正刚吧，正刚在那边这么久，混得熟些。由他出面去可以代表咱们一方，这样一举两得。"

麒英同意飞鸿的做法，就把陆正刚在香港的地址告诉了去香港送礼和送信的朋友。

陆正刚从澳门回到香港，不见了师傅，责怪自己的徒弟没跟好。他担心师傅出什么岔儿，就让徒弟们到处找。徒弟们从大笪地小贩那里打听到那晚发生在这里的生死搏斗，从小贩们描述的外貌上，陆正刚断定这位英勇无比的人就是师傅黄飞鸿。

可是生不见人，死不见尸，师傅他到底在哪呢？陆正刚百思不得其解。他又去找符祥，把这事跟他说了。符祥安慰他说："我几年前曾和黄师傅交过手，去年斗狼狗和洋人你也亲眼见了，他武功高强，对付几十个人没什么大问题。再说，黄师傅这次决斗是有备而来，更不必为他担心。"

陆正刚觉得符祥的话虽然在理，但毕竟是自己的师傅遇上这种麻烦事，还是免不了为他担心。好在没过几天，广州方面派来送礼品和书信的人就找到陆正刚的武馆来了。明白事情经过后，陆正刚这才松了一口气。

按照飞鸿父子所托，陆正刚亲自上门去向阿宽姑娘道谢。阿宽父母看过来信后，知道女儿所救的是打败洋狗和洋人的黄飞鸿师傅，也就没有对阿宽加以责备。同时，对飞鸿路见不平敢于抑强扶弱的做法，还夸赞了几句。

至于黄麒英提到要认阿宽为义女一事，陆家没有答应，也没反对。阿宽的父母得知陆正刚也姓陆，就笑着说："咱们都姓陆，本来就是一家人嘛！"

陆正刚插话说："既然五百年前是一家，现在干脆就让我认阿宽为妹妹，怎么样？"

阿宽说："好哇，有你这样的哥哥，我还可以去学学拳脚呢！"

阿宽同意，她父母也不好反对。这样陆正刚便认了陆阿宽为义妹，阿宽后来定期到陆的武馆学武。

飞鸿在香港力拼几十人一事，不久就在粤港两地流传开了。第七甫水脚的武馆经常门庭若市，令飞鸿应接不暇。有不少路远的人也到这边来学武，还有的专程来买飞鸿制的跌打损伤药。飞鸿发现有不少学徒的来自西关，据他们反映那边还有很多人想学武。于是飞鸿决定在广州西关一带再开一个武馆。

1877年，即飞鸿力战香港几十人的同年，他在西关回澜桥附近开设武馆，教徒授艺兼医刀伤、跌打损伤。想到父亲年纪不小了，飞鸿不想让他再去忙碌了，准备让他在自己的武馆中帮忙指点指点。

因事多太忙，三栏教头席位就由爱徒梁宽代替。有了梧桐树，引来金凤凰。欲知后事如何，且听下章分解。

第九章
藏龙伏风

肉店伙计林世荣学过几年武技，在广州打工时因租房后床板被扣，与人发生纷争，黄飞鸿为他解围。此后两人交往渐多，在一次较量后林世荣拜飞鸿为师。勤学苦练的林世荣，打败了铁头和尚，声名大振。梁宽与日本武士对决，破了山本英郎的『影子门』。飞鸿门下高手不少，武馆影响更大，又有大批人来投师，其中竟然还有个叫邓秀琼的姑娘！

第九章 藏龙伏凤

回澜桥武馆的开办，使飞鸿在广州授徒卖药的天地更加开阔。为了帮飞鸿打理广州的事务，麒英将佛山的草药铺交给别人管理，自己回广州扶助飞鸿。

麒英坐镇第七甫水脚的武馆，飞鸿主要守在回澜桥这边。新武馆刚开业，还需花一定的精力去打开局面，好在飞鸿已在武林中享有威名，所以回澜桥武馆没费太大的神就走上正轨。

回澜桥一带也有不少做生意的店铺，飞鸿不久就与一些店主、小贩和伙计混得很熟。有个叫林世荣的人，绰号“猪肉荣”，是回澜桥源记肉店的伙计，与飞鸿相识后，见面也会打打招呼。

这林世荣是南海平州人，比飞鸿小六七岁。林世荣小时候跟他同族的叔叔居聪三公学习拳术，多年苦练将其叔的武艺都学到了手。后来乡里人聘请武师胡金星来教武艺，林世荣又跟胡金星学习。学了两年，将胡金星的功夫也学到了手。因为练武，林世荣的臂力过人，一只手举百余斤东西就像拿根小木棍一样轻松。

林世荣身材魁梧，力气过人，他到广州来找事做，很快就被源记肉店的老板看中，老板聘请他为“主屠”，主要的工作就是杀猪卖肉。当时林世荣结婚不久，就想带妻子一道来广州生活。按店规，伙计是不能带家属住在店中的，因此林世荣就在附近的龙富记肉店内租了一间房暂住。

几个月后，林世荣的妻子因家中有事要回乡下去，在乡下要待好几个月。因此林世荣结清房租退了所租之房。临走时有一副床板不好带，就将它仍留在龙富记店内，讲好了过几天来取，该店老板也同意了。

谁知，等到林世荣到店里取这副床板时，店老板居然将床板藏起来不给他。这还不算什么，老板还冤枉说世荣欠他的房租，要以床板作抵押。因为根本就没欠房租，所以林世荣据理力争。店老板不但不通情理，而且还诉诸武力，他乘林世荣不备，突然抓起肉案上的屠刀，威胁林世荣“滚出去”。

林世荣学武多年，他的眼睛、耳朵和身手要比一般人敏捷，见店主煞有其事要砍自己，不由得怒从中来：你蛮不讲理还以武力威胁，如果让你得逞，我林世荣岂不枉学了这么多年的拳脚！

对方见吓不住林世荣，真的举刀就朝他砍了过来。林世荣侧身躲过，迅捷出手抓住对方的手肘。店老板手中的刀无法砍下来，但还在拼命挣扎。林世荣怕他挣脱之后给自己带来危险，出手抓住他的头发。头被控制，握刀的手又被抓，店老板于是大喊大叫。

他的这一叫喊，引来许多街坊看热闹，正好路过此地的黄飞鸿也加入到围观者之列。飞鸿看时，林世荣已经将店老板按倒在地上，正要举拳揍他。大家都来劝解，飞鸿也劝林世荣“得饶人处且饶人”，林世荣于是才松手放了店老板。

然而店老板虽然没有挨打，但被林世荣按倒在地，脸面上擦破了点皮。加上丢了面子，店老板起来后怒视着林世荣，公开说要找人来报仇，说完就气冲冲地出了店门。

飞鸿询问事情是怎么引起的，林世荣如实相告，先在一旁目睹了全过程的一位街坊邻居还描述了两人交手的经过。飞鸿获知林世荣一个肉贩能有此身手，感到他真不简单。考虑到店老板去找人来报复必有一场血战，飞鸿于是拉起林世荣说：“到我那去坐坐，能化干戈为玉帛就不要大动干戈。”

飞鸿带他到自己在回澜桥的武馆，目的是调解双方的矛盾，如果对方找到武馆来，他好出面说服。林世荣开始犟得很，还不肯去，他大叫道：“我怕他什么？想打就来！”飞鸿耐心地对他说：“龙富记店老板，在广州城内有一定的后台，他今天被你挫败，怎么会肯就此罢休？你孤立无援，不要因为小小的胜利而沾沾自喜，要知道这件事还没了结。”

林世荣年轻气盛，用手拍胸说：“谢谢你的忠告。我手能举百斤，又练武多年，他如果再不自量力要找麻烦，我定让他饱尝我拳头滋味！”

飞鸿笑着对他说：“世荣呀，你两只拳头能打几下？即便是勇猛如虎，人多了你也要被擒。要知道，练武人最要紧的是修养和能忍，不要逞一时之勇而招惹是非。双拳难敌四手，我不赞成你所说的。”

林世荣说：“依你说，我该怎么办？”

“你暂时留在我家，我自有解决的办法。”

看到黄飞鸿诚心实意为自己排忧解难，林世荣感到黄飞鸿是个可交之人，就到他武馆去了。

在飞鸿的武馆，林世荣和飞鸿聊了半夜，谈个人经历，谈武术之道，双方谈得十分投机。说起籍贯，都属于佛山南海，又增添了一份亲切感。林世荣感慨地说：“黄师傅年长我几岁，见识好比长我几十岁，我真是感到惭愧。”

“不必过谦，既投缘，以后多走动。”

当夜双方都有相见恨晚之感。

第二天，龙富记肉店老板果然带人追踪找到武馆，陪同而来的人中有一位是旗人，这位叫龙某的现为南海县衙门的差头。由于这一身份，龙某具有相当的势力。见了飞鸿，龙某粗声粗气地说：“听说‘猪肉荣’藏在你馆中，请你把他交出来，不要因为他坏了义气伤了我们之间的和气！”

飞鸿坦诚相告：“林世荣确实待在我这里，但我要和你们讲讲道理。就这件事而言，过错不在他，而在于龙富记。世荣没欠他的房租，他凭什么乱说欠他房租而要扣留人家的床板？再说一副床板值几个钱，何至于要小题大做劳您大驾？他龙富记所作所为，不是太仗势欺人了吗？”

龙某听后，不再吭声。飞鸿又说：“上面这些是非都不说，为人处世总是和为贵吧，小事不应该推波助澜把它闹大。谁对谁错，别人也会说的。您也应当有同样的看法吧？”

龙某知道黄飞鸿武艺高强，在江湖上名气很大，他所认识的人也有不少有权势的。既然如此，应该见风使舵。于是龙某说：“我也是想息事宁人。大家都是明理人，我帮理不帮亲了。当事双方今后不要再因此事而怀恨，大家还可以做朋友。”

飞鸿见状，叫林世荣出来与对方见面。临走前，龙某握着飞鸿的手说：“林世荣的事就这么了了，你是一个胸怀大义的武师，我愿意交你这样的朋友！”说完，他一挥手，随同来的人跟他而去。

一场风波顷刻化解了。从这件小事上，林世荣看到了飞鸿的为人和处世能力，加深了对飞鸿的了解。

床板风波平息后，林世荣继续在肉店当他的伙计，但与飞鸿之间的走动增多了。林世荣经常拜访飞鸿，飞鸿有时也抽空去看林世荣。

有一次飞鸿去林世荣租住的地方看他，两人谈起练武方面的事情，飞鸿说："你练武练了这么多年，身手相当不错。今天闲着也是闲着，不如我们比试一下好玩，也可检验一下你的武功造诣，不知我这个提议会不会不礼貌？"

林世荣说："我早就有这种想法，只是不好提出来罢了，既然你提出来，正合我意。"

两人于是开始较量。刚交手不久，林世荣就被飞鸿封死了武术套路的变化，而且几次被飞鸿打得摇摇欲坠，飞鸿不让他摔倒，总是在快倒的时候出手救起。几个回合下来，林世荣对飞鸿的武艺已了如指掌，佩服得五体投地。

"不用比试了！"林世荣住了手，飞鸿也收马歇拳。只见林世荣转身跪拜于地，说："我喜欢武术已经很多年，听到和看到的，没有像师傅您这么神奇的。感谢今天这次比试机会，不然的话，我可能一辈子都被乡下那些土拳师所误导，学不到真正高超的武艺。请您收我为徒弟，行吗？"

飞鸿用手扶起跪在地上的林世荣说："你既然有如此大的心愿要提高武艺，我怎么会吝啬指教呢？你诚心诚意跟我学武，今天我就收下你这个徒弟了！"

林世荣非常高兴，再次叩头表示感谢。从此他开始了十年如一日地跟飞鸿学武的历程。由于他勤奋好学，最终成为飞鸿众多徒弟中武艺高强、影响最大的徒弟。

考虑到林世荣学过武，手上也有几斤蛮力，飞鸿因材施教，重点教他武术套路。林世荣悟性要略逊色于梁宽，但比梁宽沉稳，学武也更能吃苦耐劳。飞鸿先教他"武郎八卦棍"，林世荣练得有声有色，师徒俩比试一番，飞鸿认为达标后，再教他别的武艺。

过了一段时间，飞鸿将林福成传授的铁线拳教给林世荣。林世荣边学边与飞鸿聊起林福成及铁桥三的事，都有一见林福成的愿望，可惜不知道最近林师傅到哪去了。

林世荣学武进步很快，没过多久，飞鸿又教他虎鹤双形拳。徒弟们知道，师傅此拳法一般不轻易传人，现在一下子传授给林世荣这么多绝技，小徒弟们甚至都有点忌妒林世荣。

"虎鹤双形拳刚柔并用，长短兼施。练习此拳切记，步法讲究落地生根，身形注重挺拔端庄。”

飞鸿手把手教林世荣，使林世荣受益匪浅。后来他继承师业，开馆授徒，在省、港共有徒弟一万多人，他的名字在广州、香港等地同样响当当，这是后话。

一天林世荣随师傅黄飞鸿到海幢寺游览，因为与该寺方丈熟悉，飞鸿便去拜访方丈。恰好方丈不在，一个绰号叫铁头和尚的僧人热情地接待了师徒俩：“请施主这边用茶。”

铁头和尚将飞鸿师徒请入客堂。

宾主寒暄之后，铁头和尚便向飞鸿师徒大谈武技。这位和尚的头削得青光发亮，一看就是坚如磐石的一个铁头。飞鸿听说过这位和尚的“铁头功”很了不起，礼节性地夸了几句。

没想到铁头和尚听飞鸿夸他，越发来了劲，主动提出要表演一下给飞鸿师徒观赏。飞鸿想：见识见识也好！就对林世荣说：“好好瞧着，看看大师的功夫高深到何种程度！”

铁头和尚得意地一点头，就开始了他的表演。他先拿来一块青砖，往头上一砸，砖头立即断成三四块小的砖。

林世荣和飞鸿给铁头和尚鼓掌。

只见铁头和尚把几块小砖捡起来，排成一排放在一块大青石上，然后双手撑地倒立，再用他那颗铁头去捣青石上的断砖。一、二、三、四……

一会儿工夫，几块断砖被铁头和尚捣成了粉渣。飞鸿师徒暗自称绝，再一次报以热烈的掌声。铁头和尚起来后，不无得意地说：“施主见笑了，见笑了！”

据铁头和尚介绍，他练铁头功先是用头反复倒舂石臼，然后再在石臼中铺上碎石，直至变为粉碴为止。久而久之，练成了一门绝技。他自豪地称：“老衲这头坚似铁，故人称‘铁头和尚’。以之撞敌，无人能抵御。”

林世荣心里不服，脱口而出：“大师的‘铁头功’是很了得，但我师傅身怀绝技，也有万夫之勇。”飞鸿用眼示意，不让林再往下说。

铁头和尚立即接上林世荣的话：“老衲素闻黄飞鸿师傅武功高强，在粤港武林威震一方，又师承少林鼻祖之嫡传。但百闻不如一见，今天有幸与黄师傅会面，不如咱们切磋一下武艺，让老衲长长见识，也可为山门增色。”

飞鸿见这铁头和尚有点目中无人，心想比就比呗，有什么了不起！他双手抱拳说："既然大师看得起我师徒俩，能给我们一个学习的机会，飞鸿这厢承让了！"

林世荣插话说："师傅在上，请听徒弟一言。既然世荣在此，哪有您先上阵的道理。"他转身对铁头和尚说："请大师见谅，我想检验一下从师学艺的效果，咱们俩先比试，我师傅先在一旁观看，正好可以找出我的不足。"

铁头和尚心里说，谁先上我都不在乎，反正都不是我的对手！徒弟先上更好，三下五除二就解决你。当师傅的想让徒弟先上，无非想探我虚实罢了，我打他个措手不及，你能探出什么？

飞鸿见铁头和尚没回答，便征求他的意见："大师以为如何？"

铁头和尚脸上堆出笑容："如此最好！"

飞鸿于是让林世荣先上，他叮嘱他不可以使用撒手锏，同时斗智斗勇要多动脑子。林世荣表示："徒弟明白，请师傅放心。"

二人摆开比武架势，飞鸿示意可以开始。铁头和尚先攻，他一头向林世荣撞去，想迅速撞倒林世荣。林即以虎鹤双形拳之"月影手脚"套式破他，当场将他打出三尺之外。

铁头和尚跌倒在地，林世荣立即上前将他扶起，连忙说："大师承让了！"飞鸿也过去扶和尚，帮他拍拍身上的灰。

飞鸿问铁头和尚："大师与我的比试，是现在进行还是歇口气再比？"

铁头和尚双手合十："阿弥陀佛！善哉善哉！黄师傅不仅自己武艺精湛，徒弟中也藏龙伏虎，老衲输得心服口服。咱们之间的比试，我看就容老衲修炼几年再比吧！"

"大师过谦了，武艺要多切磋，有机会我们一定会再来拜访求教的。"

林世荣跟着师傅告辞。回武馆的路上，飞鸿告诫林世荣："天外有天，练武人应该谦虚好学，铁头和尚此次比武虽然败在你手下，但他也有他的长处。"林世荣不住地点头。

旧时的广东，武馆林立，竞争也异常激烈。武馆的收入，靠收学徒的学费只是其中的一小部分。和镖局一样，有的武馆也接护镖的业务。此外，一些营业场所需要保镖，往往也从武馆请。卖跌打损伤药这项传统的业务，家家武馆都有。还有一项业务，那就是狮艺表演，也是武馆必备的。逢年过节或碰上喜事，都有人来请舞狮。因此，飞鸿也很重视这项业务。

还是在十岁左右的时候，飞鸿就对舞狮发生了浓厚兴趣。每年春节期间，各地的舞狮队伍汇集在一处，举行声势浩大的舞狮大会，吸引四周许多乡村的群众来围观，飞鸿也常去看表演。

舞狮采青，往往也是武艺的表演，舞狮者如果没有高超的轻功，很难在采青活动中获胜。早期的舞狮，除有掩护习武及娱乐作用外，另有驱逐疫鬼的意义。

中国的舞狮，是民间一项很隆重的活动，有着悠久的历史。飞鸿从父亲那里，从小就听过不少这方面的传说。有一种传说认为，舞狮习俗源自广东佛山某地。

据说在佛山某地，每年除夕一定会出现一头怪兽。这头怪兽头大身小，身长十多尺，眼睛像铜铃，来去如风，不断呼出“年、年”之声，乡人把它称为年兽。这头年兽每年出现时，不伤人畜，只是到处吃田间发青的蔬菜，吃完就走了。为了赶走这头年兽，乡里人用竹篾纸料扎成兽头，涂上各种颜色，再制成兽身，两人持而舞之，另外再召集数十个乡民，身带利器埋伏在田间桥下，等年兽出现时大家齐出大喊，吓走年兽，从此便有了舞狮习俗。

林世荣问飞鸿：“舞狮风俗真的起于佛山吗？”

飞鸿告诉他：“有几种说法。有人说狮艺表演在魏晋南北朝就成熟了，狮子舞那时叫太平乐。也有说是在清代乾隆皇帝下江南时，梦见一头毛色斑斓的瑞兽来朝拜，回京城后乾隆命令臣子照他梦中所见的瑞兽形象扎制一个，每当节日或庆典时命人舞动，喻为国泰民安，太平吉祥。”

麒英听见飞鸿、林世荣在谈论舞狮，一下子也来了劲。他说：“不管中国的舞狮是否源于佛山，有一点是可以肯定的，那就是中国南狮在广东，广东南狮源自佛山，佛山南狮有‘狮王之王’的美誉。佛山传统的‘三星’‘七星’狮，技艺精湛，形、神、态极美，是难得的一大民间技艺。”

飞鸿说：“还有几个月就要过年了，春节期间要举办舞狮大会，咱们武馆的狮队也得加紧操练才行。”

林世荣说：“有师公在，师傅还有什么可担心的。听说当年师公与陆阿采师祖，有过绝佳的舞狮表演。都说师公、师祖有采高青的绝技，不妨教教我们。”

麒英笑道:"一家人面前还用得着大吹大擂吗?绝技称不上,但采高青我们是有一套的。采青技艺我已传授给了飞鸿,让你师傅慢慢教你吧。如果你想听,我倒愿讲个舞狮采青方面的故事给你听听。"

"当然想听啰!"林世荣听麒英这么一说,高兴得像小孩子似的。

麒英正要往下讲,突然有个徒弟气喘吁吁地跑来报告:"师傅,大势不好了,梁宽师兄在香陶居饭店与日本人打起来了!"

跟日本人打斗,这可不是件小事,麒英、飞鸿一听,立即往香陶居饭店所在的沙面方向赶去。

原来,清政府为了控制中国人与外商交易,指定专门与外商进行交易的商人,这些商人被称为行商,他们的商行被称为洋货行,俗称十三行。早在1686年,清政府便设立了十三行,不久又在沙面一带建有"十三商馆"。十三商馆又称十三夷馆,是由十三行商人修建,租给外国商人住宿、办理商务和堆放货物的。当时的广州沙面一带,已有不少洋人聚居,他们中有些人往往以做生意为名,与当地的清廷官府勾结,仗势在西关一带胡作非为横行霸道,引起很大民愤。梁宽代替飞鸿任三栏教席后,经常在这一带走动,也耳闻目睹了不少洋人欺负中国同胞的事,一直憋着一股恶气在心里。

这天他来到当时沙面对面塘鱼栏一带有名的香陶居饭店吃饭,正碰上一场斗殴。一了解,原来是这么回事:两个身穿黄色大和武士袍的日本人慕名到该店来吃饭,因为久闻该店的沙姜鸡、美味豆腐、茄子煲,来了之后点了十多道菜,喝了几瓶白酒。吃完了嘴巴一揩,不付钱就想溜。店里的伙计不让他们走,被他们几拳就打倒在地。

当时香陶居饭店正好有两个中国拳师在吃饭,他们一个叫伍天盛,一个叫伦文山。两位武师听到日本武士骂店小二"东亚病夫",已是十分气愤,见他们不付饭钱还打人,再也忍不住了!他们站在门口,堵住了日本武士的去路。

"让开!"

两位武师硬是不让。两个日本武士气急败坏,拔出随身携带的日本弯刀,嗷嗷叫着就向两位中国武师砍来。

日本武士与中国武师一场混战。几个回合下来,未分胜负。梁宽进来时,双方斗得正酣。突然一个日本武士飞身跃起,快如闪电的一个跟斗跃到两位中国武师身后，左右开弓，没等中国武师转过身来，就将他飞起两脚踢倒在右边的柜台上。

“去死吧！”另一个日本武士举着弯刀气势汹汹地冲过去，想砍倒在柜台上的两位中国武师。梁宽一见，大事不妙，拿起桌上的茶杯飞快地掷了过去。碰上日本武士的手后，茶杯与日本弯刀同时掉在地上。

“巴格呀鲁！”日本武士骂了几句，捡起地上的弯刀转身向梁宽扑来。他挥刀乱砍，一连三刀都被梁宽躲过，第四刀再砍过来时，梁宽飞起一脚将他的刀踢飞。

这个日本武士正要挥拳上来，另一个日本武士制止了他。这位日本武士刚才将两位中国武师踢倒后，一直站在旁边看热闹，见梁宽动作干净利索，三两下就对付了他的同伴，不由得暗自佩服梁宽的武艺。他用结结巴巴的汉语问：“你的，武功这个的！”日本武士边说边竖起了大拇指：“你的，叫什么名字？什么的干活？”

梁宽轻蔑地一笑：“我是黄飞鸿的徒弟梁宽，你是什么人？”

“我是日本隐者影子门掌门人山本英郎，刚才与阁下打斗的是我师弟柳生郎。早闻黄飞鸿门下弟子大大的厉害，果然藏龙伏虎。今天我山本英郎也想领教一下，怎么样？”

山本英郎抽出战刀，只见寒光一闪，这位日本武士已摆出了挑战架势。

影子门？梁宽一听不由得一怔。据说这是日本一个出手狠毒的杀手剑派，梁宽过去听人提到过。据传这派绝技为一套七十二路的影子剑法，这套剑法快如闪电，如影随形，变化多端，许多人死在影子剑下还不知怎么回事。

日本武士既要挑战，梁宽置生死于度外，他当即一挥手：“到外面比试，别把饭店砸了。”梁宽将对手引到外面的空地上：“请！”话音刚落，山本英郎的利剑已如箭般刺向梁宽。梁宽当时手中只有一把雨伞，他便以伞代剑，挥伞抵挡。

“唰”的一声，山本英郎突然变招，手中长剑如闪电般直刺梁宽下身。梁宽急中生智，“啪”的一声打开雨伞迎击，硬是靠伞骨挡住了对手刺来的利剑。

山本英郎一跃而起，在空中旋转几圈后竟然落地变幻成三个山本英郎，他使的这一招叫“忍者幻法”，如果分不清哪个是虚哪个是实，那是必败无疑。

梁宽举伞向三道黄光猛刺，一番苦战之后三道黄光有两道突然消失，落地定格的那一道正是山本英郎。只见他定下身来后，面无表情握剑指向前方，身手一动不动。

过了片刻，山本英郎的额头上流出一道血印，他霍然倒在地上。梁宽过去看时，他有气无力地说："你太厉害了，破了我的幻影，我认输，心服口服。"

等麒英和飞鸿等人赶来时，梁宽与日本武士的比试已结束。只见山本英郎竖起拇指在夸梁宽。梁宽也不客气，让他们把饭钱先付了再说，两个日本武士只得老老实实付了钱，山本英郎在他师弟的搀扶下慢慢离去。

飞鸿问梁宽："三个影子你怎么判断哪个是虚哪个是实的?"

梁宽说："有两个地上不见影子，那是虚的，所以我专攻那个地上有影子的，结果对了。"原来梁宽分出虚实之后，用伞点了山本英郎的额头，但他点到为止，没用多大力。如果他下狠劲，山本英郎早就命归西天了。

香陶居的伙计和看热闹的食客都夸梁宽，说他长了中国人的志气，灭了东洋人的威风。麒英、飞鸿在这种场合下不好多说什么，叫上梁宽匆匆回武馆。

回到武馆，梁宽原以为又要挨师傅师公的批评，没想到这回麒英和飞鸿都没有责怪他。飞鸿说："外国人欺负我们的同胞，就应该这样站出来灭他们的气焰才对。"

麒英也说："梁宽，今天做得最对的地方，在于你出手点到为止。日本武士服输了，目的也就达到了。如果今天你杀了一个日本武士，可能会招来想象不到的麻烦。"

林世荣听了麒英的话，忍不住插了一句："那些番鬼和东洋佬也太坏了，要是我，不杀他也要打断他只脚才解恨。"

麒英说："这就是刚出道的你与出道多年的梁宽之间的区别。你要好好修炼，练武之人不可没有武德。"

梁宽打败东洋影子门掌门人的消息，不久就在广州传开了。有不少人到西关来找梁宽，想拜他为师。梁宽告诉他们："没自立门户呢！要投师就去找我师傅黄飞鸿。"

"原来你是黄师傅的高徒呀！"

“强将手下无弱兵，有其师必有其弟子。”

人们对黄飞鸿这个徒弟刮目相看，自然对梁宽的师傅黄飞鸿赞誉有加。前往回澜桥武馆和第七甫水脚武馆投师的人比过去更多了，飞鸿一下子忙了起来。

一天，飞鸿的武馆来了一伙要拜师学艺的人。有个壮实的小伙子，自我介绍说：“我叫戚继宽，请黄师傅务必收下我为徒。”飞鸿问他：“为何要习武？”他回答说：“从自己个人来说，为了强身健体；从国家民族来说，为了除暴安良，必要的时候为国赴汤蹈火！”

飞鸿觉得戚继宽这小伙子眉宇间有一股凛然正气，不像个只会说大话的人，就爽快地收下了他。对其他前来习武的人一一问过情况后，他也将大部分人留了下来。正要收起报名登记本时，不知从哪钻出来一位小姑娘：“黄师傅，我也想拜您为师学武艺。”

飞鸿闻声一看，站在自己面前的是个姑娘，不由得感到奇怪。他打量面前的姑娘，只见她身材高大，手脚壮实，一看就是个练武的好苗子。可当时女性练武，一般都是偷偷摸摸地练，哪有姑娘家大张旗鼓地出去拜师学武的？

“你叫什么名字？多大啦？”

飞鸿问姑娘这些情况，是想摸个底。姑娘如实相告：“我叫邓秀琼，今年15岁啦。”

飞鸿又问：“你来学武，家里人知道吗？他们同意不同意你学武？”

邓秀琼说：“家里人不知道，知道了是不会太同意。”说着她莞尔一笑：“却又拿我没办法。”

飞鸿觉得这姑娘挺有个性的，如果对她认真培养，将来可能会学有所成的。他接着问她：“你真的很想练武？”

邓秀琼回答：“那还有假！”

麒英过来，对着飞鸿的耳朵嘀咕了几句。他的意思是，一个姑娘家和一伙男的混在一起学武，将来会有很多麻烦，要飞鸿谨慎考虑收还是不收邓秀琼。

邓秀琼见麒英对飞鸿嘀咕，早已猜出了几分，她过来对飞鸿说：“师傅是不是不想收我这个女徒弟？”

飞鸿没有立即回答。邓秀琼接着说：“我为什么这么想学武，就是因为这个世道太坏了。地痞流氓当道，洋人番鬼横行，许许多多男子都受尽欺凌，何况束手无措的弱女子！我不能看着坏人欺压好人，更不能眼看洋人侮辱我们的姐妹，所以要学武。您要是不收我，我到别人那里拜师，还是要学。”

邓秀琼的一番话，深深地打动了飞鸿。一个姑娘家能这样想，已是难能可贵了，更何况她有如此坚决的态度！

“你是个有骨气的姑娘，我黄飞鸿收下你。”

邓秀琼听飞鸿这么一说，当即叩头拜师。这样，飞鸿便成为当地最先收授女弟子的武师之一，而邓秀琼也成为他一生中唯一的女弟子。

飞鸿还力排重男轻女之见，也是最先组织女子狮队的武师之一。后来邓秀琼在香港发展，在女子武林中屈指可数。她尊师重义，成为武术界的楷模。

转眼舞狮大会在即，飞鸿他们将如何面对？

第十章
醒狮采青

舞狮大会成为一展武馆狮艺的焦点，各大武馆纷纷举行操练，以夺大会锦标为日后武馆的业务打下基础。飞鸿在舞狮大会上先派出徒弟表演，采青时与另一家武馆打了个平手。为一决雌雄，他亲自上马，施展飞砣采青绝技，一举征服在场观众，夺得大会锦标！接着他到香港，为昌隆药庄举行的还愿酬神助兴。梁宽代师出马，回广州后却惹来麻烦……

第十章 醒狮采青

舞狮活动在广州非常盛行，因为狮在古代是祥瑞灵物，象征吉祥，带来好运。同时狮还代表正义，化戾气为祥和，驱魔避邪。因此逢年过节，重大庆典及各大商号、银行或机构开幕，甚至豪门酒宴都纷纷以舞狮打鼓助兴来增加热闹气氛，以图吉利。过去广州的武馆均设有狮子会，教授拳术与练习舞狮。

眼看春节一天天迫近，各大武馆联合发起举办的舞狮大会很快就要举行，飞鸿让麒英指导梁宽、陈殿标、凌云阶、戚继宽等徒弟练习舞狮，自己和林世荣前往佛山购买狮头。

佛山的舞狮在南粤大地名气很大，广州的舞狮俗称“舞醒狮”，醒狮头大都从佛山购入。佛山的醒狮又被称为“南狮”，是极富南方风格的一种狮形，它额高而窄，眼大而能转动，口阔带笔，背宽鼻塌，面颊饱满，牙齿能隐能露。这种造型威严雄壮、形神兼备的醒狮，深受广州市民的喜爱，所以广州人喜欢到佛山买狮头。

飞鸿师徒俩前往佛山途中，飞鸿给林世荣介绍了不少他所知道的关于舞狮的知识，林世荣对此也很感兴趣。世荣问：“师傅，中国的舞狮活动据说发源于汉唐时代，民间舞狮以地域不同分为南狮和北狮，南狮与北狮有什么不同？”

“这个问题，我只能大致给你讲讲。”飞鸿告诉世荣，从造型上看南狮身披麟甲，有金、银、红、黄、黑、蓝诸多颜色，五彩缤纷，但以金、银二色居多，外形夸张生动；北狮不如南狮庞大，全身以缨毛做狮被，纯粹的兽毛颜色。

“从表演上看，南狮讲求整体配合，突出表现狮的喜、怒、疑、惊等情感变化。一般狮舞多有双狮演出，也有多头醒狮构成群舞的。北狮表演注重于扑、跌、翻滚、跳、跃及搔痒等动作，神态逼真活现。北狮表演还有武士引舞相配合，在京锣、京钹和京鼓等的配合下翩翩起舞，也非常好看。”

林世荣忽然想起一件事，他对飞鸿说：“对了，上次师公正要给我讲他与陆阿采师祖舞狮采青的故事，因为梁宽兄弟与日本武士打斗而没讲成，你知道不知道他们这方面的事？知道的话给我讲讲吧！”

飞鸿常听父亲提起这件事，哪能不知道呢。旅途枯燥，讲点趣事也可解烦。于是他便将他所知道的关于麒英师徒采青的故事，讲给了林世荣听。

那是麒英与师傅陆阿采因看戏和一伙人发生纠纷、引发生死大战的第二年，因为两人力敌对方数十人，陆阿采声名大振，便在广州开设了武馆，取名叫“乐善山房”。这年又碰上第十甫的洪圣庙要奉神巡游举行庆典，庙里请了各行各业参加庆典活动。麒英听到这个消息后，就鼓动师傅也参加，借此为武馆扬名。

陆阿采同意麒英的建议，立即找来工匠赶制醒狮。他所做的狮头与众不同：白眉白须蓝鼻铁角，背绣金钱。这种狮头标志，按武馆的惯例，是老前辈的标志。麒英劝师傅不要制作这样的狮头，毕竟师傅太年轻，怕招来麻烦。陆阿采不听他的话，令其他徒弟带好器械上场。

抬神巡游庆典开始后，万人空巷，爆竹声、鼓乐声齐鸣，热闹非凡。参加巡游的瑞狮，除了陆阿采的，还有陈馆、何馆、卢馆、郑馆以及玉石行、果菜行、鲜鱼行、花梨行等的瑞狮。陈馆的狮头也很独特：蓝面青鼻、铁角短须，头顶结有英雄髻，全身黑白相间，很像一头恶兽。一看这头狮的形态，就知陈馆是逞强之人。

根据武馆的惯例，舞狮沿途遇到“青”必须采下，以迎接吉利。“采青”是舞狮的表演高潮，“青”一般用生菜，取谐音“生财”之意。各家瑞狮来到怡和行，看见该店三楼悬着一棵“青”，青下挂着两草袋，店主告诉大家袋里放着上百两银子。卢馆的狮子第一个到怡和行，一看所悬之青离地面有数丈高，店家又写明只许舞狮者施展个人技术采取，不许他人助其采青。为了不出洋相，只好望而兴叹，知趣离去。其他各家之狮，也是犹豫片刻，然后离开。最依依不舍的，是陈馆的舞狮者。

阿采与麒英率乐善山房的瑞狮，跟着爆竹声来到怡和行。见状之后麒英对师傅说，此青实在太难采，前面的狮队都放弃了，我们放弃也不跌面子。阿采坚决表示：此青不能不采！麒英问师傅以什么方法采？阿采回答：轻功！

陆阿采的徒弟看到师傅亲自出马，更加振奋，猛击鼓以助声威。只见陆阿采踏着锣鼓声从容而出，与麒英走到狮头，替下两个徒弟。锣鼓声又一次震天而起，陆阿采迈开架步，开始以“单脚镰钩法”起步，接着用“低庄虾公法”取势。左右盘旋，狮子被他舞得像活的一样。每一个动作，都和锣声鼓点十分吻合。观看热闹的人，都被他的高超技艺所叹服。

舞狮舞得正酣，陆阿采突然回身将狮子头挨近尾巴，用脚扫拨作搔痒状，实际上他是在悄悄告诉另一头狮子的麒英运动到悬青之下，准备采青。麒英遵师所嘱，到了悬青的下面，摆开四平大马，等待阿采奔来。阿采见状，立即后退几步，再奔向麒英站立的地方。他纵身一跃，麒英伸出双臂将他接在掌上。观众从未见过这种功夫，立即报以热烈掌声。

正当大家为阿采叫好时，只见麒英两掌往上一抛，阿采乘势再往上一纵，身体像飞鸟一样直奔三楼悬青。他眼明手快，取下悬青后放入狮子口中，然后顺势跳下，一气呵成。

掌声、喝彩声超过了此前任何一个时候，附近的商店纷纷犒赏，他们获得锦旗、钱物一大堆，陆阿采和麒英师徒脸上绽开了成功的微笑。

此事招来同行忌妒，陈馆舞狮者指责陆阿采师徒有违武林惯例。陈馆的人说他们之所以不采此青，是因为怡和行的人仗着财大气粗过分刁难，因为他们目中无人，陈馆才不理睬他们，而不是采不下。双方发生争执，对方领头的陈阿牛出言不逊，还先动手想打陆阿采，陆阿采忍无可忍将其打翻在地。

陆阿采怕伤及徒弟，令徒弟们先回去。陈阿牛起来后与陈馆众人围攻陆阿采。陈馆人多势众，又都带了家伙，大有置阿采于死地不可的架势。陆阿采以一敌众，与对方混战，边打边退，躲进双英斋酒楼。陈馆的人将酒楼团团包围，他不想坐以待毙，提棍拼死冲出。正杀得难解难分时，麒英赶来助战，挥舞九节鞭扫倒一片。师徒俩于是奋力突围，死里逃生……

“没想到，舞狮采青还会招来麻烦，”林世荣听完飞鸿讲的往事后，感慨地说，“不知师公师祖他们后来怎样与陈馆人化解这段矛盾的？”

飞鸿说：“具体的事，你就要问师公了。”

师徒俩从佛山买回了醒狮头，回到广州又将狮子的其他部分配好，徒弟们很兴奋。凌云阶说："这下好了，我们再不必用别的东西来代狮头了，可以用真家伙来练习了。"

梁宽说："这你又外行了，新狮初舞是件大事，不是随随便便就能拿来用的。"

陈殿标问："为什么？"

麒英回答说："凡新狮初舞，按传统的俗规，要进行一个庄重的仪式，这叫作'开光点睛'。这个仪式的举行是很严肃的，开始要焚香、洒酒，同时要请一个德高望重又上有双亲、下有子孙的人执行点睛仪式。"

原来是这么回事！飞鸿的徒弟们都在加紧操练，他们练得很认真，志在舞狮大会上一举夺标。

"开光点睛"的那一天终于到来了。飞鸿一声令下，徒弟们立即行动起来，一大早就作好了一切准备。飞鸿请了一位德高望重的朋友来主持点睛仪式，武馆上下热闹非凡。

点睛仪式开始，一排香被点上，香雾缠绕在四周，格外刺鼻。只见执行点睛的朋友向上下洒了些酒，算是向天地敬酒。此后他又向东南方严肃地行了三个鞠躬礼。这时，鞭炮齐鸣，鼓乐声四起，大头佛舞在狮子周围跳起来，主持人用柚子叶或黄皮叶（民间认为这些叶子可以祛除邪气）为新狮打扫全身。据说这是给新狮以吉祥之气，播福之力，也即是给新狮以生命之源。

打扫完新狮全身后，主持人再把这些叶子插在狮子的角旁，并用丝带为它的角装饰了一番，这叫"簪花挂红"。

完成"簪花挂红"后，鸣鼓杀鸡，滴鸡血于盆中，将盆举起向天示意。点睛的人，手执新笔，神态严肃，场内气氛也达到顶点。只见点睛人躬身狮前，眼定、手定，在狮子的右眼上点上一笔，又在左眼上点上一笔。

当点睛人把执笔的手扬起时，全场立即欢腾起来，鼓声雷鸣，锣声震耳。瞬间，新狮在地上蠕动，片刻又蓦然腾起。在欢声笑语之中，新狮舞动它那美妙的身姿。

舞狮大会开幕前，飞鸿父子又一次向徒弟们交代注意事项，特别叮嘱他们不要与别的武馆狮队发生冲突。广东的舞狮活动在民间开展得非常广泛，也形成了许多门派，直接因舞狮引起的冲突时有发生。狮头撞狮头的打斗，在许多场面曾出现过冲突。

春节刚过，舞狮大会便拉开了序幕。大年初一，就有不少狮子舞上街头，给古老的羊城带来了新的活力。到了比赛那天，各大武馆和商行果栏的舞狮都涌向赛场，更是把新年喜庆的气氛推向了高潮。

舞狮大会先是进行狮艺表演，各大门派的不同狮子尽显风采，令市民们大饱眼福。参加大会的狮子造型和套路很多。如起势、常态、奋起、疑进、抓痒、迎宾、施礼、惊跃、审视、酣睡、出洞、发威、过山、上楼台等，表演得极为神似。

场上表演的狮子，喜则欢而碎步，怒则仪态万千，哀则闭眼稳步，乐则跃而跨步。南狮表演中很重意的舞法，它讲求桥马，善于抽象中传神。就步法而言，有碎步、马步、弓步、虚步、行步、探步、插步、麒麟步和内外转身摆脚等。这些步法，飞鸿全都教给了徒弟们，他们在场上表演时得心应手，运用自如。

所有的步法，都要融汇在一个“舞”字中，这种舞的最精彩部分，又在采青的狮舞上。采青成为舞狮活动中的高潮，也是最扣人心弦之处。有许多新颖的舞姿被推了出来，如高台莲花舞、花篮青舞、步步高舞、桥底咬青舞、狮子出洞舞、高台群狮舞、狮子跃龙门舞、双狮扑青舞等，花样多，看得人眼花缭乱。

比赛的组织者在场上悬挂了高低不同的生菜作“青”，采青的难度往往与高度成正比，青越高则越难采。采青狮也有不同的阵式，其中的梅花桩阵难度颇高。虽然有难度，但有一家武馆的醒狮就用这一阵式采青，博得观众阵阵掌声。

又一家武馆的醒狮亮相，这家武馆弟子的轻功不错，他们采用“一柱擎天”采高青，在竿顶离足旋转三圈后凌空飞跃，干净利索采下高青，其动作之大胆、创新、惊险，令人叹为观止。

轮到飞鸿武馆的醒狮表演采青技艺了。观众久闻飞鸿大名，今天更想看一下他们的采青技艺。

采青有采高青、地青、水青、蟹青、凳青和桥青等，其中采高青又叫“企膊”（站在肩膀上），在众多采青方式中最为高难。飞鸿派梁宽与林世荣配对上场，其他弟子则在场上做他们的人梯。

梁宽舞狮头，林世荣舞狮尾，他们站在三四层人肩上表演，高度不断上升，而后他们沿着一根竹标往上爬，一边爬还要一边舞耍动作。最后，他们一把将扎在竹竿顶尖上的“青”采了下来。梁宽将“青”含在狮子嘴上，与林世荣边舞边下。下到地面上，再将“青”吐出来抛向主席台。

主席台上的人接住了“青”。一般认为，主人接“青”后，表示接到了福和财。飞鸿武馆的狮队表演完，观众同样报以热烈的掌声。

比赛组委会认为前面那家武馆表演的“一柱擎天”采高青与飞鸿武馆表演的肩上采高青各有千秋，不分上下，要双方再比采青以示高下。飞鸿问徒弟们有没有必要再比试，徒弟们异口同声地说：“应该一决高下！”

飞鸿想，既然来参加舞狮大会，就应该把自己的最高水平发挥出来，最要紧的是要为武馆争得荣誉。他觉得梁宽学了这么久，功夫已相当不错，而林世荣学的时间短些，这方面技艺要逊色点，于是他决定亲自出马，与梁宽表演采青绝技。

对方的醒狮先表演采青。有趣的是，他们这次模仿的是飞鸿武馆刚才的采高青方法。由于该武馆的人轻功较好，表演起来也很到位。也许是夺标心切，造成心理上的紧张，采青的时候他们第一次失手了，只得重来再采。第二次还算顺利，生菜被牢牢衔在狮子口中。

按照舞狮采青的习俗，一次采下为最妙，第二次采下则逊色很多。据此，本来已经分出了胜负，主办者准备定飞鸿武馆的醒狮夺标，对方也表示同意。

大会的负责人来征询飞鸿的意见，飞鸿觉得对方技艺相当不错，只因一时紧张失手，丢了锦标，肯定不无遗憾。他想让对方心服口服，因此决定还是上场表演。

“黄飞鸿师傅要亲自登台表演！”

观众听到这一消息，个个异常兴奋，有人甚至高兴得尖叫起来。鼓点密集，醒狮上场。飞鸿舞狮头，梁宽舞后面，师徒俩配合得相当默契，观众看到场上的狮子做出从酣睡到兴奋的各种各样的神态，将喜怒哀乐表现得淋漓尽致，不时报以热烈的掌声。

轮到采高青了，大家都拭目以待，看飞鸿有何绝招。这次采高青，根据飞鸿的要求，“青”悬挂得特别高，估计离地面有十几米。徒弟们都为飞鸿捏了一把汗，生怕一不小心，丢了锦标不说，还有损飞鸿的声誉。

飞鸿与梁宽在徒弟们搭起的人墙上越舞越高，但狮子舞到三四层人上，离竹竿顶上的“青”还有一大截。竹竿的尾部太细，承受不住两个男子汉构成的狮子，怎样才能取到竹竿顶的生菜呢？

大家正在纳闷时，只见从狮子口中飞出一物直奔竹竿顶上的“青”，那把生菜随即下坠，只见醒狮飞身跃起，一口将生菜衔入口中。梁宽听到师傅轻轻说了声：“行了！”知道大功告成。边舞边下，师徒俩神奇地完成了这么高难度的采青表演。狮子刚落地，青从口中飞出，直奔主席台。

“真神哪，到底怎么采下来的？”

“不知道，我也没看清楚。”

……

观众议论纷纷。有人甚至提出让飞鸿师徒再表演一次。飞鸿笑着对大家说：“再表演就没必要了，但我可以告诉大家，我是怎么把“青”采下来的。”飞鸿说着，从怀中掏出了一个小飞砣，他的飞砣上连着长长的一段细绳子，舞起来呼呼地响。舞完，他才说：“看清楚了吗，我刚才用它来采青。”

其他武馆的人都听说过飞鸿练就了一手好的飞砣绝技，但却从未见识过。今天一见，果然名不虚传，大家不由得对飞鸿肃然起敬。大家都说，此次舞狮大会锦标，非飞鸿武馆莫属。

大会主办者宣布：“舞狮大会冠军为黄飞鸿武馆！”观众一起欢呼鼓掌。梁宽上台从主办者手中接过了象征荣誉的锦旗。

回到武馆，徒弟们兴犹未尽，还要飞鸿讲述飞砣采青技艺。梁宽代师傅解围：“这是绝技，不是一两句话就能讲清楚的。要掌握这一绝招，关键还在练好飞砣功夫！”

舞狮大会一举夺标的事，很快传到了香港。过了两天，陆正刚写信来让师傅去香港游玩。信中说，春节期间香港有许多有特色的活动，另外还想请师傅指导一下武技和舞狮采青方面的事情。

既然陆正刚有请，飞鸿也正想出去走走，征得麒英同意后，他便只身来到了香港。在香港几天，受到盛情款待。闲暇时间，飞鸿则指点陆正刚的徒弟练武及学狮艺，师徒三代其乐融融。

那天飞鸿正准备向陆正刚提出回广州，话未出口，有一人来拜访陆正刚。陆正刚出来一看，来人是昌隆药材庄的司理梁恩。梁恩说他受东家之命来请陆师傅舞狮助兴，陆正刚忙问他：“有何喜事？”

梁恩说，他的东家去年在文武庙捡到“丁财炮”，此后便时来运转，不但生意比以前更顺利更兴旺，他的小妾还给他生了个儿子。一家人因此都认为这是神仙保佑，非要隆重酬谢神恩不可。十余天后就是二月初二，也即酬神还“炮”的日子，因为东家想搞得很隆重，非要有瑞狮随行来助兴。早就知道陆正刚是黄飞鸿师傅的徒弟，狮艺非常高，所以特意来请。

梁恩最后补充说：“至于费用多少，这不成问题，都由我们东家负责。”

陆正刚说：“来得早真不如来得巧，看来你的东家真有神助。我师傅正好来香港，就住在我这里。我可介绍你们认识，请他相助。”

梁恩大喜过望。飞鸿与梁恩见过面，知道对方来意后，他对梁恩说：“这是酬神谢恩的重大事情，你们委托的事我不敢推却。但我只身来香港，舞狮的器具一样也没带，怎么去舞呢，我又如何敢轻易答应下来呢？”

梁恩听了这话，心里凉了半截，他说：“黄师傅如果是因为器具的缘故，这倒不必担心，我东家说了一切费用由他出，没有器具加紧赶制就行了。”他担心的是飞鸿找借口不愿接下此事。

“匆匆忙忙做的器具，怕会出纰漏。我的意思是，你们另请高手更好。”

陆正刚摸不透师傅到底是怎么想的，又不愿错过为武馆扬名的机会，就劝师傅接下这单业务。他说：“我和其他弟子都希望您能在舞狮方面扬名本港，再说我随师傅学了舞狮多年，从未一试身手，正好有这个锻炼机会。成功了也可扬我师名，壮我武馆威风。”

“既然如此，那就答应人家吧！”

飞鸿点头答应，梁恩千谢万谢。梁恩走后，飞鸿道出其中原委：他近日身体略感不适，状态不是太佳，怕影响狮艺的发挥。

陆正刚一听，不免有点着急，忙问：“这可怎么办？”

早已胸有成竹的飞鸿说：“不必担心，我早已想好了，让梁宽来港代我舞狮。这小子悟性极好，肯定能胜任的。到时候你就和他搭档，让他舞狮头，你做助手。”

陆正刚一听，马上点头赞同：“那就赶快托人带信，让梁宽来香港吧！”

飞鸿说：“记住叫他将器具带来，一来可省东家点钱，二来不致做得匆忙出差错。”

陆正刚让飞鸿给梁宽写信，自己与符祥等朋友联系，看看近日有谁回广州去。很快就找到了回广州的人，信就由人家代送给梁宽。

梁宽接到飞鸿的信，喜出望外。他也很想到香港这个花花世界看看，一直没机会，现在机会来了，还可以一试身手，哪有不高兴之理？和盛店里的工人把他送到码头，让他搞完庆典酬神活动，早点回来继续教他们练武。

到香港后，梁宽好不容易找到陆正刚的武馆，见过师傅师兄，陆正刚安排酒宴欢迎梁宽。酒宴上，飞鸿对陆正刚、梁宽说："这次出舞，是我门派在香港舞狮演技的头一回，如果不能让昌隆东家满意，就不仅仅令人家失望，对咱们的名誉也有损害。所以一定要加紧练习一下，彼此的配合要默契。"

梁宽、陆正刚表示，一定认真照办，保证不负师望、不辱师门。飞鸿又对陆正刚说："这次出舞，还需很多人表演助兴，这些助舞的人只有在本地找。正刚到香港这么多年，与行业中人熟悉，助舞的人由你去找。"

陆正刚说："这个不成问题，光我的武馆和符祥武馆的徒弟加在一起就有上百人。"

转眼到了二月初二，飞鸿率领舞狮队来到昌隆药庄。锣鼓声响起来，一排穿长衣服的人提着灯笼在前面开路，灯笼上写着“进香”两个大字。仪仗队紧随其后，再后面是抬着各种祭神之物的人，其中三支又粗又长的大香，特别引人注目。一些纸做的花草人物，也显得缤纷夺目。昌隆药庄的老板和他的妻妾抱着儿子乘兴随行，飞鸿他们的舞狮队伍跟在后面。

上次梁恩回去后就把黄飞鸿准备亲自舞狮助兴的事传了出去，附近居民久闻黄飞鸿大名，却未曾见过一面，都来看热闹。舞狮队威武雄壮，前面有两面大旗开路，旗上绣着“西樵务本山房”六个大字。护狮健儿，个个精神抖擞，肩上扛着刀枪棍棒。队伍随舞随行，来到文武庙。

文武庙一带，人山人海。昌隆药庄的东家带着家人入庙进香，一切礼数完了之后，司祝人员出庙点燃爆竹，并高呼“醒狮起舞”。鼓乐声再次响起，梁宽捧起狮头起舞，与正刚配合，开始了他们精彩的表演。

醒狮先是盘旋了几圈，接着从盘旋中快速退了几步，狮头奔向庙门点头致敬。连续做了三次这样的动作后，醒狮踩着鼓点做出各式各样的动作。舞姿优美，喝彩声不断，很多人以为场上舞狮的是黄飞鸿大师。等看清舞狮子者最多二十岁左右时，又怀疑这不是黄飞鸿，于是有几个人在私下议论："那年轻人是不是黄飞鸿?”

醒狮接着在场上表演滚球技艺。梁宽见一球缓缓滚来，即施展浑身解数，将两足往前一夹，将球搓揉玩弄。一会儿俯首衔之，往外抛掷，一会儿又用前爪玩球，摆出各种花样。

表演完滚球技艺，再表演采青、醉青功夫。因所设之青难度不太大，梁宽功夫又好，因而不费多大力气，便博得一片喝彩声。庙内执事之人，奖励了锦旗果酒等物品。到此为止，昌隆药庄老板的酬神活动结束，大家各自回去。

梁宽似乎还未尽表演之兴，让同来的人一路舞狮回去。居民们纷纷出来看热闹，有的人家还从楼上扔下点燃的爆竹以助兴。梁宽看到这种情况，认为有利于为师傅树威名，表演得更加起劲。

大约来到摆花街的时候，有一户有钱的人家在他家三楼的屋檐，悬青等待舞狮者来采。“青”的下面，系有银牌、港币等物。醒狮还未到之前，这户人家就让人点燃爆竹将醒狮引导。梁宽听爆竹接二连三地响，知道一定是有人悬青待采。循声而至，果然不出所料。

又是一阵震耳的爆竹声响过，透过弥漫的硝烟，梁宽仰望过去，只见楼上所悬之青距地面有数丈之高。距地面过高，以“企膊”叠人采法是不行的，而且同来的人又是临时组合的，配合不好也难成功，而且会出笑话。

机智的梁宽有意将狮子舞到飞鸿面前，飞鸿也知其求救之意，悄悄地说了一句:“上次在舞狮大会上我是如何采高青的，你还记得吗?”

一语点醒梦中人。梁宽会意，迅速用锦绣缠成双飞锤，将飞锤缠得像绣球形状，然后将它带在身上。绣球绑上绳子，在他手中飞舞一阵后，梁宽执狮头准备采青。大家见梁宽亲自导狮采青，振奋精神以更密集的鼓点助威。

只见梁宽带狮队到悬挂青的下面时，让狮子抬头张嘴，自己用力将绣球旋转后甩向悬着的青，三楼的“青”被他甩出的绣球缠住。刹那间，梁宽用力将绳子一拉，所悬挂的“青”立即随他的手动而掉下。下面狮口大张，狮子跃起用口接住此青。

港人看过各种采青，却从未见过如此精彩的绝技。掌声雷动，喝彩声此起彼伏。梁宽拿了人家送的锦旗，兴高采烈地回陆正刚的武馆。

符祥和他的弟子们目睹了黄飞鸿弟子梁宽的狮艺，对他大加赞赏，梁宽与大家在一起喝酒庆贺，彼此增进了友谊。晚上，昌隆药庄的司理梁恩来到陆正刚武馆，再次转达昌隆药庄老板的谢意。

梁恩握着梁宽的手说：“你的技艺令人佩服，真是严师出高徒，我为黄师傅有这样的高徒而高兴，同时也为我自己高兴。”

陆正刚问：“为你自己高兴，此话怎讲？”

梁恩说：“你忘了，我梁恩姓梁，梁宽也姓梁，我们五百年前是一家。我们梁家出了这么个高徒，能不高兴吗？”

梁恩一番话，说得大家都笑了。梁宽也笑着说：“咱们说不定不到五百年前就是一家了！既如此，兄长在上，小弟敬你一杯酒！”

飞鸿见梁宽能说会道，心下也很高兴。梁宽此番到香港，结识了不少新朋友，为他日后到香港发展，奠定了一定的基础。

离开广州也有一段时间了，飞鸿与梁宽在广州都有许多事情要办，师徒俩于是告别了陆正刚、符祥和梁恩等人，不日回到广州。

回到广州后，梁宽照常去和盛韭菜栏教授武艺。和盛的工人大多血气方刚，这些涉世不深的小伙子见梁宽在香港获锦旗多面，作为梁宽的徒弟，觉得自己脸上也增了不少光。为帮师傅扬名，同时也为给自己脸上贴金，他们商议后将梁宽所获锦旗拿去北帝庙的戏台上晒标。

所谓晒标，即将旗帜挂在外面，张扬所获得的荣誉。这件事他们先征求了梁宽的意见，梁宽年轻好胜，也认为这样可以更好地为自己的师傅树威名，就同意了他们的做法。

晒标当天，梁宽所教的和盛店工人还舞狮助庆，此举引得省城许多武林中人都来观看。有个叫袁福的拳师，对梁宽及其门徒的做法很是不满，认为这是目中无人，不惩戒一下不足以使他们知道天高地厚。

回去以后，袁福让人找来了他所认识的几个教头，把梁宽等人的所作所为说了一遍，并表示自己要去惩戒一下梁宽，让他知道天外有天。大家没有吭声，过了一会有位教头提醒袁福说：“梁宽是黄飞鸿的高徒，武艺肯定不错，你已四十多岁了，他却在二十左右。如果打赢了他，什么都好说；如果败在他拳下，我们这些老前辈将来还有谁尊敬？你要三思而后行呀！”

袁福不听劝告，面露怒色说：“难道就任他狂妄自大，不把我们放在眼里吗？”

那位武师又说：“也不是，可以派人让梁宽关门，这样不致发生打斗。”他的意思，无非采取先礼后兵的手法。袁福听从了他的建议，派徒弟往梁宽教武的地方，转达了让梁宽关门的意思。

梁宽听后大怒，站起来抓住来人的衣襟问："什么人这么狂妄要我关门？"对方如实相告，梁宽让他回去告诉袁福，想看看他有什么本事能让他关门歇业！

晚上梁宽教武时，袁福进来不露声色地观看。看了一会，他站起来说："梁师傅，你所教的这些东西，是舞台上的花架子，还是柔软体操？"

梁宽早已注意到这位陌生的看客，猜出他必是袁福无疑，就反唇相讥地说："不管它是什么，学了总是有用的，你想拜师学吗？"

袁福说："你门口的牌子应该摘下来，换成教柔软体操的牌子才对。"

"我看你是存心要来踢我盘的，是不是？"

袁福说："是又怎么样？梁宽，你若不在北帝庙晒标，我就不来踢你的盘了！"梁宽厉声回答说："我敢授徒，又怎么会害怕你来踢盘呢，有本事你放马过来打吧！"

话不投机，拳脚相见。袁福迈步上前，抡拳便打，他用平生最擅长的冲拳，朝梁宽当胸就是一拳。梁宽急忙用"退马穿桥"应战，化解这来势凶狠之拳。一拳不中，袁福有点吃惊，他看准目标再来一拳，梁宽攘臂穿搭对方桥手，再次化解袁福的攻势。

袁福不熟悉梁宽的手段，反而认为这是对方害怕他拳法厉害而退守。这一招其实是黄飞鸿教的绝技之一，叫"退马穿桥"，以退为进的手法。只要对方进攻露出破绽，此手法必有转守为攻制胜之时。

正当袁福再次挥拳向梁宽猛攻的时候，梁宽突然将"退马穿桥"转化为"双虎爪法"，反手抓攫对方之手，先封闭其变化，再发手压迫他的肩膊，发力一推，袁福措手不及，当即被推倒在地。

众目睽睽之下受此一辱，袁福身为武师面子往哪搁？所以他起来后带着怒火，再次找梁宽拼命。梁宽见他不识相，就想给他点厉害看看。见他再冲上来，这次梁宽主动进攻，运拳朝他胸口打去。

袁福见梁宽打来，急忙用辗手夹梁宽桥手，便想点梁宽的穴位。梁宽武功高强，立即奋力将手抽回，先消解他的攻势，同时偷偷地将脚插入他的马内。再用腿向其马用力勾拨，双手向他胸前猛推。上下同时发力，令袁福立足难稳。只听见梁宽大喝一声："趴下！"袁福应声被打倒在地。

连跌两次，袁福无脸再战，灰溜溜地走了。和盛的工人欢天喜地，将梁宽抬起来抛了又抛，梁宽和他的徒弟为之庆贺。

这件事不久传到飞鸿和麒英耳朵里。飞鸿认为收梁宽为徒，确实使武馆名声大振，第七甫水脚和回澜桥两处武馆的生意都红红火火。而麒英却不这样看这个问题，他对梁宽有自己的看法。父子不同的看法，会否影响到梁宽？欲知后事如何发展，且听下章分解。

第十一章
威震蟀场

梁宽逞强好胜，又喜欢张扬，遭到麒英、飞鸿父子的批评，表面认错的梁宽心里却不服气。商人卢九叔与他人签约，要举行佛山有史以来赌注最大的斗蟀比赛，飞鸿被聘为现场保镖。到斗蟀场才发现，与卢九叔斗蟀的竟是狼心狗肺的雷善德！雷善德在斗蟀中玩老千，引发一场恶斗，飞鸿因此名噪一时。梁宽到香港去发展，飞鸿不久喜结良缘。

第十一章 威震蜂场

话说梁宽打败袁福之后，师徒相庆，此事不久被麒英、飞鸿父子知道了。麒英对飞鸿说："我越来越感觉到自己的身体不如从前了，所以有些话，我不得不告诫你。我看你开武馆教徒弟以来，你的徒弟梁宽，不停地在外惹事，我因此常常为你担忧。"

飞鸿对父亲说："这事我也知道，我也曾多次告诫他，但他年轻气盛，恐怕一时难以改正过来。"

"武林中的事，我见得多了。梁宽如不改掉逞强好胜这一致命弱点，将来不仅自己要吃亏，还可能会祸及你这个做师傅的。"

听了父亲这番话，飞鸿若有所思。他知道父亲并非对梁宽有偏见，梁宽确实有好强争胜这一弱点。常言说，"教武先教人"，做人的重要性由此可见一斑。如果一个武林中人没有武德，纵使他再有武艺，也成不了大器。

从心里说，飞鸿还是非常喜欢梁宽的。这小伙子悟性好，又好学勤奋，如果走正道奋斗下去，将来一定能有所作为。俗话说，"一日为师，终身为父"，飞鸿从年龄上看并没比梁宽大多少，但他觉得自己肩上的责任重大，有必要对梁宽进行教诲，给他敲敲警钟！他派人把梁宽找来。

"徒弟正忙，不知师傅找我有什么事？"

梁宽进门就问，飞鸿没有立即回答。见师傅默不作声，他跪下问："是不是我在外做错了什么？请师傅直言，该打该罚我都认了。"

麒英说："梁宽，你师傅找你来主要是想谈谈你教武的事。起来吧！"

飞鸿也让他起来，可梁宽却说："师傅不把事情讲清楚，徒弟不敢起来。"飞鸿坚持让他起来，他只得听师傅的。林世荣搬了张椅子让梁宽坐，他没敢坐下。

“梁宽，你到我这学徒已经很多年了，按照其他行业三年拜师的规矩，你早该出师了。你说对不对？”

梁宽说：“师傅是不是要赶我走？”

飞鸿说：“我没有这个意思，只是希望你不但武艺上要长进，武德上也要有长进才行。”

梁宽听了飞鸿的话，忍不住反问了一句：“照师傅这么说，我在外面做了违背武德的事？”

麒英插话道：“你言重了，你师傅只是希望你少和别人比武打斗，这样容易引起纷争。”

梁宽辩解说：“我没在外惹是生非呀！每次迫不得已出手，都是别人惹起来的。比如前些日子与袁福较量，完全是他挑起的嘛！”

飞鸿严肃地说：“难道你自己就没有一点责任吗？如果你不同意和盛的工人晒标，怎么会有这件事发生？你处世一向轻狂，得改改才行，要不然，我这武馆真没法让你待下去了。”

梁宽心里很不服气，但又不好和师傅、师公争论，只好表面上认个错，然后匆匆出去了。望着他远去的背影，麒英对飞鸿说：“这犟小子，心里肯定不服气，以后你还要多教育他。《三字经》说得好，‘子不教，父之过。教不严，师之惰’。”

飞鸿回答：“知道了，请您放心吧！”

梁宽后来自己又去了几趟香港，香港的武林朋友见他功夫不俗，纷纷邀他到香港来发展。朋友们很仗义，有的表示愿出钱，有的则表示愿意出力，都希望他来开武馆教武艺。梁宽被他们说得有些心动了。

梁宽想，陆正刚与自己同出一道师门，论武艺他不见得比自己强，他都能在香港混出个人样来，我难道就不行吗？他想向飞鸿提出来，一时又开不了口，只好等待机会。

1878年的秋天，一位从佛山来的客人来武馆找飞鸿。他自称姓卢，人称九叔。飞鸿问他到武馆有什么事？卢九叔开门见山地说：“蟋蟀场的斗蟀马上要开始，想请黄师傅为我当护草，不知意下如何？”

所谓“护草”，实际上就是现场保镖。当时广东各地，都有斗蟋蟀赌博之风，而且有的赌资还不小。古镇佛山自然也有这一风俗，秋天的郊野，入夜时分四处可听到虫鸣蟀叫，很多斗蟀者便出来捕捉蟋蟀。他们带着养蟋蟀的竹筒，将捕捉到的蟋蟀先养起来，等待机会去斗蟀赌钱。

斗蟀活动开始于那些喜欢养蟋蟀的富家子弟，他们自己有了好斗的蟋蟀后便贴出告示，约对手来斗蟋蟀。由于斗蟀成风，后来一些有头脑的生意人便专门设立斗蟀场，为斗蟀者提供方便，同时从中赚钱。

佛山斗蟋蟀的场所有不少，主要集中在平政桥一带。斗蟀场有许多不成文的规定，凡是来斗蟀赌博的，不论赌资多少，一律扣下百分之十作为场地费。兴旺时一些斗蟀场的赌注是以白银做注的，最大赌有一二百两的，最小赌注也有几十两，有的场所规定最小也要十两起注。斗蟀的主儿很多，办斗蟀场的收入就不菲。

飞鸿早已听说过，斗蟀场人员复杂，经常起纷争。有些人寻觅到好斗的蟋蟀王，还喜欢四处贴告示找人对垒。双方一旦达成比赛协议，一张张大海报就贴满街头，招来许多群众观看，林子大了什么鸟没有？进蟀场的什么人都有，有不少狡猾的人还在比赛过程中使诡计，通过不正当手段让他的蟋蟀获胜，所以常常起纠纷。

“九叔，听说许多斗殴都是因为一方搞诡计才引发的，有哪些搞鬼获胜的手段？”

听见飞鸿这么问，卢九叔也不隐瞒，把自己知道的都告诉了他。如在对方蟋蟀将胜之时，假装用草将它们分开，而草中藏针，用针刺对方的蟋蟀，使它反胜为败；也有的用手拍蟋蟀使它惊跳；还有的在蟋蟀输后说什么“蟀输人未输”恃强不付对方赌金的。这些情况，都容易引发双方斗殴。

为了使自己的蟋蟀能斗赢，养蟀者往往请“草手”为其操作比赛；过去常有输后赖账的情况，而为了不在赛后吃亏，参赛者则往往请“护草”来保护自己的利益。赌资越大的，就越要请武艺高强的保镖，以防发生意外而吃亏。

卢九叔告诉飞鸿，有一个富家子弟养了一只蟋蟀，这只蟋蟀全身黑得像漆，壮实得像只螳螂，取名叫“黑将军”。据说这只蟋蟀是从荒野的蛇洞中抓获的，因此又取名叫“蛇头蟀”，它的牙爪非常厉害，逢赛必胜。赌博性质的斗蟀场开了以后，他常带着这头蟋蟀进场，约人决赛。别人因见富家子弟的蟋蟀太强大，加上赌资在五百两银子以上，都不敢轻易与他签约斗蟀。

“我是经商的，只要有利可获，我愿冒这个风险。”卢九叔说他也养了一只好蟋蟀，这只蟋蟀红头白腿金翅，肥硕健壮，响声清脆有力，被卢九叔取名为“赵子龙”。起初卢九叔曾给它取名叫“赛吕布”，终觉吕布有勇无谋而改名。他的这只“赵子龙”与“黑将军”一样，从未有过败绩。所以当他听到斗蟀场有这么大的赌资决赛却无人敢应战时，就主动与富家子弟接上头。双方互相看了蟋蟀，签好协议，约定赌注为六百两银子，三天以后在蟀场决赛。

斗蟀场有规定，双方都要聘请“草手”和“护草”。“草手”是拿着稻草指挥蟋蟀决斗的人，“护草”作为保镖，有时显得比“草手”更重要。有鉴于此，斗蟀的老板往往聘请武林高手来当“护草”，卢九叔专程上门请飞鸿的原因就在这里。

“黄师傅，我久仰您的威名，特地来请您保驾，万望给我一个面子，至于‘护草’的费用，也请您开个价，不论输赢，我都照付。本人说话算数，决不食言。”

飞鸿没有回答，他在考虑是自己去蟀场做“护草”，还是派梁宽或林世荣去，不同的人去价钱也就不一样了。

卢九叔见他不答复，马上又说：“价钱方面好说，只要黄师傅肯亲自出马，酬金我可以先预付一半。”

看来对方是认定要自己亲自出马才行，飞鸿见卢九叔话说得那么诚恳，也不好推脱，就说：“谢谢九叔对我的信任，您的事我答应了。飞鸿说话也是一言九鼎，三天以后蟀场见！”

卢九叔见飞鸿这么爽快就答应了，心里十分高兴。他报了个价给飞鸿，飞鸿又一口应承，乐得他轻轻松松地回去准备斗蟀的事去了。

与卢九叔斗蟀的富家子弟，正是几年前到南洋去后来又回到佛山的雷善德。这个家伙整天游手好闲不务正业，自然在南洋也混不下去。回到佛山后，无意间发现斗蟋蟀好玩，还可以从中赌钱，于是沉迷于其中。

那天见过卢九叔的蟋蟀后，他发现对手的蟋蟀雄健非凡，与他的“黑将军”相斗胜负难以预测，没有绝对取胜的把握。他本来想不参加决赛，但话早已放出去又怎么好收回？定下赛期后，为确保获胜，他将一些狐朋狗友召集在一起，商量对策。有一人对他说，卢九叔的蟋蟀也这么强壮善斗，胜负真的难测，最要紧的是聘一个好的“草手”和“护草”，才能确保取胜，才不会有后顾之忧。

雷善德听了他这位朋友的话，找到有名的胡须罗做他的“草手”，而聘请了在武林中小有名气的陈来拳师为他“护草”。

胡须罗与陈来应约来见雷善德，三人在一起商量参赛时的各项事情。胡须罗说：“您请我当草手算是请对了，这场决赛必胜无疑！”雷善德见他说得那么肯定，忙问他有什么把握？

胡须罗把他的手段告诉了雷：如果对方的蟋蟀真的很厉害，我就用特制的草抵御它，我的草中藏有锋利的小针，找机会将对方蟋蟀弄伤，还有不败的道理吗？

陈来说：“罗先生有这特别的草，胜算的确有把握，但我在这场决赛中，即使蟋蟀败了也能获奖金。东家的蟋蟀一打就败也没关系，我这双拳头能做败者的后盾，这就叫‘蟀输人未输’。有我们俩双重保险，雷公子你还担心什么呢！”

由于这是佛山斗蟀行业有史以来最高赌注的一场决赛，海报贴出后人们一传十、十传百，比赛的那天，来观看比赛的人络绎不绝。卢九叔的耳目已探知对方聘胡须罗为“草手”、陈来为其“护草”一事，因对胡须罗的伎俩早有耳闻，他叮嘱飞鸿和请来的“草手”卢冠文要特别提防对方搞阴谋诡计。

飞鸿做事谨慎，这次出任“护草”特意带了从香港回来的陆正刚一道前往。一来陆正刚自己也想去见识见识斗蟀是怎么回事；二来飞鸿觉得受人之托要忠人之事，对方聘了陈来武师，难免暗中还带其他人去，而陆正刚习武多年，又开武馆，功夫也不错，一旦发生什么事也好有个帮手。孤身奋战的事多了，飞鸿也变得更老到了。

斗蟀还没正式开始，场内早已人满为患。人声鼎沸、人头攒动的蟋蟀场，能真正看到蟋蟀决斗的人其实并不多，大多数人还是要通过事务人员的解说，才能了解赛事的进展情况，但他们还是饶有兴趣地挤在场内等候比赛结果。

双方蟀主进场，事务人员先将两只蟋蟀称了体重。称出结果后，高声报给观众听：“黑将军”略重于“赵子龙”，两蟋蟀相差无几。

陆正刚听到报蟋蟀之名，觉得挺有意思。卢九叔告诉他，蟋蟀的名字多得很呢，什么“毒蛇头”“无敌狮”“黄鼠狼”“华南虎”，动物之名应有尽有；什么“关公”“吕布”“黑旋风”“猛张飞”，古代名将都用在了蟋蟀身上。

“请双方草手和护草进场！”

事务人员一声喊，胡须罗和陈来、卢冠文和飞鸿都来到斗蟀台上。十多平方米的高台有两个梯子，双方分别从左、右上台亮相。事务人员宣布斗蟀正式开始，胡须罗与卢冠文各引导己方的蟋蟀下盆决斗。陈来站在胡须罗一侧观战，正刚、飞鸿则守在卢冠文旁边助阵。

大家所关注的是盆中两蟋蟀的搏斗，雷善德和卢九叔虽然坐在台上的一角，抱着茶盅在品茶，表面上一副泰然处之的气派，其实听到盆中搏击发出的振翅之声，心里还是扑扑直跳。飞鸿看见两只相斗的蟋蟀，用嘴相咬，跳起来用爪抓对手，两物体积虽小，发出的声音却不小。开始几个回合斗得难解难分，一时很难判定到底鹿死谁手。

“黑将军”的爪功好，“赵子龙”则咬功强，第一回合打了三四个跟斗，双方才分开进入对峙状态。第二回合、第三回合同样精彩，力搏四五个来回未分高下。战至十几个回合，雷善德的“黑将军”渐渐显出疲态，体力不支，多次被卢九叔的蟋蟀咬住，抛到盆边。

久攻不下，使雷善德意识到大事不妙，看到仇人黄飞鸿为对方当“护草”，他更意识到凶多吉少。从陈来的脸上，雷善德发现了不妙的神情，干脆将茶水搁在一边，站到胡须罗身边观战。

眼看“黑将军”就要败下阵来，不甘心失败输银两的雷善德多次用眼神向胡须罗示意，胡须罗没领会到，他又用腿暗暗顶了他几下。此时的胡须罗也因“黑将军”老被对手咬伤而意识到情况不妙，雷善德顶他之后他下决心动手了。他假装引导蟋蟀再斗，偷偷地用藏有小针的草刺“赵子龙”的头部。

谁知胡须罗用力稍大了些，针刺进“赵子龙”头部后脱不了。胡须罗心慌意乱，急急忙忙将草提起，手一动竟然连“赵子龙”一起提了起来。这下露馅了，胡须罗目瞪口呆！

陆正刚见状，忍不住拿起斗蟋蟀的盆子向胡须罗头上砸去。胡须罗大叫“救命”，头上已经流出了殷红的鲜血。陈来见自己一方的人被打伤，也不分青红皂白就上来参战。他一拳打向陆正刚，陆攘臂迎架，并趁势进逼，上前一步后用肘猛撞陈来的胸部。

陈来长期教人拳术，身手自然不会太差。他急忙用“截手法”抵御，同时举起左手向陆正刚面目抓过去。陆正刚与陈来打了几个回合，渐渐有点抵挡不住对方的攻势。陈来又向他门面猛抓过来，陆正刚没料到对方动作如此迅捷，猛吃一惊后赶忙往后退却。

看到陆正刚退却，陈来以为对方落败在即，抢前举拳向陆正刚迎头劈去。这一拳之凶猛，真的有如泰山压顶之势。陆正刚叫了声“不好”，以为难逃此劫！

说时迟，那时快！飞鸿飞出一臂，截住了陈来之拳，并顺势往侧面一割，令陈来猝不及防，踉踉跄跄一连倒退了好几步。陆正刚正要上前帮飞鸿，飞鸿示意他控制雷善德，别让他溜了赖账！陆正刚会意，上前抓住雷善德的衣襟，并掏出所带的软鞭威慑他：“动一动，就要你的狗命！”

雷善德见碰上的是飞鸿师徒，早已吓得面如土色，对正刚只有惟命是从。飞鸿见陆正刚控制住了雷善德，就一心对付陈来。陈来深知，作为一个武术教头，这次出来为有钱人“护草”，如果以失败告终，不但将来没人再请自己出来“护草”，就连武馆也难以开下去。事关声誉地位，所以他拼死一搏。

只见陈来施展平生最拿手的“冲锤”功夫，用足气力向飞鸿的中下门户冲去。其冲击力犹如排山倒海，猛烈无比，大家都为飞鸿捏了一把汗。飞鸿早已觉察出对方要置自己于死地的险恶用心，反而更加沉着冷静地应战，故没让陈来占到便宜。

陈来攻飞鸿的中下门户，飞鸿立即用“退马穿桥法”应战，只见他前马退后，运手向对方桥手之下穿去，以此缓解攻来之势。陈来这一拳没打中，感到惊讶：我所擅长的冲锤，往往一出手对方必倒，现在怎么不奏效？难道他的功夫比我高强？

不肯就此罢休的陈来又想：即使他的武艺比我强，我有年龄和经验上的优势。他认为自己比对方年纪大些，见识广些，靠实战经验迟早要胜对手。陈来这样想，就又一次抢进，再向飞鸿发起冲击。

打来打去，还是程咬金那三板斧子。飞鸿已看出陈来的武艺就那么回事，因此充满了自信。又一个“冲锤”打来，飞鸿仍然退马穿他的桥手。陈来见飞鸿屡屡穿搭他的桥手而不反攻，怀疑他只善于防守而无攻击力。有守无攻，当然不足为虑，最终还是要落败的。陈来也有点小瞧飞鸿，步步向他逼近。

正当陈来向飞鸿步步逼近时，飞鸿大喊了一声：“有胆的放马过来，我黄飞鸿打的就是人间不平！”陈来一听“黄飞鸿”三字，早已胆怯三分，多次听到过此人，没想到今日竟会交手。众目睽睽之下，不打也不行，他只能硬着头皮应战，信心早已丧失大半。

陈来拳拳猛出猛冲，却没有一拳击中飞鸿，不料飞鸿在穿搭之间，抓住机会突然改变手法，将右掌斜撬陈的手臂，左手压推他的肩膀，马步随手突进，用“虎斗豺狼法”反击。刚才还气势汹汹的陈来，没想到飞鸿使出这么一招，被打了个措手不及，当时就倒在地上。

飞鸿过去，用脚踩在陈来身上，厉声对他说：“你们玩老千（意为弄虚作假搞名堂），还敢出手打人！你老实点，你动一动我的脚就要踩断你的骨头！”

卢九叔见自己一方占尽上风，就向雷善德索要他的蟋蟀损失费。斗蟀场的事务人员也很鄙视雷善德、胡须罗和陈来一伙的所作所为，但为了不使事态扩大，他们出面调解。

“我一头这么好的蟋蟀被你们用针扎伤了，我今后不能靠它来赚钱了，这个损失你看怎么赔？”卢九叔毫不客气地说。

胡须罗怕挨打，竟忘了自己的身份，他代雷善德说：“我们照赔，我们照赔。”雷善德瞪了他一眼，他才住嘴。

自认倒霉的雷善德说：“怎么个赔法，你开个价吧！”

卢九叔提出，他的“赵子龙”值二百两银子。雷善德只求尽快脱身，忍痛答应赔给卢九叔二百两银子。他付完银两要走，陆正刚一把抓住他说：“慢着，还有一笔银子没付！”

雷善德装憨：“还有什么钱要付？”

卢九叔说：“今天的赔注，可是签了协议的，我的‘赵子龙’眼看就要赢了，你们却搞阴谋诡计害它。这场决赛实际上已经决出了胜负，我方是胜者，那六百两银子一钱也不能少！”

雷善德还想赖掉一些，装出一副可怜相对卢九叔说：“我来的时候没料到会发生这种不愉快的事，所以没带赔蟋蟀的银子，能不能少给二百两？”

想到雷善德父子过去欺压百姓罪恶多端，飞鸿恨不得剥他的皮。他见雷善德想赖，厉声对他喝道：“雷狼狗，你想在我黄飞鸿面前耍手段？我今天非剥你的狗皮不可！”

雷善德看了飞鸿一眼，四目相对的一刹那，他不由得打了个寒战！飞鸿的目光像把利剑刺向雷善德，刺得他再也不敢抬头了。

陆正刚见雷善德想赖，左手一把抓住他的胸襟，右手抡起拳头就要打。雷善德见状，立即不停求饶，答应如数支付该赔的银子。就这样，雷善德赔偿了卢九叔的“赵子龙”二百两银子，这场斗蟀的六百两赌注也如数付给了卢九叔。

飞鸿师徒在佛山平政桥斗蟀场为卢九叔当“护草”严惩歹徒一事，很快在当地传开了，这使他在佛山名噪一时。

不久此事传到广州，传到麒英耳朵里。麒英知道飞鸿受人之请必当忠人之事，惩治不法之徒也是对的，所以他不但没有责怪他，反而夸了他几句。末了，他要飞鸿以后遇事小心，谨防那些不法之徒寻机报复。

回到广州不久，梁宽要请飞鸿喝茶吃饭。飞鸿问他有什么喜事，梁宽笑而不答。飞鸿觉得奇怪，请师傅怎么不请师公？梁宽坚持要请飞鸿，飞鸿只有答应他。

到了馆子里，坐到宴席上，梁宽才吞吞吐吐地把话说了出来。他对飞鸿说，他跟师傅学艺也学了那么多年，总不能老在师傅的庇护下生活，因此很想出去闯一闯。

飞鸿已经听出了他的话外音，就直截了当地说：“鸟儿翅膀硬了，肯定要离开窝出去闯的；你也一样，迟早要出去闯的。”

开始梁宽以为师傅不同意，就说：“如果师傅不愿意梁宽离开您，就当我没提这回事。我之所以没请师公来吃饭品茶，原因也就在这里。我知道，他老人家在一些事情上对我有误会，所以我先不想让他知道。”

飞鸿拍拍梁宽的肩膀，认真地对他说：“我并不反对你出去闯闯，只是担心你这牛脾气，你得改改，否则容易惹祸上身！”

梁宽听飞鸿这么一说，立即追问道：“这么说，师傅同意徒弟出去闯啰？”

“不仅我同意，你师公也不会反对的。”飞鸿问梁宽，“你打算到哪去？干什么行当？”

见师傅那么爽快，梁宽也变得爽快起来：“香港的一些朋友三番五次邀我去，我想广州这地方学武开武馆的人不少，不如在香港好发展，所以我决定还是到香港去。陆正刚师兄在那边不是干得很不错吗？我想只要自己努力，将来也会闯出一片天地来的。”

香港到广州不算太远，飞鸿经常可以走动。要是梁宽到香港去发展，想回广州也随时可以回来走走。飞鸿认为梁宽选择的地方倒不错，只是和一些什么人在一起，干些什么，他有点不放心。梁宽说具体干什么，还没定下来："但可以请师傅放心，我梁宽绝不干对不起中国人的事，不干昧良心的事！"

"那就好。你准备什么时候动身赴港？"

梁宽说："师傅同意了，我再去禀告师公。师傅和师公都同意后，我准备尽快动身。"

飞鸿回到武馆，把梁宽准备去香港发展的事跟麒英说了。麒英还是那句话，对梁宽要好好教诲，尽量少在外逞强好胜招惹是非。麒英说："他要去闯，我们还能拦住他不让走吗？再说，徒弟总要出师的，也是总要自立门户的。"

"他走之前，请老爸点拨点拨他，行吗？"

麒英说："忠言逆耳，就不知道他听不听得进去呀！"飞鸿坚持要麒英开导梁宽。他说："听不听是他的事，讲不讲是我们的责任。老爸就算我们对他教最后一招吧！"

梁宽走之前，来和麒英打招呼，麒英语重心长地与他谈了半天话。梁宽知道师公苦口婆心完全是为了自己好，耐心听完之后还向师公表示了谢意。过了几天，他来与飞鸿父子辞别，到香港发展去了。

1879 年的一天，有个熟人来拜会麒英，闲谈间不知怎的，扯到了飞鸿身上。那位熟人说："飞鸿今年也不算小了，该有二十三四岁了吧？"麒英回答说："你的眼睛真准，一看就不离谱。今年飞鸿虚岁正好二十四岁。"

"说了亲没有？"

问到飞鸿的亲事，麒英像是触到痛处。自己身体一日不如一日，有时甚至会有一种不祥的预兆。所以他希望飞鸿能早日成个家，早点让他抱孙子。可飞鸿自己呢，似乎并不把它当回事，整天忙于教拳授徒，让麒英一人干着急，却又拿他没办法。

"是不是他自己有了意中人？"

"没见到，也没听说过。飞鸿一心扑在武技上，哪有心思分在这上面。"

那位熟人说："婚姻大事，自古都是'父母之命，媒妁之言'。既然他自己没有意中人，你做父亲的，何不托人给他说门亲呢！"

麒英说："我何尝不想，只怕他不同意，到头来反而把事情弄僵了。"

“我看不至于，飞鸿是个挺懂事的小伙子，只要你把自己的身体状况跟他说说，我想他会答应的。忠臣孝子，练武的人大多数属于这种类型。你不妨试试。”

那位熟人走后，麒英反复斟酌他说的话，越想越觉得人家说的有道理。他决定试探一下飞鸿，看他有什么反应。

飞鸿从外面回来，麒英就对他说：“飞鸿呀，男大当婚，女大当嫁，这是人世间的规律。你今年也岁数不算小了，你看村里小时候与你在一起的林仔、阿牛他们，哪个不是早就当父亲了？你什么时候让我抱孙子呀？”

提到这件事，飞鸿脸就有点红了。他不知道该如何回答麒英才好，干脆就不说话。麒英以为飞鸿不愿意提及此事，又把自己身体不如从前的话说了一遍。

了解父亲的心思后，飞鸿对麒英说：“我也不是不想成家。如果有合适的姑娘，我也不反对，婚姻大事，还是父亲做主吧！”

那个时代的人在婚姻大事上，走的都是“父母之命，媒妁之言”这条路，飞鸿自然也不例外。当时的人受传统观念的影响，认为听从父母之命是一种孝顺的表现。

既然飞鸿不反对结婚成家，麒英便找人给他物色对象。听说黄飞鸿师傅想成家，许多人争着给他说媒。在众多的对象中，麒英觉得罗家的姑娘比较合适，就去征求飞鸿意见。飞鸿表示相信父亲的眼光，自己又去见过罗姑娘一面，也表示满意，这样双方便定了亲。

罗家姑娘长得文文静静，一看就是个贤妻良母式的人，而且人又能干，将来操持家务肯定是一把好手。飞鸿想自己常在外奔波，家里有个贤惠的妻子守着，又能代自己照顾老父亲，不也是件很好的事嘛！所以过了一段时间，双方家长请人看了良辰吉日，他也没表示异议。

成亲的那天，麒英按当地风俗摆了喜酒宴请四方亲友。飞鸿老家的亲友和他的徒弟徒孙来了一大群，婚事办得热热闹闹。徒弟们用他们特有的方式表达祝福之意，有演武的，也有舞狮的，鼓乐齐鸣，一派喜气洋洋的气氛。

了却了一桩心事，麒英觉得从未有过的轻松，他看在眼里喜在心里。小时候飞鸿的爷爷不让麒英学武，他偷偷地学。麒英想，将来孙子出世了，长到五六岁，我身体能行的话我还要像教飞鸿那样教他习武。

飞鸿为卢九叔“护草”一事，在武林与斗蟀圈中传为佳话，陆正刚的名气也随之大了不少。因为飞鸿为人正直，武艺高强，慕名而来武馆请他去当“护草”的渐渐多了起来。

对于斗蟀赌场“护草”一事，飞鸿经历一回以后，对此有了进一步了解，他不想多做这种事。这倒不是因为斗蟀场屡有纠纷发生，而是对于赌博他很是反感。飞鸿一生，不涉“黄、赌、毒”，这是当时的武林人中难以做到的，江湖人中更是少而又少。

后来有人来请飞鸿去当“护草”，他一概婉言回绝。徒弟们对此不理解，就连林世荣也说：“师傅厌恶赌博，自己不沾就行了，怎么放着赚钱的事不干呢？”飞鸿说：“他们豪赌，给我们的报酬又有多少？有钱人他们爱怎么赌就由他们去赌吧，反正我不愿替他们做保镖，不想滋长这种赌博的恶习。”林世荣表示理解师傅的苦心，不再提“护草”之事。

乐极生悲，不久发生的一件事令飞鸿受到打击！欲知详情，且听下章叙说。

第十二章

军中教头

婚后才三个月，妻子罗氏病亡，飞鸿饱尝丧妻之痛。1882年，飞鸿受聘广州水师任武术教练，从此开始了他的军中教头生涯。一次偶然的机会，使飞鸿与提督陈泰钧相遇，他不得已和陈比试武功，却意外得到陈大人的垂爱。经陈泰钧举荐，飞鸿被记名提督吴全美聘为军中技击教练。穿上官服后，飞鸿威风凛凛，但他却面临重大抉择……

第十二章 军中教头

婚后飞鸿与罗姑娘互敬互爱，日子本来过得挺美满的。但乐极生悲，文文静静的罗姑娘不知为何体弱多病，新婚宴尔多次出现不适，令飞鸿及其家人蒙上一层淡淡的阴影。

眼见新娘子形容憔悴，飞鸿内心着急。麒英对飞鸿说，或许是儿媳不适应新婚生活，过段时间就会好起来的。飞鸿觉得，父亲这是在宽慰自己。不管怎么说，有病就得去找医生看病，他于是带着罗姑娘求医。

医生把了把罗姑娘的血脉，问了问她有关病症，然后给她开了一大堆中药。医生认为她体质太虚弱，需要补一补，让飞鸿平时在饮食上多注意这方面的调养。

吃了药不见效，飞鸿又带着罗姑娘找别的医生再看病。医生换了又换，药也吃了不少，病情不但不见好转，反而有加重的迹象。过了一段时间，罗姑娘居然被病魔折磨得卧床不起，飞鸿只好把医生请到家里来为她治病。

不知罗姑娘患的是什么病，请了很多医生给她看病都回天无术。当医生让飞鸿准备后事时，飞鸿心里有一种说不出的难受。婚姻是一种缘分，尽管与罗姑娘在一起的时间不长，这一打击对飞鸿来说还是不小。

婚后三个月，罗姑娘病逝。飞鸿按当地风俗，将她厚葬。此后有一段较长的时间，心里都很难过。

就在飞鸿飞面临丧妻之痛时，国家内忧外患也在进一步加重。清政府腐败无能，使得帝国主义势力在中国越来越大，洋人在中国的国土上公然欺压中国人的事时有发生。在洋务运动的促进下，东南沿海的水师发展很快，广东水师就是当时一支影响很大的军队。

广州水师涌现了许多抗击帝国主义侵略的英雄人物，前提督关天培就是其中一位。这位水师提督在抗击英帝国主义的海战中亲自上阵，英勇牺牲，成为许多有志青年崇敬的对象。鸦片战争之后，帝国主义对中国的经济、文化侵略有增无减，广东人民抗击帝国主义侵略的斗争此起彼伏，许多爱国青年参加到广州水师中，想借此为保家卫国出力。

武林中的不少朋友，都在为国家效力，飞鸿也深受影响，他的一些徒弟徒孙要到军队中去，他给予积极支持。尽管飞鸿小时候只读过两三年私塾，但他也懂得“国家兴亡，匹夫有责”这样的道理。

1882年，广州水师方面的官员闻知飞鸿武功高强、品德高尚后，特地派人征询飞鸿本人意见，想聘请他为广州水师的武术教练。飞鸿想，这正是自己报效国家的机会，岂有不允之理！他爽快地接受了广州水师的聘请，从此开始了他的军中教头生涯。

广州水师的配制不怎样，舰船虽然多，却小而乱，但水师们习武的热情却很高。飞鸿尽心尽力地教他们武艺，彼此间结下了深厚的友谊。水师们也觉得这位教头和蔼可亲，他们都亲切地叫飞鸿为“师傅”，而不称他为“教官”。

有一天，广州将军衙门张榜，对外招纳贤才。飞鸿看过招贤榜后，抱着试试看的想法去报了名，准备参加将军衙门的招考。出乎许多人的意料，他居然考取了广州将军衙门的“靖汛大旗手”一职。“靖汛大旗手”虽然不是朝廷设置的官职，只是地方衙门所设之官，并且职权也很有限，但从这件事上反映出飞鸿当时为国出力的积极态度。

1884年，张之洞出任两广总督。考察广州水师之后，张之洞意识到整个广东水师的不足，这就是舰艇数量虽多，但吨位很小，只能对付内河与近海的作战。为了改变这种状况，他出面订造了“广甲”“广乙”等一大批大舰，使广东水师的实力有所增强。

舰艇数量增多，吨位扩大了，所需的水兵数量也随之增加。身为广州水师武术教头的飞鸿，比过去忙了许多，他要教的人多了，精力自然也要投入更多。尽管如此，他还是一如既往地执教，认认真真地传授他的武技。

8月下旬的一天，传来法国派远东舰队司令孤拔率舰队侵入福建马尾、福建水师全军覆没的消息，广东水师进入高度紧张状态。广州水师跟飞鸿学武的水兵告诉飞鸿，中国与法国不久将展开一场大战。

果然没过多久，此事不幸被言中。8 月 26 日，清政府下诏对法宣战。法国舰队占领台湾基隆炮台，封锁了台湾海峡，海上告急！

“这些强盗，竟然把军舰开到咱们国家来了，他们占我领土还杀我同胞，真是岂有此理！”

“一定要把侵略者赶出去！”

水兵们义愤填膺，飞鸿深受感染。

中法战争起源于此前一年（1883 年），当年法军占领了河内、南定，越南国王请黑旗军领袖刘永福率他的将士助越抗法。这年 4 月，黑旗军与法军在越南河内城西的纸桥展开激战。英勇善战的黑旗军在刘永福的指挥下，大败法军，击毙法军司令李威利中校。

说到刘永福时，水兵们都夸他了不起，飞鸿对他也肃然起敬。当时谁也没预测到，一年半之后刘永福将和广州结缘。更令飞鸿没想到的是，这个刘永福日后将和自己同生死共患难，与自己结下不解之缘。

此后，不断传来刘永福打败法军的消息，飞鸿与广州水师的水兵们深受鼓舞。

1885 年，广州河南（珠江南岸）的金花庙准备举行酬神活动，该庙的主事人把这件事看得很重，此前每逢酬神，都要举行隆重的庆祝活动。除了张灯结彩，请许多演唱的人，往往还要在庙前的空地上搭一座彩棚，邀请当地知名的武师来表演助庆。当时飞鸿在武林中的名气已经相当大，庙中的主事人向来对他很敬重，所以也将他作为邀请的对象。

金花庙酬神那天，管弦齐奏，鼓乐喧天，游人如织，热闹非凡。此情此景，绝不逊色于广州河北（珠江北岸）的洪圣庙和华光庙搞的酬神庆典活动。

当时珠江上还没有建长堤，更无壮观的大桥连接两岸，南北交通主要靠船只。河面上大大小小的船只并靠在一起，形成一道奇特的景观。还有那大小不同的紫洞艇，专门为游客游玩而准备，生意也很不错。碰巧遇上金花庙的酬神庆典，很多人都雇了船停泊在金花庙前的河面上，借此看热闹。

正巧那天提督陈泰钧和他的下属也在这里雇了船一起游玩消遣。听见对面锣鼓震天响，陈泰钧忙问船家怎么回事。船家告诉他，这是河南岸的金花庙在举行酬神活动，请了很多有名的武师来表演武艺和狮艺。听船家这么一说，陈泰钧的兴趣一下就上来了，他让船家将船靠过去，在金花庙岸边停了下来。

船停稳后，陈泰钧与他的同僚和下属站在船头看热闹。远远地，只见金花庙前的彩棚中，有一个身强力壮的大汉，正捧出狮头出舞。陈泰钧看了片刻，发现此人的舞狮技艺与众不同，他动作利索洒脱，难度很高，舞狮技艺高出其他人很多。

武师们表演完狮艺，紧接着展示各自的武技。他们依次轮流上场表演，那位狮艺超群的大汉也上场演技。陈泰钧看他表演武技，深深地被其吸引。大汉的手法和步马都很好，出拳出掌特别有力，其他武师虽然也不错，但都不如他。

因为对场上那位武艺不错的大汉非常欣赏，陈泰钧禁不住向身边的人问了一句："有谁认得场上表演的那个大汉？"恰好身边有一人认识他，便告诉陈泰钧："回禀提督大人，场上那位大汉叫黄飞鸿。"

"什么，他就是黄飞鸿？"

陈泰钧早就听说过黄飞鸿这个人，知道他武功狮艺都不错，但一直没缘见面。现在碰上了，陈泰钧有一种很强烈的要求，那就是会会黄飞鸿。他对手下人说："谁上岸去，把黄飞鸿给我叫来！"

陈泰钧的侍从接到命令，立即上岸到金花庙前的彩棚，请飞鸿到船上一叙。开始飞鸿认为请他到游船上去的人并不相识，就婉言回绝了对方。

侍从见飞鸿不过去，便更加恳切地请他。他对飞鸿说："黄师傅，请你关照我一下吧，你要是不过去，我交不了差呀！"

飞鸿觉得他这话说得蹊跷，忙问："此话怎讲？你为什么会交不了差？"

"你不知道，在游船上想会你的人，是我们的提督陈泰钧呀！"侍从本来不想托出陈泰钧的，见飞鸿不想去才说了出来。

飞鸿还是不太想去，他才不把提督当成吃人的老虎呢！侍从缠着飞鸿，又说了许多好话，飞鸿实在不能再推却，就穿好外衣跟着侍从来到游船见陈泰钧。

到了船上后，发现侍卫多、防备森严，飞鸿才真切地感觉到对方是个非同一般的大官。见了陈泰钧，他长长地作了个揖以示致敬。陈泰钧没有摆提督的架子，也回了个客礼。

陈泰钧是当地的武官，说话直来直去，一点也不假虚饰。他对飞鸿说："我是一介武夫，对武艺高超的人特别尊敬。早就听说过黄师傅的大名，今天又看了你表演的武技和狮艺，所以很想与你聊聊。"

飞鸿说："我虽然从小习武，但武功很一般，大人身为武官，还请多多指教。"

两人虽然是初次相识，但都是学武出身，三句不离本行，话自然就多了起来。有了共同的话题，谈起来也使两人之间的距离拉近了许多。没谈几句，陈泰钧就开始对飞鸿学武一事刨根问底："黄师傅的武技是从哪里学来的？"

飞鸿如实相告："小人很小的时候就受家庭的影响，祖父和父亲都习武，为了生计 12 岁就和父亲上街卖艺售药。长大以后又浪迹江湖，跟很多人学过武功。没想到我的这点雕虫小技，竟然得到大人您的垂顾，真是令飞鸿深感荣幸。"

珠江水在汩汩地流着，陈泰钧很有耐心地听飞鸿讲着。等飞鸿讲完了，他才说："要练成一技之长，很不容易。你花了那么多工夫去练习，怪不得武技能达到这样的境地。"

与陈泰钧相比，飞鸿在陌生人面前显得稍微要拘束些。他趁陈泰钧停下来的片刻，对陈说："有幸认识提督大人，飞鸿感到三生有幸。我担心的是我在这里闲待，会不会破坏大人的雅兴。如果没别的事，飞鸿想就此告辞。"

"急什么嘛！"陈泰钧拉着飞鸿的手说，"我也是很早就习武的，小时候就拜师学习。我师傅私下传授一招数给我，十多年来没遇到过真正的对手。今天你来了，我想献献丑，和你共同探究一下这招数，看看它为什么没人能破得了，不知你觉得如何？"

陈泰钧的这番话，显然是在给飞鸿下战书，飞鸿心里哪会不明白？尽管陈泰钧说得那么厉害，飞鸿心里丝毫都不害怕他所谓的秘招。但飞鸿又觉得，他是大官，自己是一介市民，不便与他比试。于是飞鸿谦虚地说：

"小人这点雕虫小技，怎么敢抱着万一取胜的侥幸心理与大人比试呢！大人稍微弹一下手指，我肯定就倒地了，根本用不着比试。"

陈泰钧笑着说："黄师傅，你不会不给下官这点面子吧！"他的意思很明确，就是不许飞鸿推辞。说完，他从座位上起来，直接来到飞鸿面前，就要动手比试。

因为彼此地位悬殊，飞鸿哪敢与陈泰钧比武。赢了他，让他丢了面子，不知将会招来什么祸事；输给他，自己脸上没面子，直接影响武馆的生意。最好的办法就是不比！想到此，飞鸿拱手说：“不敢，不敢，小人怎敢与提督大人交手。”

这位提督此时正在兴头上，见飞鸿扫他的兴，顿时还真的有点不高兴。他认真地对飞鸿说：“你别败我的兴好不好？否则我真会不高兴了。”

迫于无奈，飞鸿只好硬着头皮上阵。

双方开始比试，飞鸿与陈泰钧周旋，只守不攻。陈泰钧发拳向飞鸿上中门户打去，武官出身的他，出拳异常凶猛。但刚刚与飞鸿手臂相碰，就感到了对方的手臂坚实如铁。

陈泰钧暗吃一惊：此人绝非一般的武师！以前只听别人说他如何如何厉害，今天看他在庙前彩棚表演动作套路老到，多少还有点疑为花架子之嫌，现在一碰就让自己知道对方的实力。

曾拜好几位名家为师的陈泰钧，武术造诣也颇深，所以一交手就能探出对方的斤两。他自己平生最擅长的是“展手”，与他较量的人绝大多数败都败在他的“展手”之下，因此陈泰钧被人誉为“铁展手”。

俗话说，“熟能生巧”。陈泰钧勤练展手，实战中又广泛运用，使他的展手功夫达到炉火纯青的地步。他的手法变化莫测，无论对手如何攻来，不管对方用什么方法，他都能用他的展手破之。交手时，如果被他这一手法所展，没有能逃脱失败结局的。今天与飞鸿交手，他也准备再施其展手。

因为飞鸿不是一般的对手，不施展自己的绝技恐怕难以取胜。打定主意后，陈泰钧再次向飞鸿发起攻击。果然不出所料，飞鸿的拳头刚出击，就被陈泰钧的展手节制，如同被铁板夹住似的，进退不得。

陈泰钧脸上露出了别人不易觉察的得意之色，一旁的左右侍卫在不停地为他叫好。

飞鸿心里很矛盾，他不甘心就此认输，又不能将对手挫败而下不了台。眼看自己的手被对方节制失去自由，又担心对方再生变招最后导致自己失败，毁了自己在武林中的声誉，因此他不得不振作精神认真对付。

为自己的荣誉而战！飞鸿很快作出抉择，他迅速将手势转化成“摇龙归洞”手法，将被夹之手奋力抽回，以破解陈泰钧的展势。同时悄悄地将腿偷入陈泰钧的马内。

身手敏捷的飞鸿用腿往外一弹，两手再向怀内一扳，使出了他著名的“钩外弹三星脚法”。

陈泰钧眼见飞鸿改变招式，急忙脱手自救，但却为时已晚矣，他的全部变化都被飞鸿控制封闭，来不及消解飞鸿的攻势。受飞鸿的“钩外弹三星脚法”一击，陈泰钧马步一摇晃，身体欲往后跌倒。

考虑到他是个大官，为了顾全他的面子，飞鸿怎么敢让他真的倒下去呢！只见飞鸿迅速出手，暗中将他掖住，使陈泰钧不致跌倒出丑。陈泰钧乃道中人，对此怎会不知道。

飞鸿见目的已达到，想就此打住，免得再打下去弄出麻烦来。他拱手对陈泰钧施礼说：“大人真是神功神技，小人佩服，真是佩服，除了佩服还是佩服！”

在一旁观战的，大多不是习武的人。正所谓“内行看门道，外行看热闹”，他们只见黄飞鸿、陈泰钧二人在场上打来打去，似乎彼此不分胜负。这里面的门道，他们是一个人也没看出来。陈泰钧则不同，他武功不错，修行也深，对飞鸿施救，只有他心知肚明。

陈泰钧意识到，飞鸿的武艺确实比自己高出一筹，这位武师不但武艺高强，还能顾全自己的面子，可见他的武德修养也不错。想到这些，他对飞鸿心悦诚服。

陈泰钧发自内心地赞扬飞鸿说：“您的绝技确实名不虚传，今天使我受益匪浅呀！不打不相识，我陈泰钧就愿意交你这样的朋友。今天我请客，大家好好叙一叙。希望黄师傅赏脸。”

看得出来陈泰钧是诚心实意的，既然如此，飞鸿盛情难却之下只有留下来。

于是陈泰钧备了一桌酒菜，与飞鸿高高兴兴地开怀而饮。酒过一巡，陈泰钧委婉地想问飞鸿破解他手段的方法。因为还有其他人在座，飞鸿怕说出来暴露了陈落败的事实，因而不想说，就用眼睛向陈示意。陈泰钧立即明白过来，把酒杯一举：“来来来，大家再干一杯！”

等其他客人吃完走了以后，陈泰钧将飞鸿留下来，两人继续未完的话题。武林人士相聚，自然还是三句话不离本行。飞鸿说：“提督大人的两臂坚实如铁，一定是小时候就苦练功夫，平时又坚持苦练的结果。然而，恕飞鸿直言，现在的练武习拳者，学得种类多却不追求深妙的东西，一味致力于练习硬功与力量，只求获得坚实如铁的美名。”

陈泰钧认真地听飞鸿说着。飞鸿喝了一口茶，继续往下说：“依小人的愚见，即使能将自己某些部位锻炼得坚实如铁而缺乏奇妙的变化，也是没有多大作用的。而且天长日久形成习惯，很难改变。这种人出手总是过于僵硬，过于刚。刚为柔所克，这是天下人都知道的常理。以刚才我俩的较量而言，我的手刚攻进，大人立即就用全力来对付，这种手法虽然是以横制直，但却对步马毫无防备。所以我的手虽然被您所展而不得脱，但却摸到大人的打法是全用于手上，不顾及庄步，这样一来为我偷袭您的下路留有余地。”

“言之有理，言之有理。”

飞鸿接着说：“我的打法很简单，先抽回被展之手，消解被动局面，然后借此作掩护，在你不留意时将腿偷进你的马步内。做到这一点您基本上就要被打败，更何况我用了上扳下弹的办法。从这一点来说，大人手臂力虽大，却又怎么能不被我抓住可乘之机呢？”

陈泰钧对飞鸿的解说，佩服得五体投地。他觉得飞鸿的身手不凡，手臂也一定与众不同，拉过来一看，果然也是坚实如铁。他边看边点头赞叹说：“您之所以能在武林中享有盛名，原来也来之不易啊！”

宾主谈得很投机，双方喝酒也喝得很开心，末了，飞鸿与陈泰钧高兴而别。

与飞鸿分别之后，陈泰钧对飞鸿的武艺武德铭记于心，赞赏之余觉得像这样一个人才，不把他的本领发挥出来为国家所用，实在太可惜。所以他写了封信给记名提督吴全美，极力推荐飞鸿。

记名提督吴全美，也是清军中的名将。中法战争期间，他在广东的清军任头领。其实，吴全美早在此前，因和向荣一起进攻太平天国就已在清军中出名。1854 年春，他与总兵叶长春率水师与太平军水师决战于镇江，双方死伤惨重，吴全美也因此一战成名，深得清廷重任。

1882 年，清政府听从吏部补主事唐景崧的建议，作出暗助刘永福抗法的决策。同时下谕令云南筹兵布防，以便与广西边防军遥相响应。这年 8 月，西线清军以剿办土匪的名义越过边境进入越南。清廷同时密谕广东各兵轮流进行整顿，而由吴全美统领，赴到北部湾廉州、琼州一带操防，并不时驶往越南洋面，刺探确切消息。中法战争正式爆发后，吴全美被授予记名提督，负责广东沿海的防卫。

吴全美到广东任职，转眼就过去了两年多，1885年4月，李鸿章和法国公使巴德诺在天津签订《中法会订越南条约》(即《中法新约》)，中法战争宣告结束。吴全美继续留在广东任职，他在军中的地位更加巩固。

收到提督陈泰钧的推荐信，吴全美会意地笑了笑，心想真是英雄所见略同呀！吴全美早已倾慕飞鸿的武技，知道他在武林的盛名，本来就有起用飞鸿之意。现在一拍即合，他当即让人将飞鸿请到他的府上。

听说记名提督吴全美有请，飞鸿不知道这究竟是怎么回事，但又不好不去，所以心里像悬着十五只吊桶，七上八下。及至见了吴全美，见他面带笑容，这才放下一半的心。

吴全美说："黄飞鸿，知道我叫你来干什么吗？"飞鸿答："小人不知道，请大人明告。"吴全美说："陈提督陈大人向我推荐你，我想聘请你为军中技击教练，不知你意下如何？"

技击教练一职，是定期在将军所部教士兵学习武术，要求不是很高，但工薪也不多。和武术教头相比，没有太大的区别。当年飞鸿的父亲麒英在镇粤将军所部任此职，每月才白银三两六钱，不够补贴家用，飞鸿父子还得上街卖艺。

吴全美见飞鸿还在考虑，他没有急着催他表态。飞鸿告诉吴全美："小人曾受聘于广州水师，担任其武术教头。"

"那不一样，你那是临时性的。我既然诚心诚意请你，在工薪方面也会考虑多给一些，还有，你可以享受和在册军官一样的待遇。"

吴全美还给飞鸿讲了一通大道理："现在国家内忧外患，太平军剿灭才多久，外国蟊贼又不断蚕食我大清国土。国家兴亡，匹夫有责。你虽练就一身好功夫，但如果不出来报效国家，不把这身绝技发挥作用，与一般的百姓又有什么区别呢！"

一番话说得飞鸿点头称是。飞鸿看看面前这个老头，心想他还真有两下子，能武还能文的！当时飞鸿就答应下来。

吴全美说："你能答应，我很高兴。明天你就来上任，到军务部门领套官服，名正言顺地做我们的技击教练。”

第二天，飞鸿到吴全美所辖的军中报到。他领了一套官服，穿在身上，觉得挺合身的，到镜子边照了照，越看越满意。

吴全美让飞鸿坐在椅子上别动，飞鸿不知他的用意，正在纳闷之时，吴全美请的画师进来了。吴全美吩咐画师：“好好给我们的军中技击教练画张像，画好了重重有赏！”

飞鸿端坐在那里，任画师为自己绘肖像。画师绘制好后给他看，他觉得画得非常好。画上的飞鸿身穿官服，方宽的大脸，长着一对罗汉眉，眉长至垂下，耳朵又大又长。看到自己这样威武雄壮，飞鸿打心底里高兴。

上任的第一天，吴全美一身官服穿戴得非常整齐，亲自陪同飞鸿到军中。他对士兵们介绍说：“今天，我把在武林中大名鼎鼎的黄飞鸿黄师傅给你们请来了。从今天起，他将担任你们的武术教练，希望大家好好地跟着他学技艺。”

士兵中有不少人听说过黄飞鸿和他的传奇故事的，大家报以热烈的掌声欢迎飞鸿。

担任军中技击教练后，飞鸿把主要精力放在教士兵的武术上。他觉得教士兵习武与教一般的老百姓不同，军队面对的是国家的敌人，因此意义更大。正因为如此，他在教广州水师和吴全美的部队时，教得格外认真，花费了很多心血。

顾此就会失彼，因忙于军中教武，他无暇兼顾自己所开的几家武馆。第七甫水脚武馆的生意，主要由林世荣代管，他有时间也去教教徒弟们。而西关回澜桥武馆的生意，却一时找不到合适的人来照看。

林世荣对飞鸿说：“要不就这样吧，第七甫水脚这里由师公撑着，我到西关回澜桥去。师傅，你觉得怎么样？”

这本来不失为一个好办法，但飞鸿没有同意这样做，因为他知道父亲的身体状况已不容乐观，再让他受累后果不堪设想。一时拿不出更好的办法，飞鸿对林世荣说：“容我考虑一下再说吧！”

西关一带人员复杂，这里既有不少工厂和商贩摊点，还有不少外国商人居住。矛盾错综复杂，纠纷常常发生。在这里开武馆授徒，如果不管教好那帮徒弟，很容易在外惹是生非。此外，一些外国武士经常出入这一带，为他们的商人充当保镖。这些保镖闲着没事，常常喜欢到中国的武馆挑衅。没有相当的武艺和处事不惊的魄力，恐怕很难在此立住脚。

飞鸿想来想去，决定关闭回澜桥武馆。

关闭武馆这可不是件小事，在圈内外都会引起反响。对于这个决定，飞鸿觉得应该征求一下父亲的意见，就把自己的想法告诉了麒英。

麒英认为，军中技击教练与自己的武馆孰重孰轻，当然得由飞鸿自己定夺。这个问题解决了，一切都好办。既然飞鸿选择了军中技击教练，那就应该停办回澜桥的武馆。

“我这身体，没法子帮你。而你要是收徒太多，自己又无暇指教，他们在外闹出什么事来，岂不毁了你做师傅的名声？要是徒弟们都集中到这边来，我还可以适当指教，你也不必兼顾两个武馆。”

飞鸿说：“老爸的话，正合我的心意。只是停办回澜桥武馆，江湖上的人会怎样看我黄飞鸿？他们会不会认为我办不下去而不得不关门？”

麒英安慰飞鸿：“有些问题，不必考虑太多，如果干什么事都顾虑重重，那就什么事也办不成了。行内人士大都知道你到军中任职一事，江湖上你名气也不小，再说武馆的兴衰平时也可见一斑。此前回澜桥武馆红红火火，这是人人皆知的事，你大可不必有什么顾虑。”

既然父亲也这么说，飞鸿便下定了决心。

林世荣见了飞鸿，告诉他一个消息：雷善德被人杀了！

“好啊，大快人心！”飞鸿高兴之余，问林世荣，“你从哪知道的？到底是怎么回事？”

林世荣回答：“从武林朋友那获悉的，情况千真万确。”至于是怎么被杀的，林世荣对具体情况也不是很清楚，只是听说因为斗蟋蟀请人做“护草”，雷善德又玩老千，被对方查出后不肯付钱，双方“护草”一场混战。雷善德请的“护草”被打成重伤，雷出了对手的钱后却不肯付自己“护草”的钱。“护草”受伤治病花钱不少，却拿不到雷善德一分一厘，越想越气，伤好之后再向雷讨要，雷不给，“护草”一气之下就把雷善德给杀了。雷善德被杀后，他老子气得也一命呜呼。

“大快人心啊！”

“这个护草不会是陈来吧？”

林世荣摇摇头："他又没被师傅打成重伤，再说他也没有那么大的胆子，不可能是他。"

几天后，飞鸿正式停办了回澜桥武馆，并出告示让学徒到第七甫水脚习武。回澜桥武馆停办后，飞鸿致力于军中教职，不久家庭再遭变故。欲知变故详情，且听下章分解。

第十三章
悬壶济世

黄飞鸿三十岁那年，父亲病逝。临终之前，麒英一再叮嘱飞鸿弃武从医，飞鸿照办了。他关闭了第七甫水脚的武馆，辞去了军中技击教练一职，在仁安街创办宝芝林。为体恤穷苦人，他将药方张贴公布。抗法英雄刘永福坠马受伤，军医久治不见效，请飞鸿医治却立竿见影。刘永福特意请两广总督为飞鸿题字，不久又要聘他为军医官和技击教练，飞鸿该怎么办？

第十三章 悬壶济世

1886年1月，在中法战争中屡建奇功的黑旗军将领刘永福被清政府收编后，率军进入广州。广州军民对这位民族英雄和他的军队夹道欢迎，飞鸿目睹了这异常热烈的一幕。

从吴全美的军队教完武技回到家，飞鸿每天第一件要做的事便是给父亲熬药。黄麒英的病一天天加重，过完年后已经卧床不起。尽管有家人在身边照料他，作为儿子的飞鸿还是不放心。

飞鸿甚至想辞掉军中教练一职，专门陪伴在父亲床边。麒英觉得没有必要这样，不让飞鸿辞职。在麒英看来，飞鸿任军中技击教练，一是为国报效的需要，二来也是回报吴全美的知遇之恩，所谓“士为知己者用”。

到后来，麒英的病更加重了，飞鸿以父亲病重为由，想辞去其军中之职。吴全美不允，飞鸿就向吴全美请假，专门侍候父亲。他四处找名医来为麒英治病，但吃了很多药，都不见有什么疗效。尽管如此，飞鸿仍在四处打听名医，希望能将父亲从死神那里拉回来。

麒英自知难逃大劫，就让飞鸿坐在他的病床边。他对飞鸿说：“人都有生老病死的时候，这是谁也免不了的。我年纪这么大，死了也不算短命。你现在也到而立之年了，又创了一定基业，我还有什么可遗憾的呢！但我有些话，还是要告诫你。我们父子俩在江湖上沉浮多年，才摆脱街头卖艺的生活，开馆授徒，过上安定的日子。”

飞鸿对麒英说：“我在听你讲，你慢慢说。”

麒英接着说：“尽管现在我们衣食无忧，但终难出人头地，这一点你要有清醒认识。我已把治疗跌打损伤的药方教给了你，你已懂得治伤技术，并且替人家治了这么多年伤病，也有一定的经验。我认为，以治病为业，要比靠拳头混饭吃更好。

“靠拳头挣饭吃，打打杀杀，结怨必然很多；以治病谋生，积善积德，可以广结人缘。我想让你放弃教武艺，经营药店同时给人治伤为生。因为教武艺得到的学徒费有限，一个徒弟跟你学一个月下来，才给几钱银子，而你却要花很大心血去教。

“退一步说，即使不计较收入低这一点，作为教人练武的师傅，经常还要被徒弟所牵连。”

飞鸿知道父亲这话的意思，并不仅仅因为教武的收入低，的确有不少徒弟武德差，出去肇事往往使他们的师傅受到连累。有的是师傅为徒弟出头，结果自己挨打；有的则是徒弟在外斗殴，师傅赔钱还坏了名声。

麒英语重心长地说：“我靠武艺谋生数十年，在江湖上也有一定名气，但我从来没有开武馆教徒弟，只把武艺传授给了你一个人，我的良苦用心你应该理解啊！”

麒英还提到飞鸿的徒弟梁宽，说不知道他在香港怎么样了，还说常为他喜欢惹事这一点担心。而后，麒英回到前面的话题上：“我很多次想跟你说，放弃教人练武的职业，但在你还没有一定的知名度时，我想你也不一定会接受，所以想说还是没说。”

“现在你已经在武林中小有名气了，生活也比以前安定了许多，我才提出来。”麒英说他分析自己所患的病症，一天比一天厉害，估计离开人世已不会太久，所以在临终之前，更觉得有必要把此事向飞鸿提出来。

临终之前，麒英再一次叮嘱飞鸿：“一定要放弃教武这行当，转到经营药店上来。卖药虽利润较薄，也要比教武更有保障，更让人放心。俗话说‘人之将死，其言也善’，希望你不要忘记做父亲对你说的这些话。”

飞鸿毕恭毕敬地听着，不觉流下了两行泪水，父亲一生对自己百般呵护，临终前还在为他后面的生活道路进行指点，怎能不令人动情呢！当时飞鸿就含泪表示，一定谨记父亲的教诲，改武从医。

过了几天，麒英病逝。飞鸿悲痛欲绝，他按当时的风俗礼仪，举行了丧葬仪式，将父亲安葬在广州白云山麓。

按照父亲生前的遗嘱，飞鸿忍痛关闭了第七甫水脚的武馆。林世荣和邓秀琼等徒弟依依不舍地离开了武馆，临走前林世荣问飞鸿："为什么非关闭武馆不可？"飞鸿只好如实相告。戚继宽、邓秀琼等人表示："我们永远是您的徒弟，希望师傅有空时继续指导我们练功。"

飞鸿拉着林世荣的手说："你师公的话说得有道理，希望你们能理解。这个武馆停办了，你正好可以自己独立开馆。跟我学了这么多年武艺，你的功夫，还有云阶、殿标他们的武技都很不错，完全可以自立门户。"

飞鸿转身对他教的女徒弟邓秀琼说："你对习武那么执着，精神可贵。今后要坚持习武，就算是强身健体也行。不懂的地方，可以去向师兄求教，也可以直接来问我。"

邓秀琼眼眶潮潮的，她懂事地点了点头。

陈殿标问："师公生前让你改行开药店，你准备在哪里开？"

"还没考虑好，现在你们的师公刚走，我哪有心情考虑这个问题，过段时间再说。"

凌云阶和林世荣都说："师傅要注意身体，节哀顺变吧！"

徒弟们走后，飞鸿一个人待在房里，他回忆起儿时与父亲一道上街卖艺的情景。这一切仿佛就发生在昨天，然而父亲说走就走了，看着父亲留下的一些物品，睹物伤情，他禁不住又流下了眼泪。

父亲不主张自己以授武为业，飞鸿决定辞去军中技击教练一职。可是怎样向吴全美开口呢？在飞鸿看来，吴全美待自己不薄，突然提出辞职，他难以开口，吴全美也未必会答应。

飞鸿犹豫之间，不觉过了一个月，当他打定主意向吴全美开口提出之时，吴全美也患重病在身。没几天，吴全美去世，距麒英辞世仅一个多月。这样，飞鸿就毫不犹豫地辞掉了军中技击教练一职。

接连遇到亲人和朋友去世这种事，飞鸿的心情很不好。家人见他不开心，就建议他出去走亲访友，游览风景散散心。飞鸿觉得有道理，就往佛山投亲访友。

佛山米商的儿子吴友梅，是飞鸿的一个熟人，飞鸿到佛山拜访他时，他正躲在家里不敢出门。飞鸿一问，才知道他被地痞徐华敲诈。

原来吴友梅喜欢看戏，在看戏时认识了徐华。徐华与烟花女子三姑娘相好，知道吴友梅家有钱，就想敲他一笔。他有意介绍吴友梅与三姑娘认识，设下圈套让吴友梅钻。

三姑娘以让吴友梅教她写字为由，不断用身体去撩拨吴友梅。晚上又留吴喝酒，喝得有几分醉的吴友梅，与三姑娘欢爱在一处。徐华敲门，进来后三人都很尴尬。此后徐华不停地向吴友梅“借”钱。开始几次，吴借给了他。后来识破了他的诡计后不再借给他，徐华便原形毕露，称吴友梅横刀夺爱，勾引朋友之妻，如果每月给他百金就不把此事张扬，否则不但张扬出去，还要用尖刀奉陪！

开始徐华还按月要钱，到后来十天就来要一次。吴友梅没法支付了，他就对吴说：“我的尖刀已经磨好了，你只要一出门身上就会被扎几个孔！”吴友梅从此便不敢出门。

飞鸿听了吴的叙说，批评吴不自重，同时出于朋友情分，表示愿意出面为吴摆平此事。飞鸿告诫吴友梅，此事解决之后他要好自为之。

而后飞鸿让吴出去喝茶，将徐华引出来，吴友梅只好照办。果然徐华很快就盯上了吴友梅，他把刀往外一拔，吴就吓得想逃走。

飞鸿见他拔刀，立即出手握住了徐华持刀的手臂，徐华感到被握的手臂像被锥刺一样痛，手中的刀坠落在地上。飞鸿警告他说：“你这浑小子用杀鸡都杀不了的钝刀，想吓唬我的朋友，有我在，你就休想放肆！”

徐华瞪大眼睛看着飞鸿。飞鸿告诫他：“我是什么人，谅你也不知道。现在可以明白告诉你，我是广州的黄飞鸿！”徐华一听，立即惊慌失色，他早闻黄飞鸿大名，知道其武艺高强，绝非等闲之辈，当时慌得不知如何是好。

见徐华脸色吓青了，飞鸿对他说：“你不必如此害怕，我又不会吃人。我无非是要调解你们俩的纠纷罢了。你为何要设陷阱诈我好友之财？为一个浪荡女人而想杀人，杀人偿命，难道连这点道理你都不懂吗？”

徐华不敢吭声，飞鸿警告他：“你不要再起事端，否则我一动手，你就会体无完肤了！”徐华获知吴友梅是黄飞鸿的好友，哪敢再生事，只有唯唯诺诺地点头答应。

一切纠纷就这样化解了。吴友梅千恩万谢，非要留飞鸿在佛山多住几日，飞鸿只得由他。

从佛山回到广州，飞鸿开始筹划开办药店一事。药店与武馆不同，选址更为重要。作为营业商铺，需要考虑人流量多少，还要考虑患者买药是否方便等。太繁华的地段房租高，太偏僻的地方又没生意。考虑来考虑去，飞鸿决定地点还是放在一个适中的地段为妙，这样便选中了广州仁安街的一处商铺。

商店都有名号，许多老字号凭名号就可产生可观效益，给自己的药铺取个什么名字呢？朋友们结合他医馆的特点，给他提了不少名称作参考。飞鸿也认为要能体现自己药店的特色，即是以治跌打损伤为主的草药店。想来想去，他后来确定以宝芝林作为医药馆名称。

1886年的一天，宝芝林医药馆在广州西关仁安街隆重开业。林世荣带着飞鸿的其他徒弟前来舞狮祝贺，陈泰钧提督也到场，加上其他朋友捧场，开业庆典搞得热热闹闹。

医药馆门上写着“宝芝林”三个字的牌子熠熠发光，门前悬挂着一副对联，左联为“宝剑出鞘”，右联为“芝草成林”。

陈泰钧问飞鸿为何选择在西关的仁安街开办宝芝林，飞鸿说：“因为曾在西关开过回澜桥武馆，这一带知道我黄飞鸿的人多，再说这里商业发达，适合开店。”

陈泰钧又问：“你父亲黄麒英与你祖父黄镇江曾开设‘泰康堂’，专营医药，你为什么不用祖上药店之名呢？还有旁边这副对联，有什么深刻含义？”

飞鸿回答说：“父亲和祖父开的‘泰康堂’主要经营生草药，药店的影响不大，所以我想另起炉灶。至于对联的含义，你我都是习武出身，自然不如读书人理解得快。前一联，大意是说我这个开药店的是一介武夫，所经营的药也和跌打损伤有关；后一联的‘芝草’是用灵芝来作比，大意是我这小店里有些治病的良药。是不是不够谦虚呀，让提督大人见笑了。”

“哪里，哪里！黄师傅治跌打损伤，是祖传绝技，在广州乃至整个广东都鼎鼎有名。我相信，你的‘宝芝林’一定会兴旺发达的！”

“谢谢提督吉言，飞鸿敬您一杯！”

飞鸿的父辈开药店时，就将百姓疾苦当成自己的疾苦对待。麒英开生草药店时为缺衣少食的穷苦人看病，分文不取还送药。这种乐善好施的美德，使飞鸿从小就受到影响。现在他自己当家做主开药馆了，怎么能失掉祖传的美德呢？

宝芝林开业后不久，飞鸿体谅穷苦人生活的艰难，就向社会献出跌打药酒良方。在宝芝林门前的小广告牌上，常贴着这样的药方：牛大力一两，千斤拔一两，半枫荷一两，宽根藤一两，田七五钱，金耳环五钱；以上诸药浸酒一斤五两，十五天后可用于骨头未折、皮肉未开之一切跌打肿痛及练功积瘀、跌打损挫之伤。药方还注明，此药方的功效在于“活血散瘀，消肿止痛”。

飞鸿贴出的这张药方用药不多，但胜在少而精，它配搭合理，恰到好处。相传这是少林派拳师陆阿采传给黄麒英，再由黄麒英传给飞鸿的。此后由飞鸿传林世荣，由林世荣传他的弟子关坤等。该方药简而效验，故一直沿用至今，为伤科通用良药，治疗练功中的伤瘀有奇效。

因为这个药方用药不多，能使老百姓用最少的钱达到治好伤病的目的。飞鸿不但公布药方，还教他们如何炮制使用，许多广州的老百姓都知道这个药方，西关一带的苦工都打心底里感谢飞鸿，因为他们卖苦力常常免不了损伤，因而经常用到这个药方。

一心一意悬壶济世的飞鸿，对祖传的一些药方也加以研究，不断改进。经过他的努力，“刀伤散”和“武夫大力丸”的疗效大大提高，其医术和医德，深得社会各方面人士的称赞。宝芝林开办不久，声名就大振。尤其是其医治新旧患跌打创伤的武夫大力丸，与当时著名的李广海跌打丸、何竹林的跌打风湿膏、梁财信的跌打膏药并称为伤科四大名药，享誉省港澳。

林世荣、邓秀琼等徒弟经常到宝芝林来看望师傅，有时也向飞鸿讨教武技上的事。徒弟们都很关心师傅，看到飞鸿还是孤身一人，都劝他要成个家。邓秀琼说：“要是有师母关照您，我们也就不必老为您担心了。”

飞鸿苦笑着说：“我谢谢你们的关心，你们不是不知道，师公刚去世不久，按风俗我也得守孝呀！重孝三年，这是规矩。这事只有以后再说了。”

林世荣告诉飞鸿，他想开武馆授徒，为了生计，也为了不使师傅教的武技绝招失传。飞鸿表示：“我一向支持你开馆授徒，如果有什么困难，我能解决的都会帮你解决。只是你要记住一点，要让你的徒弟们不要恃武滋事。”

问及他的武馆准备开在哪里，林世荣说：“我想离师傅的宝芝林近一些，就在西关附近吧！这样有什么问题要向师傅讨教，也更方便些。”

飞鸿表示赞成，并让林世荣稍坐几分钟等他一下。他自己找了纸笔，抄了两张药方给林世荣。林世荣打开一看，上面写着：

达摩药洗方之一：地骨皮一两，食盐少许；以上二药用水煮之，洗浴淋身，可滋养肌肤，通畅血脉。

达摩药洗方之二：蛇床子一两，生甘草一两，地骨皮一两；以上三药用水煮之，洗浴下部，亦可滋养肌肤，通畅血脉。

飞鸿交药方后告诉林世荣："凡修炼硬功，须逼力外泄，故容易动火，火升则血枯。用第一个药方的好处在于，地骨皮可清洗泄热，加盐软坚导滞，这是练功的人必备良方。至于第二方药的功用，练腰马下盘功夫时，用此方洗用，效果显著。"

林世荣过去也用过这些方子，但那时自己练功，没有关注具体的药。现在要开馆授徒了，师傅想得如此周到，令他十分感激。

按下飞鸿师徒的事不表，单说黑旗将军刘永福进广州城后的事。这位大名鼎鼎的将军在一次出巡时，意外坠于马下，跌断了腿，动弹不得，整天卧在床上，痛苦异常。军营中的医官为他治了十多天，一点疗效也没有，而且他的腿痛得一天比一天厉害。

提督陈泰钧与刘永福交情不错，当他知道刘永福受伤久治不愈后，立即想到了飞鸿。他派人将飞鸿请来，据实相告："我知道你治跌打损伤很有一套，想推荐你为我的好友刘永福治伤。"飞鸿一听"刘永福"三字，立即问陈泰钧："这个名字怎么听起来很熟，是不是黑旗将军刘永福？"

陈泰钧说："正是。"飞鸿又说："刘将军的军营中有跌打名医，为何不让他们治疗而舍近求远来找我呢？"陈泰钧于是将刘永福军营医官治疗不见效的情况如实告诉飞鸿。

飞鸿当即表示："提督大人交代的任务，小人岂敢违抗。只是刘将军的军营中已有医官，如果我把将军的腿给治好了，那么军医官的饭碗岂不是保不住了？同是以行医为谋生职业的人，我怎忍心让人家失业而影响他和他家人的生活呢！这种事我不敢做啊！"

陈泰钧说："你这种顾虑是多余的。要知道，医生的天职是为人治病解除痛苦，只要做到了问心无愧就行了。况且，刘将军是朝廷命官，他和他的军队负有保家卫国的职责，就是不考虑他是我的朋友，也应该深明大义为国为民着想。把别人的饭碗看得太重，这样顾虑太多，是女人的所为，实在不足取。"

本来飞鸿是出于同情心才顾及同行饭碗的，现在被刘永福这位提督朋友陈泰钧晓之以理，深明大义，他听后连连点头称是。

在提督陈泰钧的陪同下，飞鸿带着药箱来到刘永福的军营，侍卫带他们进去为刘永福看病，陈泰钧陪在一旁。

刘永福想起身相迎，陈泰钧制止他："不必这么多礼了，你的伤还没好呢！"飞鸿一眼看去，刘永福长得异常英俊，浓眉大眼，耳长鼻高，大嘴宽唇，一看就是个久经沙场的人。

刘永福也听说过黄飞鸿的大名，这次因伤才得以幸会，他说："过去我的军医用跌打药治疗军士的伤病总是药到病除，不知为什么这次我的病就不见效，有劳黄师傅了。"

"刘将军不必客气，替您治病这是我应该的。"飞鸿为刘永福解开所敷的药，细心地检查他受伤的地方，并关切地问"痛不痛"？挨到痛的地方，刘永福如实相告。

检查完毕，刘永福急着问飞鸿："伤情怎么样？"飞鸿告诉他："将军的伤是麒麟髀较骨（髋关节）脱臼，这种伤是人体骨胳中最难治的。因为这一骨位在臀部，周围筋多肉厚，治起来困难。如果只用药物治疗，受伤的地方很难复原，用贵重的药也没用。"

刘永福问："那怎么办？难道就没法治？"

飞鸿安慰刘永福说："大人不必担心，总会有办法的。我个人认为，您的伤要药治和推拿疗法一起用，才能尽快好起来。"

陈泰钧在一旁听后频频点头。

刘永福说："黄师傅说得很有道理，既然如此，那还等什么呢？请为我动手推拿吧。"

于是飞鸿卷起袖子，为刘永福推拿。推完之后，再给他换上自己的跌打损伤药。经过几天的治疗，刘永福的伤情立即得到好转。又过了几天，他的伤病居然全好了。

"真神，七天就治好了，真的是个神医！"

刘永福对飞鸿的医术赞不绝口，当场写了"术精药妙"几个字赠给飞鸿。为了表示谢意，他决定送一块横匾给飞鸿，以表彰他的医术。为此，刘永福还费了不少心思。

首先是写什么字？行医的人，当然喜欢宣扬医术高明，而飞鸿开药馆兼行医，要顾及这两方面才行。想来想去，刘永福最后决定送他"医艺精通"

四个字。

刘永福是行伍出身，文化程度有限。他想题这几个字，当然应该请文坛或政界名流来题，才更有它的价值。所以他碰到的第二个问题，是请谁来题写的问题。

陈泰钧？不是最理想。对，请张总督题写，他大名鼎鼎，对黄师傅更有帮助！

刘永福准备请两广总督张之洞亲笔为他写这几个字送给飞鸿。这个张之洞不仅在广东，当时在全国都鼎鼎有名。

1837 年张之洞出生于贵州兴义府他父亲当官的地方，4 岁读私塾，15 岁应顺天府乡试，中一名举人。1863 年入都会试，中一甲三名，赐进士及第。十年后奉旨任四川乡试副考官，并于当年任四川学政。他整顿四川科考积弊，使该省科场面目一新。

1879 年 3 月，张之洞补授国子监司业。同年清政府派大臣崇厚出使俄国，谈判归还伊犁问题，崇厚签订了丧权辱国的《里瓦几亚条约》，张之洞主张将崇厚交刑部问罪，并指斥袒护崇厚的李鸿章拥兵畏战。此奏折引起重大反响，两宫及太后召见张之洞。

1884 年法国侵略越南，桂、滇军队赴越支援。法军入侵中国台湾、福建沿海一带，形势急迫。张之洞调任两广总督后，视察外海、内河各炮及广州城防陆军营垒情况，筹办沿海各州水陆军事防务。

刘永福与张之洞结下深厚友情，也正是这次中法战争促成的。当时刘永福在越南抗法，张之洞多次给朝廷上奏章，力主优用刘永福，给黑旗军以合法地位，请派在闽的吏部主事唐景崧回营募兵，出镇南关（今友谊关），与刘永福联合御敌。

清政府于 8 月对法宣战，依据张之洞建议，授予刘永福记名提督衔，赏戴花翎，拨给黑旗军饷银二万两及军械等。刘永福与唐景崧部配合，在抗法战争中起了重要作用。后来张之洞又奏请朝廷起用老将冯子材，并送饷银五万两。冯子材大败法军于镇南关，并收复谅山、长庆等地，大获全胜。李鸿章听从在广东海关税务司任职的德国人德璀琳蛊惑，奏请朝廷停战议和，导致“中国不败而败，法国不胜而胜”。

张之洞任职两广期间，还于 1887 年奏请清廷同意，在广州设立了广东陆师学堂和广东水师学堂。陆师学堂聘用德国军官教练，水师学堂聘用英国军官教练，还将学习优秀的人送到外国去深造，可见他很重视先进技术与人才。

尽管张之洞是个封建官吏，但在任人唯贤这一点上，却有许多值得赞誉的事例。刘永福本是农民起义军一领袖，失败后带领义军残部潜入越南发展。张之洞能力主用他，使刘永福对张甚是感激，两人的关系因此很不错。当刘永福找到张之洞，要他写"医艺精通"几个字时，张之洞二话没说就挥笔上阵。

没过几天，刘永福把张之洞写的这几个字镶在木匾里，派人敲锣打鼓送到了宝芝林。飞鸿知道这是两广总督张之洞的墨宝后，对它格外珍惜。

一天，刘永福设宴酬谢飞鸿，飞鸿推辞不掉就前往赴宴。为使酒宴气氛热烈，刘永福邀了不少好友和下属作陪。飞鸿到了以后，刘永福非常郑重地让飞鸿坐上席，把他奉为上宾。他还亲自为飞鸿倒酒，一次又一次地给飞鸿敬酒，使在座的都对飞鸿刮目相看。

酒喝得差不多的时候，刘永福指着远处坐着的一位下属对飞鸿说："他是吉林人，名叫汪天寿，祖上三代都以打猎为生。他从小得到家传武技，拳棒都很精通，尤其最擅长的是鲁智深那样的醉拳。我了解他的武艺，所以聘他为军中技击教练。"

飞鸿边听边看坐在远处的汪天寿，只见对方身材魁梧，长得极为壮实，从外貌上看是个典型的东北汉子。

刘永福接着说："黄师傅您是岭南武林高手，所以介绍你们相识，你们可以互相切磋武艺，你们的武艺提高了，我的士兵也可间接受益。"说着，他让汪天寿过来，介绍飞鸿与他认识。

飞鸿拱手行礼，汪天寿站在面前时，他见汪长得蜂腰猿臂，燕额虎颔，一看就知是训练有素的武林高手。两人都是武林中人，交谈几句之后，就谈到武技上来。

飞鸿说："据刘将军介绍，您最擅长的是醉拳，这绝技在南方极为少见，它的名称也很新颖，能否请您介绍一下以增长知识？"

汪天寿笑着说："这点小技不值得一谈，刘将军太过奖了。既然黄师傅想知道，岂敢不告诉您呢！传说这套拳是鲁智深在五台山出家时所创，他喝醉酒闯山门用的手法。因为它步法走势飘忽不定，故称之为醉拳。打法上不按规矩套路，比起武松的'鸳鸯腿'来更散漫无序。"

这位东北武师告诉飞鸿，醉拳之所以比其他拳法更注重跌扑，是因为这种东倒西歪的姿势，可以变化出种种声东击西、指前打后的招数来，借以诱敌，攻击对手的破绽。练这种拳术，先要将各种跌法练熟，然后掺杂攻守各式加以运用。

飞鸿听后，获益匪浅。醉拳变化多端，发挥自由的特点，如果能加以借鉴，不是一大新收获吗？想到汪天寿三代都是猎户，他家的武技肯定还有许多与众不同的地方，飞鸿认为他所擅长的就是自己不了解的。汪天寿为人随和，飞鸿与他成了朋友，有空就去拜访他，向他学醉拳等武技。

刘永福也是个很重才的将军，飞鸿高超的医术和出众的武艺，给刘永福留下了极深的印象。他想将飞鸿拉到他的军营中来，更好地发挥飞鸿的作用，就让陈泰钧试探飞鸿。

"黄师傅，刘将军的军营里，现在很需要像你这样文武双全的人才。当然，我所说的文，是指你的医术，而非著书立说。假如刘永福将军需要你，你是否愿意重返军营？"

飞鸿很感激陈泰钧对他的举荐，如果不是陈泰钧，他就不认识吴全美、刘永福等人。但父亲临终前对他叮嘱过，不要再以授武为业。因此他对陈泰钧说："感谢提督大人的好意，如果刘将军与我提出此事，我会认真考虑的。不过先父临终前有言，不希望小人再以授武为生，故辞去吴全美大人军营的技击教练一职。"

陈泰钧问："如果让你担任技击教练，你就不去啰？"

飞鸿点点头。陈泰钧说："授武也要区别对待，开馆教徒授武是一种，到军中任技击教练又是一种，两者是不同的。前者乃江湖之道，故你争我夺，结怨就多。后者是为国效劳，没有江湖之争，也不致结怨构仇。你应该区分对待。"

这些道理，说起来飞鸿也懂，但他还是没有答应。陈泰钧见他不吭声了，就说："回去好好想想吧，我认为你会想通的。"

几天后，刘永福正式出面找飞鸿，郑重提出要聘请他担任福字军的军医官和技击教练。飞鸿说："刘将军，军医官一职和技击教练，您的福字军中不是早已有了吗？如果你认为军医官治病不力还可理解，汪天寿师傅的武艺并不差呀！你让我去的话，岂不砸了人家的饭碗？"

刘永福回答："这不是你考虑的问题，你只说你答应不答应？"飞鸿表示要认真考虑考虑。飞鸿最终是否答应刘永福，且听下章分解。

第十四章

铁血抗倭

1888年，黄飞鸿就任刘永福『福字军』军医官和技击总教练。中日甲午战争爆发，北洋海军被日军消灭。清政府中的投降派议和，签订《马关条约》，割让台湾及周围岛屿。飞鸿随刘永福的黑旗军入台抗击日本侵略者，他主动请缨要参加新竹保卫战，在嘉义之战中带兵勇引爆地雷。由于清政府不给枪械粮饷，抗日军民弹尽粮绝，台南失陷之时他与刘永福回到广州。

第十四章 铁血抗倭

刘永福要聘黄飞鸿为军医官和福字军技击教练，因为他对飞鸿的武艺高强、医术精通这两点特别赏识。飞鸿答应考虑，没有明确答复，刘永福决意再做飞鸿的工作。

那天刘永福又请飞鸿吃饭，飞鸿知道他的意图，不能不去应酬。几杯酒下肚，刘永福问飞鸿："事情考虑得怎么样了？"

飞鸿笑着说："还没最后定夺，不过您放心，这件事在今天的酒桌上一定作出决定，否则就只准我爬回去，不让走回去！"

刘永福一拍桌子，大叫一声："好！就这样干脆点才好！现在你我都摆出各自的理由来。你先摆还是我先说？"

"那就我先吧！"飞鸿说，"我不是不愿意跟着将军干，主要是先父临终有言，不让我再授武；还有一个原因，就是真的怕砸了同行的饭碗。"

"还有吗？"刘永福停了一下，见飞鸿摇了摇头，他接着说，"没有，那就轮到我说了。我认为你应该出任我福字军的军医官和技击教练。第一条理由，因为这是为国为民出力。如果仅仅从个人考虑，我也情愿当我的义军首领。"刘永福讲了他的人生经历给飞鸿听。

刘永福 1837 年生于广西防城小峰，他家世代贫寒，为生活所迫一再迁徙。青年时代刘永福依靠堂兄弟在平福开荒种地过活，当时清政府腐败，灾荒频繁，农民起义风起云涌。洪秀全金田起义，群雄响应。刘永福兄弟于 1857 年蓄发加入天地会，投身农民起义行列。

最初刘永福在天地会首领吴凌云的部属郑三的手下任先锋，他率部打垮以巫必灵为首的地方武装，队伍迅速扩大。清政府加紧围剿广西义军，吴凌云壮烈牺牲。1886 年刘永福率两百余人与吴鲲的义军会合，经过扩充整编，组成一个旗，刘永福被任命为旗头，不久他坐上起义军的第三把交椅。他看到北帝庙周公像手执一面绘有北斗七星图案的黑色三角旗，就仿制黑旗作为自己队伍的旗帜，他的这支队伍常举黑旗作战，因此被人们称为黑旗军。

因与其他两位义军首领意见不统一，1867 年刘永福率自己部队转移到越南。以越南苏圩为根据地，此后不断扩大地盘，最终将保胜至河阳的广阔平原和深山密林作为根据地。黑旗军在当地剪除土匪恶霸，深得越南人民赞誉和拥护。1867 年法国侵略者强占了越南的南半部后，疯狂向北部进攻，妄想灭亡越南再入侵中国。刘永福的黑旗军投入抗法斗争中。

“1873 年 12 月，黑旗军在河内郊外与法国殖民军交战，我们先佯败诱敌，等敌人进入伏击圈，我们冲上去血搏，打得敌人溃不成军。我的部下还杀死了敌人的头儿安邺。谁知十年之后，法国鬼子又发动侵越战争。”

讲起过去的事，刘永福似乎有说不完的话。飞鸿知道后来刘永福和他的黑旗军在抗法战争中，取得了纸桥战役的胜利，进行了惨烈的怀德之战，越南山西、临洮保卫战等。清政府采取胁迫利诱、恩威兼施的手段，逼刘永福率部回国，1885 年 8 月刘永福起程回国，同年 11 月抵南宁。1886 年春清政府委任刘永福为闽粤南澳镇总兵，从此他进入广州。

“扯远了，还是回到原来的话题上来吧！”刘永福说，“我说的第二条理由是，到军中任职比你开医药铺好。令尊不希望你卖武授技，很大原因是收入没保障，容易结怨惹是非，到我的福字军来，这些问题都解决了。生活有保障，也没人敢找你麻烦。至于第三点，就是你担心砸同行饭碗的事，那更是多余的。”

飞鸿问：“您如何安置那些人呢？”

刘永福回答：“这太好办了，我的军队不在乎多一两个士兵，也不在乎多个把军医官和技击教练。军中能人越多越好哇！医官照样让他当，汪天寿也照当他的技击教练，我聘你为军医官和福字军技击总教练，这总行了吧？”

一番推心置腹的谈话，打动了飞鸿，也使飞鸿更进一步了解了刘永福的为人，增加了对他的崇敬感。飞鸿没有理由再拒绝他的聘请，他向刘永福表示：“恭敬不如从命，从今以后我就是你福字军的人了！”

“欢迎啦，我代表福字军全体弟兄欢迎你。今后咱们好好合作，为国家，为老百姓多做点有益的事。”

就这样，从1888年开始，飞鸿担任刘永福的军医官和福字军技击总教练。在福字军中，飞鸿教士兵们练习拳脚，同时与汪天寿切磋武艺。他不摆架子，醉拳方面不如汪天寿，他就请汪手把手地教。经过一段时间的练习，他的醉拳进步神速，其领悟能力之强，令汪天寿感到十分惊讶。

刘永福是一个受人尊敬的将军，他非常关心下属和士兵，飞鸿深有体会。那些随他久经沙场的弟兄自不用说，就是新补充的士兵也同样对他倍感亲切。所以在他的军中任职，飞鸿过得较为愉快。

星移斗转，一眨眼不知不觉就过了五六年。

1894年7月，日本海军在朝鲜牙山口外丰岛海面袭击中国运兵船，同时出动陆军进攻驻牙山附近成欢驿的清军。8月1日，中日两国同时宣战，中日甲午战争全面爆发。

8月6日，台湾防务吃紧，清政府命令刘永福帮办台湾防务。接到命令后，刘永福一面作出发准备，一面对士兵进行动员。9月刘永福奉命率所部移驻台南。飞鸿随军一起进发，开始了抗击日本侵略者的征程。他的爱徒戚继宽坚决要求随师傅去抗击倭寇。征得刘永福同意后，戚继宽也一同去了台湾。

刘永福决心与日本侵略者血战到底，誓死保卫国家的每一寸土地。他先后在潮汕、台湾等地招募新兵，将黑旗军扩充至八营。然而在9月15日，日军进攻朝鲜平壤，清军败绩，总兵左宝贵壮烈牺牲。两天后北洋海军与日本舰队在黄海决战，北洋海军被日寇摧毁，致远舰管带邓世昌殉国。9月，日军渡过鸭绿江攻入中国境内，11月占领大连、旅顺。原台湾布政使唐景崧升任台湾巡抚，负责台湾全岛防务。

唐景崧采用三路分守的办法，刘永福曾提出异议，刘主张在台北重点设防，希望唐改变计划，由他在台北帮办，遭到断然拒绝。刘永福气愤之余，对飞鸿等将士大叫：“台湾迟早要败在他手里！”

飞鸿密切关注战争局势的发展，同时加紧了对新招募的士兵进行格斗等方面的训练，他对士兵们说：“倭寇把铁蹄踏到咱国土上来了，把刀架在了我们的脖子上，你们该怎么办?!”士兵们纷纷表示，要苦练杀敌本领。

局势的发展对中国很不利，12月日军在山东半岛东端的荣成湾登陆，第二年（1895年）2月攻占威海卫，北洋海军覆没，丁汝昌、刘步蟾自杀殉国。

4月17日，李鸿章与日本政府代表签订《马关条约》，赔款2亿两白银，把辽东半岛和台湾、澎湖列岛等地割让给日本。俄、德、法三国照会日本，劝告其放弃辽东半岛，日本被迫接受，清政府用3000万两银子将半岛赎回。

消息传开，举国激愤。清政府召唐景崧等官员回大陆，台湾爱国绅士丘逢甲等人见无法挽回台湾，于5月25日宣布成立"台湾民主国"，推举唐景崧为"总统"，刘永福为"大将军"，建国号为"永清"，表示永远忠于清廷。唐在就任的当天，致电清政府："台湾士民，义不臣倭，愿为岛国，永戴圣清。"

6月2日，在台湾基隆港外的一艘日本军舰上，清政府代表李经芳（李鸿章之子）与日本政府代表桦山资纪签署了交接文书。决心血战的刘永福将军，不断给将士们鼓气。同是6月，黄飞鸿受命于危难之中，被唐景崧任命为殿前大将军。

就在"台湾民主国"成立的同时，日军开始进攻台湾，6月4日日军进攻基隆，迫近台北。当晚唐景崧化装逃往淡水，两天后乘德国轮船逃到厦门。6月7日，日军先头部队开进台北，丘逢甲、林朝栋等人相继内渡。"台湾民主国"昙花一现，仅存在了12天就名存实亡。

就在台北沦陷的同时，刘永福在台南草拟《盟约书》，发出联合抗日的号召，表示为保卫国土，万死不辞。飞鸿也暗下决心，坚决跟刘将军血战到底。唐景崧逃走后，抗日斗争群龙无首，台南民众和官绅推举刘永福为"台湾民主国总统"，领导抗日。刘永福坚辞不受，仍以帮办之职，统率各路人马抗敌保台。

由于负责中路防守的林朝栋逃回大陆。6月12日，日军近卫师团分东西两路猛扑台中门户新竹县。日军很快包围新竹，开战前日方送来了劝降书。抗日军民没有理会他们这一套，加紧修筑工事，准备决一死战。刘永福本来只负责守卫台南，现在实际上已成为全岛抗日首领，他不能坐视新竹沦陷，于是派手下的分统杨紫云率领新楚军，会同义军吴汤兴、徐骧、姜绍祖等人驻守。众将领与来自山区的农民一起阻止敌人，农民狩猎锻炼出射击准确的特长，杀得日军伤亡惨重。

6月17日，日本在台北成立台湾总督府，由日军首领桦山资纪任台湾首任总督。

新竹保卫战打得十分艰苦，黄飞鸿听到这一情况，主动向刘永福请求带兵增援。刘永福手下的黑旗军得力干将吴彭年、王德标等不赞成派飞鸿前往，他们认为飞鸿武艺高、医术精，保卫刘永福的安全更重要。再说，随着战事的深入，会有越来越多的伤员等待他治疗。

刘永福认为吴、王两爱将从伤员考虑是有道理的，因此派别人前往支援新竹。日军依靠人多和武器精良，发起了一次又一次疯狂进攻，新竹守城军队终因粮械不济，被迫后撤，6 月 22 日新竹失陷。

新竹之战，暴露了抗日军队军械粮饷供应不足的问题。刘永福紧急召集有关人员，商讨解决军械粮饷的办法。台北失陷前，藩库还存银 40 余万两，火药库储炮弹药 4 万多磅，枪弹就更多了。台北失陷后，唐景崧带走了一部分银子，约有 24 万两库银尽入游兵手中，其余军储、电线、铁路、机器制造（包括兵工厂）被日军占有了。每想到这一点，刘永福就骂唐景崧“混蛋”。

飞鸿从刘永福那里，也了解了一些关于唐景崧的情况。唐景崧 1841 年生于广西灌阳，是同治年间进士，授吏部主事。1882 年曾向朝廷请缨援越抗法，中法战争期间招募“景字军”，与黑旗军并肩战斗，故与刘永福结交。中法战争后清政府晋升他为福建台湾道员（按察使衔）。1887 年台湾建省时他赴台，后升为台湾布政使。此前一年（1894 年）升任台湾巡抚。

福字军的将士们对唐景崧恨得咬牙切齿，刘永福说：“当务之急是赶快筹粮饷，恨唐景崧也没有用。大家都谈谈自己的想法吧！”

黄飞鸿、吴彭年、王德标等人都谈了各自的看法。刘永福综合大家的意见后，决定采取如下对策：一是向东南沿海督抚求援；二是就地解决粮饷；三是兵民一气，相互援助。

早在割台前，清政府曾要求两江总督调拨饷械济台，如果能得到大陆的援助当然更好，毕竟台湾本地的财力、物力有限。到大陆去筹饷，能拿到的话就不是一笔小数目，必须有武艺高强的人暗中护送来台湾。刘永福让飞鸿从军中挑几个武艺高的人出来，陪同去东南沿海督抚求援。

飞鸿了解军中武艺高手的情况，很多高手就是他亲手教出来的，他向刘永福表示：“这件事我马上就去办，您放心吧！”

飞鸿当即找到徒弟戚继宽，向他交代了任务：“筹集粮饷这件事关系到抗倭的成败，刘将军把它交给我们，你带几个功夫好的士兵尽快出发吧！”戚继宽领命而去。

新竹作为台中的门户，战略地位十分重要，台中沦陷将直接威胁台南。为了夺回新竹，7 月 9 日晚义军向日军发起反攻，但是由于走漏了消息，双方激战之后仍没夺回新竹。7 月 18 日，姜绍祖、徐骧再攻新竹，终因寡不敌众，姜绍祖率部在枕头山阻击敌人时弹尽被俘，与部下 70 余人壮烈牺牲。

8 月初，日军增兵 2 万向南逼近。8 月 9 日以三个联队的兵力在三艘军舰的配合下，向尖笔山和头份庄发起进攻。驻守头份庄的杨紫云部队奋勇杀敌，大挫敌军。后因汉奸为日军引路，偷袭杨部后路，使杨紫云部处于孤军奋战局面，杨紫云同大部分将士战死疆场。

“汉奸太可恶了！”连日来不断听到汉奸帮助日寇与我抗日军民为敌之事，飞鸿恨不得将汉奸们一个个碎尸万段。侵略者踏上台岛时，进入一座清军弹药库，一名爱国士兵引爆炸药，当场炸死炸伤日军 200 余人，这位没留下姓名的爱国士兵被俘后，当天被日军残酷折磨致死。也就在同一天，经营杂货店的鹿港商人辜显荣、大稻埕商人李春生等汉奸，与一些西方记者和商人赶往基隆，欢迎日军进驻台北。

“一样的米，养两样的人。这句话一点都没说错。”飞鸿想到义军反攻新竹被走漏消息、日军偷袭头份庄又有人带路，这些败类不除，不知要付出多大代价。因此，他向刘永福提出“除奸”一事。

刘永福非常赞同，但他忙不过来，就委托飞鸿等人去布置实施。除奸任务艰巨，须深入敌占区进行，要求除奸队员枪法准、武艺高。飞鸿选了几个精明强干的台湾义军士兵，让他们去执行这项任务。杀几个汉奸，可以起到杀一儆百的作用。

8 月 13 日，日军集中兵力进犯苗栗。抗日义军进行了英勇抵抗，双方互有伤亡。由于武器落后，义军损失较重，被迫放弃苗栗，退守大甲溪。次日苗栗陷落，日军企图南下进攻彰化。

黑旗军统领吴彭年和义军首领徐骧在大甲溪伏击日军。8 月 22 日打退敌人进攻，使日军死伤惨重。第二天日寇集结主力再攻，黑旗军袁锦清营与汤人贵营迎敌，袁带五十多人杀入敌阵，杀死一批日军，这些人全部为国战死。

日军占领台中以后，全力进攻彰化。由于多次遭到抗日军民的沉重打击，日军伤亡不小。为了减少己方伤亡，他们再次派人送信，劝刘永福军队投降。抗日将士表示要誓死保卫国土，绝不贪生投降！

8 月 28 日，抗日部队与日军在彰化城东的八卦山展开肉搏战，演绎了一场可歌可泣的惨烈血战。中国武术对日本拳术、长矛拼刺刀，杀得难解难分。汤人贵、沈福山等壮烈牺牲。在山下追击敌军的吴彭年，冒死率黑旗军三百余人前来支援，不幸中炮阵亡。这次肉搏战，日军的近卫师团也伤亡一千多人，是日寇侵台以来损失最惨重的一次。黄飞鸿教的不少军中徒弟在这场恶战中为国捐躯。

八卦山战役共五天，日军占领该山最后还是靠汉奸、奸细带路悄悄爬上山顶才得逞。抗日义军牺牲五百余人，其中有不少黑旗军头领。日本陆军少将山根信成也被打死，罪有应得。

一天，派往大陆筹饷的戚继宽和几个士兵护卫回到军营。从他们的口中，飞鸿知道了筹饷的情况，肺都几乎要气炸了！原来，腐败卖国的清政府明令两江总督等断绝对台援助，清政府中的主和派更是一再阻挠，“不得丝毫接济台南”。李鸿章竟在上海扣留转汇台湾作为军费的款项。

刘永福还请了为反割台而奔走的道员易顺鼎去向南洋大臣调拨饷需，但南洋大臣慑于清政府的禁令，分文不给。在当地，刘永福发动有钱人捐助，但却收效甚微。看着两手空空而归的筹款人，刘永福叹息道：“这仗怎么打呀?!”

9 月 11 日，日本派出第二师团增援台湾，他们组成“南进军司令部”。10 月 8 日，在海军的配合下，日寇疯狂攻打嘉义城。嘉义城是台南的门户，如果攻下了嘉义，台南危在旦夕。刘永福深知事关重大，牵出了他的爱犬——黑虎。黑旗军将士都知道，此举意味着刘永福准备亲临一线，与日寇决一死战。

关于刘永福的爱犬黑虎的故事，在黑旗军中几乎无人不知。在中法战争中，黑虎发挥了重大作用。据记载，在著名的谅山战役中，黑虎一马当先，总是冲在最前面。因为训练有素，黑虎专咬法国侵略军扛旗士兵的喉咙，致使法军士兵望而生畏，个个不愿扛旗。时至今日，在广东陆丰碣石镇北郊，还有纪念刘永福爱犬黑虎的义犬冢。

话说黑旗军将领见刘永福准备亲自到嘉义前线去，个个都挺身而出，要替他出征。没有到最后的时候，怎么能让统帅上阵？刘永福拗不过大家，就增派兵力前去增援已在嘉义守城的黑旗军将领萧三发、王德标等人。

在黄飞鸿的坚决要求下，刘永福同意让他和援兵一起前往嘉义助战。

日军重兵出击，兵临嘉义城下。敌人故伎重演，又一次劝降想动摇抗日将士的军心。

飞鸿对送信的人说："让你的日本主子死了这份心吧！"王德标警告说："两国交兵不斩来使，但这是最后一次。回去告诉倭寇，谁下次再敢来劝降，定斩不饶！"那位替日寇送信的人，吓得赶紧溜走了。王德标、萧三发和义军黄荣邦等合力抗击敌人。守军见敌人来势凶猛，己方兵力不足，无法与他们硬拼，就商量出了用地雷消灭敌人的办法。

他们预先在城外抗日义军的营地中埋下许多地雷，用药线将地雷连在一起，并进行了巧妙的伪装。一切准备就绪，抗日义军撤出营地。

其实，大部分义军并没走远，徐骧、林义成等人率义军埋伏在营地两侧，准备打日军个措手不及。飞鸿随王德标率军进入嘉义城，白天坚持与日军对抗。

夜幕渐渐降临，台湾特有的竹林墙中显得一片寂静。如果在夏天，厚厚的竹林中各种各样的虫鸟声，会令人感到大自然如此美妙。趁着夜幕的掩护，林义成带领士兵突然向敌人发起进攻，日军慌忙应战。

打了一阵之后，林义成和他的士兵假装败退，逃进城内。日军得意忘形，他们以为义军败退，迅速占领了义军营地。

嘉义城内，王德标和黄飞鸿召集了一批功夫好又勇敢的士兵，向他们交代任务。因为飞鸿曾担任刘永福军中的技击总教练多年，熟悉武艺高强人员，这个挑选士兵执行引爆的任务自然就落到了他头上。

飞鸿对挑选出的士兵说："养兵千日，用兵一时，平日你们跟我学技击，今天就看你们的了。日本鬼子人多，我们却只能去几个人，而且行动时还不能让敌人发现，一旦发现了计划就功亏一篑。所以挑选你们，因为你们功夫不错，我和统领相信你们。"

王德标问："谁要是怕死不敢去，现在就出来，不要坏了大事。"士兵中没有一个做孬种，都表示早已将生死置之度外。

"那好，你们先休息一下，半夜出击。"

挑选出来的士兵，是要去完成引爆地雷的任务。那时候科技没有现在这样发达，无法像今天这样用遥控技术引爆，只有派人去点火。考虑到这件事关系到大局，飞鸿告诉王德标，他准备亲自带领士兵们去执行这项非同一般的任务。

“你去？那怎么行呢！万一出了什么差错，我怎么向刘将军交差呀？”

王德标不同意飞鸿亲自出马，飞鸿将此举成败的后果摆出来说服王德标。王德标终于被飞鸿英勇无畏以及顾全大局的精神所折服，只得听任飞鸿自去。

半夜时分，万籁俱寂。“出发！”一声令下。飞鸿带领一批勇敢、敏捷的战士出了城。他们悄悄地摸到被日军占领的营地附近，很快找到地雷的导火索。一声模仿动物声音的信号发出，大家同时点燃了地雷的引线。

“轰隆”“轰隆”，地雷连续爆炸，军营火光冲天。睡梦中的日军不知道他们的岗哨已被飞鸿他们干掉，正沉浸在美梦之中。突然而发的爆炸声，使许多侵略者还没来得及弄明白发生了什么事，就被地雷送上了西天。没被炸死的，有的被炸掉了手，有的被炸断了脚，有的被震聋了耳朵，军营中一片鬼哭狼嚎之声。

飞鸿和大家一样，觉得十分解恨。

这一仗，日军死伤七百多人。不仅如此，日军在溃退中，又遭徐骧所部伏击，死伤很多，狼狈逃窜。

吃了败仗的日军气急败坏，第二天集中兵力疯狂向嘉义城大举进攻。嘉义城炮声隆隆，硝烟弥漫。徐骧在城楼上持刀督战，义军奋勇杀敌。王德标、黄飞鸿、柏正才、简成功、简精华等人，也奋力率部与敌力战。午后，西门首先被日军攻破，敌人挥刀冲了进来，义军与敌人展开巷战。由于力量对比悬殊，飞鸿等冒着日军的炮火冲出重围。

王德标等人坚持要飞鸿回到台南，保卫刘永福将军，飞鸿只得照办，立即赶回台南。

嘉义城失陷，台南地区暴露在日寇面前。10月10日，在日本贞爱亲王和“台湾副总督”高岛鞆之助的指挥下，以日军混成第四旅为主力的4万余人集结台南曾文溪，从海陆两路包围台南，曾文溪成为双方决战的主战场。

10月13日，日本海军开始进攻台南旗后炮台。两天后日军开始进攻台南城周围的义军。日舰进攻台南城东南的打狗港，刘永福的养子刘成良率军多次打退敌人的进攻。

战斗进行得非常激烈，台南义军的粮饷供给已经十分困难。刘成良派人报告刘永福，炮台上的士兵已经饿得站立不起来了，这仗没法坚持下去了。飞鸿听到这种情况，心里也为将士们着急，可又有什么办法呢?

打狗港炮台上的士兵实在饿得没法再战，刘成良见状，再次请示刘永福，怎么办？万般无奈之下，刘永福只好同意他们先撤回台南城内。

日军准备从陆路攻占曾文溪后，立即调集海路精锐部队，再夹攻台南城。情况十分危急，刘永福于10月18日召集部将会议，商讨攻守对策。此时抗日义军和黑旗军官兵已经两天没吃东西了，很多官兵饿得站不起来。部将们有气无力地提出了几个方案，但都不理想。

就在这个时候，日军送来了最后通牒：刘永福将军阁下，贵军若再不投降，将被我强大的帝国军队彻底消灭!

当黄飞鸿将此最后通牒拿给刘永福看时，刘永福气得当场便将它撕得粉碎。他一声令下："已经警告过他们，还来劝降。把送信的给我斩了!"

10月19日，徐骧指挥残存的义军在曾文溪与日军苦战，他高呼："大丈夫为国捐躯，死而无憾!"冲向敌群，奋勇杀倭，直至殉国。此前曾有人劝义军首领徐骧逃回大陆，徐发誓说："绝不偷生回大陆!"在曾文溪战役中，义军统领徐骧、生员林昆岗、清军统领王德标和简精华等人先后殉国，抗日义军伤亡很大。

曾文溪被攻占后，日军大举进攻安平炮台。为了鼓舞士气，刘永福登上炮台，黑虎紧随其后。刘永福亲手点燃了大炮，"轰——"的一声巨响，炮弹直飞向敌舰。饿昏了的士兵们见刘永福亲自在一线参战，强打起精神，继续向敌人开炮。

飞鸿心想，这打的什么仗呀！粮饷枪弹都没了，弟兄们靠什么与日寇决一死战?

当天晚上，日军向台南发动了更猛烈的攻击。城内已经弹尽粮绝，刘永福吩咐飞鸿："组织敢死队，准备刺刀见红!"

命令好下，做起来就难了！在艰苦的恶战中，士兵们已经筋疲力尽，有的饿得连举刀举枪的力气都没有了。

飞鸿扶起一个他熟悉的士兵，问他有没有力气与日军血搏。他告诉飞鸿："我实在饿得没有一点力气了。教官放心，我已准备好一颗地雷，随时准备与日本仔同归于尽!”

敢死队都敢死，除了同归于尽，已经没有更好的办法了。飞鸿也作好了准备，日本仔冲上来，捅他一个够本，灭他一双就赚了！他要求士兵们站不起来也要准备好刀，要和敌人拼个你死我活!

正当这个时候，飞鸿接到刘永福命令，让大家分散突出去，能保存一点抗日力量就尽力保存下来。原来在炮台上的刘永福准备回城指挥战斗，但当时城内已经十分混乱，不少日军间谍和汉奸已混入其中。刘永福的部下一致劝阻他:“各路日本兵都压过来了，台南是绝对守不住了，不能白白送死，您快走吧!”

刘永福不肯走，刘成良等人跪下求他。刘永福见大势已去，只得听从大家的建议。他派人送信给飞鸿，叫他通知大家分散突围，然后随他一起走。飞鸿处理完事情赶到刘永福身边，见刘永福还在仰天叹息。

大家催他快走，刘永福恸哭着说:“我拿什么报效朝廷？我怎么对得起台湾民众?!”想到自己的队伍是因为弹尽粮绝才败北，刘永福再次发出长叹:“内地官僚耽误了我，我误了台湾民众啊!”

刘永福决定让飞鸿和他一起回大陆，他让戚继宽也一道走。戚继宽表示，坚决不离开台湾，他对刘永福和飞鸿说:“我要留在这里，把师傅教我的武艺传授给台湾老百姓，同大家一道继续与倭寇斗争，直到将侵略者赶走!”飞鸿见他铁了心，也只得由他。

刘永福劝他不动，于当天深夜带着黄飞鸿、刘成良等十余人乘小艇离开台南，然后搭上英国商船“迪利斯”号内渡厦门。

10月21日，台南失陷。

台南失陷后，台湾各地人民继续坚持武装抗日。他们在台北的深坑、云林铁国山，嘉义与台南之间的番仔山、凤山附近及屏东等山区先后建立根据地。在与日寇的斗争中，涌现出许多可歌可泣的英雄人物。如台北农民抗日武装的领袖之一简大狮，曾与其他民众武装一起攻入台北市区，后来辗转到厦门，日寇杀其妻以泄愤，并向清政府索去他本人。简大狮在清吏面前慷慨陈词:

“倭淫虐妻妹皆死焉，与之苦战不胜，故至此。”“我简大狮，系台湾清国之民”，“以与日人为难，并未毒及清人”。“生为大清之民，死作大清之鬼，犹感大德，万勿交日人，死亦不能瞑目。”

不知清政府中的卖国贼听了这番话，做何感想？

飞鸿和刘永福到厦门后，听说清廷还在追究唐景崧自立“台湾民主国”并就任总统一事，便和刘永福一起回到广州。

11 月 28 日，桦山资纪向日本大本营报告“全台完全平定”。然而他不可否认的是，刘永福和台湾义军用土枪土炮抗击了用近代化武器装备起来且训练有素的日本侵略者达五个月之外，使日军近卫师团长北白川宫能久亲王、近卫第二旅团长山根信成在内的 4800 余人被击毙，5 万侵台日军中有 2.7 万余人因伤病回国。

经历过台湾保卫战后，黄飞鸿对清政府的腐败有了更深入更具体的认识，对时局感到十分失望。回到广州后，飞鸿就过上了隐居般的生活。关于他的史料记载也就愈发少见。

黄飞鸿真的要退出江湖隐居起来吗？

第十五章
江湖隐士

执意退出武林的黄飞鸿，从台湾抗日回到广州后，宝芝林门口贴上『千金不传』的大字。梁宽之死，使他伤心难过。1896年他娶马氏，生二女二子，不久马氏病亡。不想过问江湖之事的飞鸿在韶关，却与三个地头蛇不打不相识。马氏去世后，他被媒人带去相亲，新婚之日才发现，原来新娘岑氏与他此前有缘……

第十五章 江湖隐士

台湾抗倭的惨痛事实，使黄飞鸿感到愤懑和失望。当时为了阻止日本侵略者侵占台湾，台湾乡民和绅士拥护唐景崧为“总统”，飞鸿也被任命为“殿前大将军”。这完全是出于不让台湾被日寇侵吞的目的，不得已而为之。更何况唐景崧还致电清政府，表明“永戴圣清”这一点。但为了讨好日寇，清政府派李鸿章率淮军前去围剿，令唐景崧也只好南逃广州。

飞鸿当时一心想的是跟随刘永福抗击日本仔，对功名利禄毫无挂齿。既然刘永福担任“大将军”，他也就接受了这个所谓的“殿前大将军”。唐景崧本意，可能是要飞鸿为他打头阵，但他逃跑得比兔子还快，飞鸿这个职位名存实亡。“殿前大将军”名不见经传史籍，清政府却仍要对它耿耿于怀。为免遭迫害，心灰意冷的飞鸿决意隐居广州，再不过问政治。

回到广州，飞鸿仍以经营药铺为业。

一天，两个二十岁出头的青年到宝芝林来找飞鸿，飞鸿出来问他们有什么事。飞鸿见他们不回答，就转身回里屋去。

“你是不是黄飞鸿？”那两人见飞鸿欲走，连忙把他叫住。飞鸿说：“我是不是黄飞鸿并不重要，重要的是你们找黄飞鸿干什么？”

其中的高个子说：“都说他武艺盖世，我们想拜他为师。”

飞鸿笑着说：“听说他早就不收徒弟了。”

其中的矮个子说：“你是黄飞鸿师傅的哥哥还是弟弟？能不能帮忙让黄飞鸿师傅收下我们？帮成了的话，咱们就是一家人啦，我们还会重重地谢你。”

飞鸿顺着他的竹竿往下溜：“我弟弟的武功虽然还可以，但不像你们想象的那样厉害。再说他既然听了我父亲临终叮嘱，不卖艺授武，我劝他也没用，这个忙我帮不上。”

高个子说：“你哥什么时候回来？噢，对不起，他是你弟弟。请问你弟弟什么时候回来？”飞鸿摇摇头，表示不清楚。高个子接着说：“不管他什么时候回来，我们都在这里等他，一定要当面跟他说，求他收下我们。”

看到这两人这么大的决心，飞鸿断定必有原因，就问：“你们为什么非学武不可？”

矮个子说：“我们俩虽为异姓，但亲如兄弟。李大哥和我都在一家店铺做工，平时很合得来。他的未婚妻被老板看上了，老板勾引她，结果那女人看中了老板的钱，竟然跟了老板，甩了我们李大哥。李大哥去找老板论理，被老板的保镖打得三四天起不了床。所以，我们要习武报仇。”

飞鸿想，原来是这么回事！他问矮个子：“这事是他个人的事，你怎么也要学武？”矮个子回答说，这世道太坏，到处是不平的事，说不定哪天就轮到自己头上，学好武艺有备无患。

高个子说：“我们听说黄飞鸿师傅为人特别正直，路见不平一定会拔刀相助。所以我们非等他回来不可。哪怕是他不肯收我们为徒，我也要请他为我去讨个公道！”

“你与那女人结婚了没有？”

高个子说：“刚好上没多久呢，谁料半路上被横刀夺爱，哪结得成婚！”

飞鸿劝高个子说：“天下女人有的是，她既然嫌贫爱富，咱们穷人家不要这种人做老婆也罢。黄飞鸿是我亲弟弟，不瞒你们说，他在台湾打日本仔时受了伤，而且伤得还不轻，现在回南海西樵老家养伤去了。你们别等了，回去吧！”

矮个子信以为真，就对高个子说：“李大哥，咱们走吧，黄飞鸿师傅自己都那样子了，怎么能教我们武技呢？”

高个子极其失望地跟着矮个子走了。

飞鸿想，这一招还真灵！下次再有人来拜师，我也用这招对付他！林世荣、陈殿标、邓秀琼等人来看望师傅，听飞鸿这么一说，大家笑开了怀。

林世荣等来看望师傅，久别重逢，大家先谈了谈各自的情况。从林世荣那里，飞鸿得到两个消息：一是林世荣的武馆早已开张，而且生意还不错；二是飞鸿的徒弟梁宽不久前因病去世。

对于林世荣的武艺，飞鸿是心里有底的。不久前广州东校场上的一次大比武，使他更是声名彰显。原来广州的武馆越来越多，各师其法，各行其道，互相不服，经常产生摩擦。广州府主事为了弘扬国粹，交流武艺，在东校场举办了一次大型武术比赛。已经开武馆的林世荣当然不会错过这个难得的机会，毫不犹豫地报了名参加比武。

比武场上，林世荣越战越勇，他将师傅教给他的洪拳演绎得出神入化，台下不断叫绝。在一连胜了十几个人后，他最后夺得了这次大比武的第一名。报纸上对此事大加宣传，林世荣誉满羊城。所谓严师出高徒，就连他的师傅黄飞鸿也被记者抬了出来，跟着沾光。经此大比武，前来跟他学武的人就更多了。

看来黄飞鸿不必替林世荣担忧，倒是梁宽让他放心不下。梁宽到香港后，与内地师兄弟们来往不太多，甚至连飞鸿也很少有他的消息。据陆正刚等人说，他在香港混得很不错。后来又到马来西亚等地以黄飞鸿正宗弟子的名义开馆授徒，在当地名噪一时。梁宽是飞鸿的得意门生，悟性好又勤练，武艺高强自然不愁生计。但飞鸿知道，梁宽的缺点是天生好色，加上太好强，而且我行我素，一般人休想管得住他这匹野马。

掐指一算，梁宽死时年仅25岁，真可惜！飞鸿对梁宽有一种偏爱，感情也比一般的徒弟要深很多。如今他走了，这么年轻就走了，飞鸿心里伤感之情由然而生。

"梁宽得的是什么病，怎么说死就死呢？"

林世荣说，具体什么病他也不清楚，要日后问陆正刚。

陈殿标说："据外边传来的小道消息，有人说梁宽师兄是得梅毒死的，也有的说是因色劳过度，在一次舞狮中逞强硬舞，最终吐血而死。"

梁宽这匹野马，得梅毒并不会令人感到惊讶。尽管当时得梅毒也是很难治的，而且很多人羞于找大夫治，但梅毒并非一下子就可致人于死地，到了晚期才没法治。因此梁宽之死，第二种死因的可能更大些。

"这种事传出去不好，不管是真是假，你们在外都不要对别人说。"

"知道了，师傅。"

徒弟们见师傅孤身一人，希望他成个家。飞鸿觉得自己马上就40岁了，是该生儿育女了。他对徒弟们说："谢谢你们关心，大家的好意我会认真考虑的。”

谈来谈去，又谈到最近不断有人来上门拜师学武一事，飞鸿说：“真不知道如何才能省却这些麻烦。有的人缠着你，吵得头都大了。”

邓秀琼虽在徒弟中最小，脑子却挺灵，她给飞鸿建议：“师傅执意不收徒，这事也好办，您把他们介绍到林师兄那里去学，不是一举两得的事嘛！”

大家都觉得这个建议不错，飞鸿也夸邓秀琼有办法。

前来学徒的好打发，介绍到林世荣那就行了，可前来比武的怎么对付呢？飞鸿还真碰到过这种事，一位从北方来的武师，慕名找到飞鸿的宝芝林，提出要与飞鸿比武。

飞鸿不想再与他人争高下，仍然用以前骗两个小伙子的办法，告诉来人黄飞鸿受伤回老家养伤去了。

北方来客说：“你不要骗我了，我也是习武多年的人。一看就知道，在下武功非凡，想必你就是黄飞鸿师傅！”

飞鸿见对方看破了自己的招数，不再吭声。

北方武师说：“北有霍元甲，南有黄飞鸿。这是武林中人人皆知的事。我此番前来，决无邪念，不过想与黄师傅比试一番，点到为止。如果黄师傅功高于我，我准备跪拜为师。”

看得出来，此人是真正的武林人士。飞鸿请他坐下来喝杯茶，然后把自己不授武的原因告诉了对方。他说得十分诚恳，对方相信了。

北方武师说：“黄大侠执意要退出江湖，我辈不无遗憾。江湖险恶，你能超然度外，令我佩服有加。既然如此，在下告辞了！”北方武师双手一抱拳，转身就走了。

飞鸿回了一个抱拳礼，目送对方远去。他凭感觉，断定这位北方武师不但功夫好，武德也修炼得很深。同道中人，有的非要和你见个高低，像他这么通达的人还算难得。

为了省却求师习武者的缠纠，飞鸿决定在宝芝林门上注明，他想贴张公告，又觉得没有必要如此郑重其事。看到门上的对联，他有了主意，决定换联以表心迹。

宝芝林原来悬挂的对联为“宝剑出鞘，芝草成林”，据说也改成过“宝剑冲霄汉，芝花遍上林”。此联被认为动静俱宜，能医能武，颇有武术宗师之风范。正因为如此，一心要与武术脱去干系的飞鸿决定改掉它。

考虑清楚后，飞鸿把它改成了“武艺功夫，难以传授；千金不传，求师莫问”，贴在原来对联的位置上。这一改，对联味没有了，但意思却表达得很清楚。

做一个名武师，有太多太多的烦恼，有时飞鸿真的很想像自己的哥哥造天那样，做一个不懂武艺的平常之人，享尽天伦之乐。找一个自己喜欢的人生伴侣，生几个孩子，快快乐乐地度过一生，那该有多好！

也许是天意，飞鸿有此想法，正巧就有人热情地为他张罗婚事。媒人为他介绍了一个寡妇，飞鸿不太满意，没成。后来热情的媒人又给他介绍了一个姓马的姑娘。了解了对方的情况后，双方都感到满意，于是飞鸿将马氏娶回家，过起了常人的生活。

人生有许多乐趣，天伦之乐就是其中极为宝贵的一乐。婚后，飞鸿与马氏相敬相爱，和和睦睦地生活，他感到从未有过的幸福。不久马氏给他生下孩子，又令他品尝了为人父的快乐。在此后的几年中，马氏先后为他生下二女二子。大儿子下地，飞鸿笑得合不拢嘴，他给大儿子取名叫汉林。二儿子生下来，他则给他取名为汉森。林、森，都是树木构成，大有渴望儿子成材之意。

非常时期，飞鸿成了地地道道的隐士。他很爱自己的孩子，尤其是汉森小时候长得特别可爱，他更是视为掌上明珠，经常抱在手上。有时到朋友家中串串门，他也抱着汉森去。

飞鸿不愿意介入江湖之事，但有时一些人与事却会主动找上门来，令人左右为难。

有一天，飞鸿的宝芝林来了一对夫妇，这对夫妇抱了一只七八斤重的肥鹅，说是来谢谢飞鸿的。飞鸿有点摸不着头脑，正纳闷之际，那位妇人说：“几个月前，你不收钱还治好了我男人的伤病，那时没什么东西谢你。现在这只鹅养大了，所以特地抱来，感谢你的大恩大德。”

飞鸿过去为很多人治过病，那些实在没钱的人，他分文不收，还送药给他们。得过飞鸿帮助的人不在少数，所以他哪里记得住那么多人？他不肯收这只鹅，可这对夫妇说什么也要他收下，实在没法子，他就回给他们“利是”（红包）。

把一只鹅养这么大不容易，一定要吃掉不少饲料。飞鸿觉得不能让这对夫妇损失太大，所以才回“利是”给他们。

孩子们见了这只鹅想抱着玩，又怕鹅会啄人，不知如何是好。飞鸿本想留着给孩子们玩，可又没精力去照料它，眼见鹅一天天变瘦，他觉得不如杀掉它吃了更好。为了把鹅烧得更美味可口，他把鹅送到附近的烧味店让他们代烧。自己顺道买两瓶酒，准备把几个徒弟叫过来，大家美美地饱食一顿。

买好酒往回走，在巷子转变的地方，他被一个从巷子里匆匆走出来的人撞了个满怀。飞鸿所买的酒，全被摔破流在地上。飞鸿正想说对方几句，但一看这个人的脸孔，却又好像在哪见过。对方见了飞鸿，也上下打量了半天。

过了片刻，那人问：“你是不是黄麒英的公子黄飞鸿师傅？”

奇怪，他怎么认识我父子俩？飞鸿点了点头，说：“是的，本人正是黄飞鸿。请问，你怎么知道我的名字？”

那人哈哈一笑说：“一别这么多年，如果不是碰损了你的酒，我们可能终身难相聚了。看来今天相遇，真是过去的缘分哪！”

停了一下，他问飞鸿：“我是谁，你还能想起来吗？”

飞鸿仔细打量了一下对方，仍然回忆不起来，就说：“真不好意思，我觉得您眼熟，但就是想不起您的尊姓大名来。”

那人说：“这也难怪，阔别这么多年，彼此的面容已不是过去的模样，认不出我也就不足为奇了。恩人，我是老吴呀！”

老吴？哪个老吴？飞鸿终于想起来了——佛山老吴。

“几十年了，当时你和你父亲一起在街头演技卖药，路见不平常为贫苦人出头。我被雷善德父子逼得走投无路，还是你们父子俩为我治好的伤呢！”

“您知道吗？雷善德赖人家的钱被人杀了，他老子也被气死了。”

“我听说了。”

飞鸿说：“这么多年，不知老叔在哪过的？”

老吴叹了口气说：“我逃出佛山，在外流浪多年，在街头卖点草药之类的东西。后来我女儿嫁给了一个生意人，女婿见我渐渐老了，不忍心看到我还在街头摆地摊子，就带着我到韶关开药店。店里由我负责，生活虽平淡，总算不用到街头去摆摊觅食了。”

“可喜可贺，老叔，宝号的生意一定很可观吧？”

“本来是还可以的，吃饱一家人毫无问题。但干什么都难哪，我们开药铺的地方，有几条地头蛇，稍未如他们的意，生意就做不成。”

飞鸿听老吴这么一说，就知道他所说的地头蛇，实际上就是地痞流氓、市井无赖。他问老吴：“这几个地痞流氓，是要你们按月送钱孝敬他们，还是用别的方式来敲诈你们？是不是不孝敬就不让你们安稳做生意？”

老吴说：“不是这么回事，他们虽号称地头蛇，但是做事绝不像市井无赖那样恃强凌弱，敲诈善良人。他们几个都是有钱人家的子弟，他们的父母把他们惯坏了。由于父母管教无方，养成了他们的不良行为，常常以戏弄他人为乐。碰上他们，你讨好他奉承他，他们就不搞恶作剧，否则会常常遭到他们的骚扰。”

听老吴这么一说，飞鸿有点替他不平，就问：“这地头蛇有几条？他们有什么本事，敢这样肆无忌惮地扰乱别人？”

“一共有三条，”老吴告诉飞鸿，“一个叫沈德胜，一个叫殷世书，还有一个殷世善。两个姓殷的是当地有钱人的公子，这兄弟俩喜爱武术，到处请名师到他家教武。兄弟俩还有一种古怪的性格，凡是来教他们的武师，开价越高他们越喜欢，他们越认为对方武功非凡。如果与他们比武，将他们打翻，他不但不会生气，还会送巨款请来当教练。”

他把三条地头蛇的情况跟飞鸿大致讲了讲，从他们的表现来看，这几个家伙略懂武技。因为有“半桶水”，他们便以老师自居。老吴还告诉飞鸿，不少想混饭吃的人知道他们好为人师，常常在比武时故意输给他们一招半式，这兄弟俩一高兴就把对方留下，所以养了不少没真本事的饭桶，也花了他们不少钱。

“沈德胜倒是有点真本领的人，他把殷氏兄弟养的一批饭桶武师全打败了，殷氏兄弟于是把他留在身边。”

飞鸿觉得在路边谈久了不雅观，也影响人家过路，就邀老吴到宝芝林一叙。老吴说了一句“那好吧”，欣然而往。

到了宝芝林，飞鸿给老吴泡好茶，老吴继续说韶关地头蛇的事。沈德胜原是郑州西南一山上的绿林好汉，因分赃不均而内讧，沈才南下来到韶关的。到了韶关，与殷氏兄弟臭味相投，所以成为地头蛇。

了解到这三人的情况后，飞鸿认为他们三人都称不上地头蛇。殷氏兄弟虽是本地人，但是武功不高，沈德胜武艺高些又不是本地人。只有手上有两下子又是当地的霸王，才是人们常说的地头蛇。

“老叔，他们三人经常到您的药铺捣乱，我并非多管闲事的人，但欺负到您头上，我不能坐视不管。我正好没多少事，要么我陪您到韶关一趟，看看他们到底是龙还是蛇。”

老吴听飞鸿这么一说，正是求之不得。飞鸿武艺高，这在很早以前他就了解的。如果飞鸿过去把三个地头蛇镇住了，今后做生意就更顺畅了。即使不能镇住他们，也可警告他们不要欺人太甚。老吴相信，飞鸿的功夫对付他们绰绰有余。

第二天，飞鸿与老吴起程，来到韶关老吴的药铺。老吴热情款待了飞鸿，还带飞鸿到市区走了走，领略了当地的风景名胜。但住了几天，也不见地头蛇来骚扰。

那天老吴正准备陪飞鸿出去吃东西，有几个人冲进他的店里来。老吴见了，赶忙笑脸相迎，又是让座，又是倒茶，还对其中一位说：“大少爷来店里有什么事呀？”

那人说：“我经常有空，你又不是不知道。没事走走，仅当作游玩消遣吧！”

老吴赶紧给那人点烟，在他身边忙前忙后，非常殷勤，就像照料贵宾一样。开始，飞鸿还以为这人是老吴生意上的客户，待看到这位大少爷带这么多随从之后，知道这是个地痞之类的人物，说不定就是他说的三个地头蛇之一。

为了证实这位大少爷的身份，飞鸿找了个借口将老吴叫到内屋，询问他是不是地头蛇。老吴说：“这就是地头蛇之一，名叫殷世书。这些同来的人，都是他的党羽。他既然来了，凡事都要小心，尽量不要惹他生气闹事，不然店铺就会被捣乱。”老吴说完，就退出去了。

老吴在药铺继续招待殷世书，飞鸿知道来人身份后，有意出来看他如何表演。殷世书说说笑笑，谈笑间突然指着店内挂的一块小木牌对老吴说：“你的店里怎么挂这块木牌，木牌上刻的是不吉利的话。”

老吴随他所指看去，那牌上刻着“内看参茸”四个字，这四个字哪有什么不吉利呀？于是他对殷世书笑笑，告诉他木牌上的字没有不吉利的含义。

殷世书不高兴地说："木牌上刻着'丙着惨耳'四字，明明不吉利，我讲给你听吧：丙属火，俗称丙着，也即是火烧全店，难道吉利吗？丙着惨耳，就是火烧全店真惨的意思。"

老吴知道这个富家子弟请过许多有名的老师在家教他，哪会不认识"内看参茸"几个字，分明是借故找茬嘛！老吴为少惹事，故意顺着他："假如不是大少爷您提醒，我真不知道这块木牌所刻的字不吉利，我立即把它取下来。"

飞鸿目睹了这一切，知道殷世书要掀起波澜了，于是起座对殷说："这位仁兄说木牌上的字不吉利，其实是自己读错了字，木牌上刻的是'内看参茸'，意思是名贵的人参、鹿茸之类的药材放在里面，有意要的话到里面看货。并非你念的'丙着惨耳'，有何不吉利呀？"

从来没人敢当面指出殷世书的错误，现在飞鸿指出来了，殷感到惊奇。他见黄飞鸿面生，认定对方不知道自己是谁。殷世书想，如果不给他点厉害看看，他就不知道马王爷有几只眼睛。殷世书说："不是你说的话，我不知读错了木牌上的字。多谢你指正，奖赏你五元！"边说边抡起巴掌向飞鸿掴过去。

飞鸿见对方动手，举起左臂迎架，右掌同时打出，迅捷推向殷世书之胸。他连削带打，用的是"穿心掌法"。见飞鸿敢向自己动手，毫无防备的殷大吃一惊。因为没有防备，飞鸿推掌过来，殷躲闪不及，当时便中掌倒在地上。

在众目睽睽之下被人打跌，丢了面子的殷世书自然不肯罢休。为维护地头蛇的称号，他运掌向飞鸿打去。飞鸿早已知道他的底细，根本不把他放在眼里，见他打来并不迎架，移马侧身，用"还魂掌法"从侧面发掌打他的头颅，殷世书又一次被打倒在地。

连跌二次，殷世书知道自己绝对不是飞鸿的对手，大喊带来的随从向飞鸿围攻。飞鸿一点都不畏惧，挥动双拳，左右开弓，打得他们嗷嗷直叫。他声东击西，指前打后，打得这帮花架子帮手人仰马翻。夺门而逃的、头上流血的，丑态百出。

殷世书见势不妙，也夺门逃出，他边逃边对飞鸿说："算你厉害！"又对老吴说："吴老板，你不能让这小子走了，不然你这店将被我砸成粉末，别说我没跟你打招呼！"说完带着他的随从人员悻悻地走了。

老吴说："飞鸿师傅，你要连累我了，这次得罪了他，将如何收场？"

飞鸿说："老叔您放心，大丈夫自己做事自己担，我绝不离开这里半步。等他叫人来吧！"

没过多久，殷世书果然和殷世善、沈德胜带着十多人气势汹汹地来了。看到三条地头蛇来找麻烦，邻居住户都为老吴捏着一把汗。

只见黄飞鸿挺身而出，厉声对他们说："你们这帮家伙到这里想干什么？我可不怕你们人多势众，即使再多一倍，我也照样收拾你们！"

殷世书咬牙切齿地对殷世善说："这小子死到临头，还像疯狗一样狂叫，你去拆他的骨！"殷世善曾听殷世书谈起他刚才被打得七零八落的事，现在又见飞鸿镇定自若，料定飞鸿必是那艺高胆大之人。他眼珠子一转：既然沈德胜一同来了，他是我兄弟俩的老师，平时自称有很高的武功，何不让他出马？打定主意，殷世善命令沈德胜先上。

沈德胜吃人家的用人家的，岂敢不从命，听到殷世善发话，上前对飞鸿就是一拳。飞鸿见他打来的这拳快速有力，也不敢小看，立即退前马为后马，以"铁门闩"应战。他左手紧握右腕，先向来势沉压，进而用拳撞对方下颌，再乘机将拳往外冲去。一发三击，连削带打，令沈德胜应接不暇。

但沈德胜毕竟是土匪出身，手上也有几下功夫。他见飞鸿攻守敏捷，也不敢轻视，偷偷地移步后用"鞭拳"向飞鸿猛击。这种鞭拳，从旁边打去，来势凶猛，防守稍有不当，往往会被打翻。

飞鸿见状，急忙将右腿踩左方马，化成新颖的"揽枝"架势，趁马步变换时右拳从下出击，打对方肘节。这种反攻方法，被称为"单扑翼"法。沈德胜见飞鸿变势，攻自己的肘节，也担心自己的桥手受损，赶忙撤回出击之手，准备改变方式再攻。

兵贵神速，飞鸿岂能任其变化自如！他抓住机会转身用"火箭拳法"，猛击向沈德胜的中下部位。沈见状，急走小门回避，用拳掩护。飞鸿实际上是虚晃一枪，见沈中计，再次迅速变势。只见飞鸿将后马一摆，侧身从下出拳，令沈德胜猝不及防。沈德胜小腹中了一记重拳，踉跄两步后颓然倒在地上。

在殷氏兄弟面前出丑，沈德胜脸上挂不住。这个家伙的腰间藏有袖珍飞镖，用以防备打不过对方时用。他偷偷地取出飞镖，向飞鸿掷去。要是换上别人，肯定会遭他的暗算，但飞鸿目光敏锐，见沈德胜一扬手，就估计他要使暗器，急忙先闪身躲过。

飞鸿一闪身，那飞镖击中了殷世书的耳朵，鲜血直流。娇生惯养的殷世书，哪能受得了这般痛苦，捂着耳朵嗷嗷直叫。趁这当儿，沈德胜瞄准飞鸿，再发第二支飞镖。飞镖直奔飞鸿头部而来，飞鸿身子往下一蹲，飞镖直奔殷世善而去。殷世善吓得面如土色，好在他也学过几天武术，情急之中知道闪身躲避，这支镖于是飞坠在地上。

沈德胜连发二镖，未击中目标，赶紧发出第三支飞镖。这支镖照着飞鸿喉咙奔去，早有防备的飞鸿眼明手快，飞快将镖接在手内，同时假装中镖倒在地上。沈德胜见状，哈哈大笑说："你小子还能躲吗？"

话音未落，只见一支飞镖从下飞来。沈德胜大吃一惊，赶忙躲闪。他知道，这一定是飞鸿回敬他的！飞鸿一个鲤鱼打挺翻身起来，抱拳对沈说："沈师傅，来而不往非礼也。回敬一镖，意在结交！"

飞鸿并不想伤沈德胜，他萌生退出江湖之念后，心态变化很大。若是年轻时，遇到沈德胜这样用暗器伤人，飞鸿非收拾他不可。沈德胜并不知道飞鸿用心良苦，反而说："你小子还挺会油嘴滑舌的，都成敌对之人了，还谈什么结交的事！"

"常言说'不打不相识'，以武结交也是武林中常有的事。假如我有什么冒犯的地方，敬请沈师傅谅解。"飞鸿边说边拱手向沈施礼。

飞鸿这样做，完全是为老吴考虑，不想给老吴日后留下祸根。自己是外来人，拍拍屁股随时可走，老吴却要在这里开店生活，如果将三个地头蛇整苦了，他们找不到飞鸿就会迁怒于老吴，不断地找老吴的麻烦。

三个地头蛇其实心中都有数，他们的武艺加在一起也打不过黄飞鸿。现在既然黄飞鸿主动向他们施礼谢过，而且是当着众人的面谢过，知道这是飞鸿给他们台阶下，心里对飞鸿渐生佩服之情，气也就平了。

沈德胜说："既然不打不相识，今天打也打了，大家因此也相识了，今后就成朋友了。"殷氏兄弟也附和，说了些客气话。

老吴见飞鸿化干戈为玉帛，暗自佩服他的随机应变能力。生意人毕竟精明，老吴便对殷氏兄弟和沈德胜说："大家有缘相识，中午我做东，好好叙一叙！"

殷世书问："敢问这位朋友尊姓大名？"

飞鸿说："在下早已退出江湖，姓名已不重要，酒桌上自当告诉诸位。"因众人在场，飞鸿不想让人知道他就是黄飞鸿。

酒席很丰盛，大家吃得都很开心。老吴告诉三条地头蛇，飞鸿是他的远房亲戚，名叫黄锡祥。报飞鸿另一个名字给他们，真是恰到好处，既没骗人，又为飞鸿打了掩护。

三条地头蛇都夸飞鸿武艺高强，殷氏兄弟还提出要拜飞鸿为师。飞鸿谦虚地说："刚才承让，才没被打翻，以后有机会，共同切磋武技，怎敢妄为人师。既是朋友，在下黄锡祥有一事相托，日后请对我的远亲老吴多多关照！"

"小事一桩，有我们三人在，谁敢来此捣乱，看我们不剥他的皮！"

听殷世书这么说，沈德胜也表态说："吴老板以后有什么事，尽管找我好了。谁敢欺负你，我豁出这二百斤去也要帮你摆平！"

老吴非常高兴，连声说："谢谢，谢谢！"其实他心里很清楚，真正要谢的是飞鸿，这辈子欠麒英、飞鸿父子的太多了。

帮老吴处理完事后，飞鸿念家便匆匆回到广州。孩子们几天不见老爸，就像很多年不见似的，一起拥上来，问他到哪去了。这种家庭的温馨，使飞鸿又一次感受到天伦之乐。

乐极生悲，这是常有之事。飞鸿回来不久，妻子马氏便感到身体不舒服，去看病，大夫又说没什么大毛病，但吃了几服药，却总是不见好。中医不行，就看西医；西医无效，再吃中药。最后还是病情一天比一天严重，直至卧床不起。

一种不祥之感袭上飞鸿的心头，他想起了前妻罗氏。罗氏也是久治不愈，婚后三个月就撒手人寰。如今马氏又临此境，令飞鸿心有余悸。不幸的事终于还是发生了，马氏撇下四个孩子，也离飞鸿而去。

马氏留下四个孩子，飞鸿又当爹又当妈，忙得不行。尽管有时徒弟邓秀琼等人会过来帮衬一下，但徒弟们有他们自己的事，飞鸿不好老麻烦他们。无奈之下，只有自己苦苦支撑这个家。苦中也有乐趣，看到孩子们一个个长得那么可爱，他心头的烦闷便会烟消云散。

过了几个月，飞鸿因事到城西的洞神坊去，在路上遇到媒婆二婶。飞鸿早就知道她以做媒为业，就跟她开玩笑说："二婶，手头有没有'新货色'？"二婶想了片刻，回答说："有一位刚死掉男人的女子，长得还算美，而且性格温顺，人很贤惠。做饭烧菜和针线活，凡是女人的事没有不会的。如果你有意娶她，可以随我去看看人。”

飞鸿被她说得有点动心，真的跟着她去相亲了。孩子一大堆，家里乱糟糟的，没个女人是不行。再说自己被孩子拴住了，做不成药铺的生意，一家人吃饭都成问题。正因为如此，飞鸿才跟二婶走。

到了女方家里，见了女方，飞鸿一看果然光彩照人。这位女子虽已为人母，却依旧娇羞欲滴。飞鸿与对方见面之后，见对方低着头入里屋，就对媒婆二婶说：“真的很不错。”二婶心领神会，就进去问女方愿不愿意与飞鸿过。女方表示愿意，要飞鸿选择良辰吉日迎娶。

一切进行得很顺利，不久飞鸿就把这位姓岑的女人娶回了家。

新婚之夜，仔细端详新娘，飞鸿觉得好像在哪儿见过她，一时又想不起来，就抱着岑氏问：“我们是否在哪见过？”

岑氏笑着说：“你就忘记了呀，几个月前你到过我家避雨，还记得吗？”

听他这么一说，飞鸿才想起来，确实有这么回事。那次他途中遇上大雨，又见天上电闪雷鸣就到一户人家的屋檐下避雨。雨越下越大，屋檐水溅湿了飞鸿的鞋和衣裤，无奈之下飞鸿就到屋内避雨。站了一会儿，一个小男孩爬到他的脚下，用手拍飞鸿的脚，还咿呀学语。飞鸿低头看见这小孩长得又白又胖非常可爱，就逗他玩，这孩子居然想要他抱。

正当飞鸿与这户人家的小孩逗着玩时，从屋里面走出一个少妇，她说：“虾仔，你不要打扰这位阿伯。”听到少妇的说话声，这个胖小子立即爬过去依偎在他母亲的膝下。那少妇抱起小孩到里屋去了。雨也停了，飞鸿急着赶回家去。没想到，这位少妇就是现在的新娘子岑氏。

“你的孩子现在在哪里？”

飞鸿这么一问，岑氏立即出现一丝痛苦的表情，她告诉飞鸿：“孩子已于两个月前得病死了！我真是个苦命人。”

从岑氏口中，飞鸿知道了她的身世。她本来嫁给顺德麦村的麦旺，麦旺是做水手的。麦旺有个弟弟，与歹徒混在一起，后来成为江洋大盗。麦旺弟弟犯的案堆积如山，官府屡次抓捕他，都被他逃脱。那些捕头认为岑氏的男人是大盗的兄弟，认为他是同伙，就把麦旺也抓了起来。后来官府严刑逼供，麦旺被活活打死在狱中。前夫死后，生活没有着落，孩子生病了也没钱治。

后来她不得不改嫁，正好有了二婶来说媒，所以一拍即合。

岑氏说到伤心处，禁不住流出了眼泪。她对飞鸿说："我命苦，希望你不会抛弃我。"飞鸿同情岑氏，对她更加怜爱。

转眼又是一年，岑氏为飞鸿生下儿子汉枢。又过了一年多，岑氏又生下一子，飞鸿给他取名为汉熙。孩子一大堆，飞鸿的家成了一个真正的大家庭。

孩子多了，家庭负担也重了许多。飞鸿为了一家人的生计，四处寻找机会扩展宝芝林的生意。看到孩子们一天天长大，他心里喜滋滋的。

自己四十出头了，退隐也已多年。想到父亲把武艺传给自己，又让自己拜林福成等为师，好不容易才练就一身硬功夫，如果不传下去，今后黄家后代就要与武艺绝缘。飞鸿不甘心让自己的绝技失传，他想自己有四个儿子，总得将武功传给其中一人吧！

那么究竟传给谁呢？汉枢、汉熙还小，要传也要等他们大一点再说。汉林和汉森，学武倒是正当时。但飞鸿不想让他们兄弟俩都习武，进入这个圈子有太多太多的恩怨。选其中一个习武，也是为了不使"铁线拳""无影脚"等绝技失传。想来想去，最后飞鸿选择了汉森。汉森刚好五六岁，与自己当年习武时的年龄正相仿。

主意打定，飞鸿松了口气。但不久发生的一件事，却令他百思不得其解。到底是何事呢？

第十六章
武林风范

岑氏病死，让黄飞鸿再次感到天地不公、命运捉弄人！本已不问江湖之事的他，获知西方大力士在香港设擂，为给华人争口气他再度赴港。飞鸿不争个人之名，指点他人打败洋武士。革命党活动频繁，广东成为革命策源地。刘永福力邀飞鸿再度出山，担任广东民团总教练。鱼栏伙计『卖鱼灿』被歹徒殴打勒索，飞鸿义救卖鱼灿，此事在广州广为传颂。

第十六章 武林风范

黄飞鸿不问江湖事，守着妻儿以卖药为生，倒也自得天伦之乐。然而，“月有阴晴圆缺，人有悲欢离合”，乐极生悲之事，又一次降临到飞鸿头上。此事不但令飞鸿本人大惑不解，亲朋好友以及认识他的人都认为老天对他不公。

那日飞鸿正在教汉森习武，忽闻岑氏身体不舒服，飞鸿于是让汉森自己先练功，赶忙过去探望。岑氏躺在床上，对飞鸿说：“不打紧的，躺一下就会好的。”

飞鸿忙问她，哪里不适？并执意要带她去看病。岑氏说，也许是因为最近太忙，身体比较累才导致抵抗力下降生病，休息休息就会好的。她让飞鸿去忙他的事：“咱家中八九张嘴，还等着你赚钱养活呢！”

一大群孩子，忙不完的家务事，真是多亏了有岑氏这个贤妻良母。飞鸿让岑氏稍稍休息一下，自己出去找医生。医生来看过之后，问了问岑氏的病况，开了几服药给她吃。飞鸿问医生：“内人的病情打不打紧？”医生说：“体虚，调养调养就会好的，不打紧。”

过了两天，岑氏的病情果然见好，飞鸿一颗悬着的心，这才落了下来。

就在这当儿，有位昔日武林朋友来拉飞鸿到军中任职。飞鸿对此早已心灰意冷，当即婉言予以拒绝。

那位朋友还不肯罢休，就大谈特谈清政府推行的“新政”之好处。自1901年叶赫那拉氏在西安颁布“变法”上谕推行所谓新政以来，至今已有四五个年头，广东方面确实有所变化。黄飞鸿知道的有，1903年在北京成立总理练兵处，广东则成立警务总局。同时袁世凯充任练兵大臣，计划在全国编练新军三十六镇（师），广东原计划编练两镇新军，后来只编练一个镇。不久一些地方机构被裁撤，包括粤海关监督和广东巡抚。黄飞鸿对清政府的腐败，已有切身感受。他心里清楚，这种换汤不换药的“新政”，除了加强总督的权力，并无任何质的改变。

“你看我家里事这么多，哪里有空去军中任职。再说那点微薄的收入，岂能养活得了我这八九张嘴？我还是卖我的药更实在，老兄，你就别为我费心了！”

见飞鸿态度如此坚决，那位朋友只好作罢。

在过去的一些徒弟及其徒子徒孙的关照下，宝芝林的跌打损伤药生意还不错，勉强能维持一家人的生计，因此飞鸿更不愿为五斗米折腰去军中当差。他想，只要岑氏把家中的事忙好，他还可以外出帮人治伤看病，生活一定会一天天好起来的。

尽管飞鸿对未来充满信心，但他担忧的事还是发生了！过了一段时间，岑氏再次感到身体不适。这次飞鸿不敢怠慢，赶紧让她到广州的一家医院去看病。

医生对岑氏作了全面检查，通知家属让她住院。听说要住院，飞鸿一下子意识到病情的严重性，赶紧向医生打听岑氏的病情。医生只告诉他，问题较严重，具体情况要观察一段时间才能下结论。

徒弟们听说师母住院，都来探望。他们有钱的出钱支援，手头紧的则出力帮助，使飞鸿轻松了不少。然而，众人的努力还是未能挽回岑氏的病情和生命，不久岑氏还是带着对亲人的眷恋离开了人世。

俗话说：“男儿有泪不轻弹。”飞鸿是个顶天立地的男子汉，但岑氏病卒后，他还是忍不住流下了伤心的泪。他责问老天：你为什么对我如此不公？为什么要一而再、再而三地剥夺我妻的生命？难道我黄飞鸿命里注定就只能做鳏夫吗?！飞鸿不信这个邪，但他又不能不面对眼前的事实。

岑氏去世后，飞鸿又当爹又当妈，一时间忙得不可开交。孩子太小，吵吵闹闹，使他更深切地体会到为人父的滋味。夜深人静时，他才得以静下心来。想想自己这些日子操持家务事的艰难，更觉得岑氏所起作用之大。

没过多久，飞鸿接到陆正刚的来信。打开一看，才知陆正刚又邀他去香港攻擂。原来有个西方大力士来到香港，在香港的各大中英文报纸上频频刊登广告，自称世界大力士，愿与天下武林人士一决高下。扬言有人打败他，奉送一盘白银。陆正刚的信中还附了一张广告，从广告上可看到洋人设擂的地址在西环太平戏院。

据陆正刚信中称，这些广告刊出后，在香港开武馆的华人先后有不少人参加了擂台赛，现已有好几位中国武师败下阵来。擂台摆了一个多月，竟没有一个人是他的对手。陆正刚的意思是，希望飞鸿能来香港攻擂，为华人争面子。陆正刚信中还提到，此事可以产生重大影响，也可以为自己的门派增声誉，两全其美之事不要让别人占去了。

看完来信，飞鸿苦笑着说："正刚真是个好事者，他又不是不知道我家务、店务缠身，怎么又来信相邀？再说，我早已不问江湖之事。"话虽这么说，飞鸿考虑到此事涉及与洋人比武为华人争面子，却也不能坐视不管。于是，他将在广州的几个徒弟召集起来，想商量出一个两全其美的对策来。

林世荣有事到外地去了，凌云阶因事与人结仇已去香港，陈殿标在广西开馆授徒还没回到广东。在广州的邓芳、邓秀琼等人到了飞鸿的宝芝林店里。师徒经过商量，大家认为还是飞鸿去一趟香港为好。邓芳等人表示，他们没有绝对把握取胜，无法光大师门扬威香江，不去又令正刚等居港华人失望，因此只有飞鸿亲自走一趟。

"家里怎么办？"

听师傅这么一说，邓秀琼当即表示："师傅放心去香港吧，店里和家里由我们打理几日，把孩子们交给我，我能照料好他们。"

既然徒弟们都这么说，飞鸿决定到香港去，届时见机行事。他安排好了家中之事，立即动身前往香港。

已有一段时间没在一起叙旧的陆正刚，见师傅等人到港，自然十分高兴。他选了一家酒店，为飞鸿等人设宴洗尘。此时已在香港红磡船坞教拳的凌云阶也被叫了过来。席间飞鸿问起比武之事，陆正刚将一些具体情况详细告诉了他。

陆正刚说："各武馆报名的人很多，前几天攻擂的都失败了。据说近日又有陈馆、何馆、龙馆、范馆以及一些未设馆授徒的武林人士报名，这些报名者中以胡镜初最为引人注目。胡镜初武馆开了很久，门徒超过百人，胡的武名很响，大家对他的期望也很大。"

停了片刻，陆正刚接着说："除了胡镜初，还有阮学系的徒弟刘忠亦报名参赛。这个刘忠名气不大，本来不为人们重视。但阮学系是蔡李佛一派的高手，刘忠为他的首徒，技艺和他师傅应该相差不会太大，所以也令人关注。"

飞鸿表示："这次到香港，是否参加与洋人比武，还没有最后决定，要到时候看情况再说。"听了他这番话，陆正刚不以为然，他认为："要是别人只看不比试，还说得过去。而您是大名鼎鼎的黄飞鸿师傅，水坑口大笪地与人恶斗、制服洋犬洋人这几件事，使全港华人谁人不知您的威名呀！您来观战，做个袖手旁观者，别人还会以为您不敢攻擂呢，这让我们这些做徒弟的多没面子！"

"话虽这么说，我还是到现场先看看再说。"飞鸿觉得，陆正刚等人所见，只是他们的一方见闻，与自己到场观战的情况很可能有出入。西方的拳术与我国的拳技有很大不同，不了解对方怎么行？再说一些比试的规矩也不太清楚，所以决定先去看看，然后报名比赛也不迟。

陆正刚觉得黄飞鸿说得不无道理，就陪飞鸿等人先到西环太平戏院去观战。第一天去观战，他们发现前往观战的人还真不少，门票很快就卖完了。飞鸿等人好不容易抢到几张门票，到场内一看，戏院内已是座无虚席。

擂台前有两排座位，是留给报名参赛者坐的。飞鸿一眼望去，台上几位已报名参赛的人斗志昂扬，精神抖擞，都有志在必胜之神情。

钟声一响，台上的布幕慢慢上卷，台下响起一片掌声。紧接着，一个华人翻译和一个身材特别魁梧的洋人出现在台上。洋人向观众鞠躬之后，叽里呱啦说了几句话，翻译将他的话译成华语，大致说他（洋人）致力于拳术已有十多年，曾漫游世界各国，各国人士都承认他是大力士。这次漫游至香港，按惯例先表演拙技，然后再比武。比试一天进行三场，每场三个回合，欢迎中国拳师和大力士来切磋技艺。

洋人说完，又向观众鞠了一躬，然后退到后面。只见他脱去上衣，露出一身壮实的肌肉，接着两手略一伸缩，身上便鼓起一块块的肌肉。末了，只见他深吸一口气，将胸一挺，胸脯立即挺高了数寸。观众见状，不由得感叹他的体魄之壮，暗暗为参赛的华人拳师捏着一把汗：要想打败他，不容易啊！

翻译又一次介绍起洋大力士来，飞鸿听见他说："这位大力士体重240多磅，他的力气超过千磅。不信，大家先看他的表演！"翻译刚说完，只见洋人从旁边取来一块铁板，向铁板发力。这块铁板有三四尺长，厚度有四五分。洋人半跑式地运气，将铁板弯曲在左臂上。只听一声大吼，这块铁板被他全部弯曲缠绕在手臂上。观众报以热烈的掌声，洋人鞠躬还礼。

凌云阶对黄飞鸿说："这番鬼看样子是有几斤蛮力！"陆正刚则说："何以见得人家的就是蛮力呢？"飞鸿示意他们不要争论，继续往下看。

接下来是赛拳。翻译到台前说："现在按报名的先后次序，请华人武师登台与洋大力士比试。第一场由大力士与华人拳师'光头树'一决高下；第二场由大力士与华人拳师陈炳比试；第三场由大力士与华人拳师'阿牛龚'狭路相逢……"

钟声再次响起，第一场比赛开始。光头树不敢贸然出击，以防守为主。洋大力士左拳打来，他提左臂迎架，并抓住机会用右拳猛击洋人的脸。谁知这洋力士竟不躲避不挡驾，反而用脸主动去迎拳。正当飞鸿等人暗自吃惊时，只见台上的洋力士趁光头树不备用右拳横扫对方的头部，措手不及的光头树被打晕在台上。裁判见光头树倒地不起，跑到他的旁边数秒，数过"10"之后他还起不来，于是判他落败。

洋人的打法，更像西方职业拳击，飞鸿已掌握了他打法中的某些特点。第二场开始后，陈炳先下手为强，主动发起进攻，拳头如雨点般泻向洋大力士。这洋人虽壮，但左跳右跳，躲闪起来相当灵活。躲过陈炳的攻势后，双方进入相持阶段。忽然，洋人用左勾拳快速攻向陈的脸颊，陈炳躲闪不及，中拳后倒退了好几步，虽未倒下但眼角流出了血。裁判见状，认为陈受伤影响视线，不宜继续比赛，因此中止了比赛，判陈炳失败。

第三场比赛的钟声一响，阿牛龚与洋人便展开角斗。他吸取光头树与陈炳落败的教训，打得异常谨慎。洋人则不同，连胜两场使他认为中国武术不过如此，因此频频出拳攻击阿牛龚。阿牛龚不轻易出击，他左右跳动避其锋芒，意在消耗对方体力。裁判提醒阿牛龚："根据规则，三分钟内不出拳，就判你败北。"经这一提醒，阿牛龚只好出击，他用左拳攻击对方下颌，右手直取其胸。洋人右拳从上压落，化解他的攻势，左勾拳从侧面打向阿牛龚头部，阿牛龚防他的左勾拳，他右手重拳又来了，左右开弓，没几下就将阿牛龚打倒了。阿牛龚没能在规定的时间站起来，同样以失败告终。

回去的路上，飞鸿的徒弟对这三场比赛评头品足，一些观众对此也议论纷纷。有的说他们三人败就败在马步不行，进退迟钝；也有的说这三人的桥手太短，攻击力不够。说来说去，观众中很多人认为只有胡镜初能与洋大力士一决雌雄。

回到陆正刚的住处，大家还在回味当天的比赛。陆正刚问飞鸿："洋人连败三人，其过程您已看了，您认为洋人胜在哪里，他们三人又败在什么地方？"

飞鸿回答说："综合今天比赛的情况来看，那个大力士身手敏捷，他出拳快而且重，这是他的特点。尤其是他的左勾拳非常老道，具有相当大的杀伤力。值得注意的是，此人进攻时善于故露破绽，诱对手迫近，而后乘机出拳攻其不备，这是他的长处。至于中国武师的败因，与他们不习惯戴手套有很大关系。西方人练拳击，平时都戴皮手套，中国人练武术，有谁会戴着手套练呢？这是一个习惯问题。"

陆正刚又问："如果您上台去比试，也要您戴上手套，您将用什么办法对付呢？"

飞鸿略想了一下，告诉正刚："以我之见，上台比试应该用'左右献花'架势来抵挡他的左勾拳，破对方则用'三星哨锤''豹形插掌'等方法，才能取胜。"

凌云阶忍不住地问："为何不用您的绝技'双虎爪''无影脚'等手法呢？"

陆正刚也投来征询的目光。飞鸿解释说，这是由比赛的规则决定的："洋人赛拳，有很多规则限制，如头不能撞，肘不能摧，脚不能踢，只能用拳头打。如用虎爪，手上套有皮套，发挥不了作用。无影脚更用不上，因为规则上不让用脚踢。"

陆正刚问："师傅，您已看过比赛，是否决定参赛？"

飞鸿直言相告："现在还没定，等看过胡镜初的比赛胜负如何再说。"徒弟们知道，如果胡镜初败下阵来，师傅为给华人争口气必定上台。

第二天，飞鸿等人又一次来到太平戏院观战。同前一天一样，场内座无虚席。因为今天胡镜初等人要上台，看的人更多。大家都认为只有胡镜初能替华人挽回面子，故特意来为他捧场。一些没买到门票的人，急得在外直跺脚。

翻译上台宣布比赛名单与顺序，胡镜初果然在挑战者之列，不过他排在第三个出场。

不出众人所料，前两位华人拳师上台与洋大力士角斗，没打几个回合就败下阵来。飞鸿仔细地看着台上的比赛，一招一式都铭记于心。他要找到对方的破绽，以便打败对手为华人争光。毕竟把全部希望系于胡镜初一身，也不太合乎情理。飞鸿对陈殿标、陆正刚说："如果胡镜初败了，咱师徒就准备报名吧！"

翻译又一次走到台前，大声宣布："接下来由本港著名拳术大师胡镜初，与大力士决赛！"话音刚落，台下拍掌的、呐喊的汇成一片海洋，大家都为胡镜初助威。胡镜初赤膊登台，露出一身结结实实的肌肉，旋即坐于台侧的椅子上。他坐姿特别，两足分开，就像站"四平大马"，让人一看就知他是练功不浅的武林人士。

"叮当"一声铃响，裁判起立，将两位角斗士引入台中央。双方在台上握手为礼，眼中却蕴含杀机。又一阵铃声响起，比试开始了！

胡镜初知道，此战的成败，直接关系到自己的声誉，因此不敢怠慢，全力以赴对付洋大力士。他运足气力，向对手频频进攻，用尽桥手，密集出击，一时略占上风。洋大力士见他果然不同于前几个挑战者，也特别谨慎应战。胡镜初拳拳相逼，他左右闪躲。胡趁机进逼，用快手发拳直奔对方胸前。拳去如风，大力士中拳后倒退了好几步。观众见状，报以热烈的掌声和喝彩声。

谁料风云突变，只见大力士虚晃一招，然后抓住空隙用左勾拳向胡镜初头部扫去，没及防范的胡镜初中拳后倒在台上。洋人见状，站在胡的身边，垂手不再攻击。裁判走过去数秒，当众人以为胡失败在即时，听到裁判数到"6"的胡镜初翻身起立，与洋人再战。

洋大力士心理上占了优势，他不再躲闪，而是发动猛攻，铁拳像雨点般打向胡镜初。没多久，胡又一次中拳倒地。裁判再次举起手数起了"1，2，3……"胡镜初又一次站起来，准备厮杀。洋大力士有点迫不及待，抢前向胡镜初迎面就是一拳。这一拳出力凶猛，胡镜初被打倒跌出好几米远，并一蹶不能再起。

满怀信心的观众失望而归。

陆正刚禁不住对飞鸿说："师傅曾说看胡镜初打得如何再决定是否参赛，现在胡师傅已被打败，您报不报名？您要是不愿报名，弟子我要去报名了，不能看着华人拳师个个受辱！"

凌云阶说:“师兄不要着急，让师傅考虑一下再说，明天我们去打头阵。”

徒弟们个个在“激”自己上拳台比武，飞鸿心里岂会不知，他心平气和地对他们说:“我说过的话是算数的，胡师傅已败，我怎会自食其言而不上拳台呢？明天我就报名参赛，你们就不必多虑了。”

次日上午，飞鸿果真到戏院去报名参赛。此时报名者已越来越少，听说大名鼎鼎的黄飞鸿师傅也报名参赛，这个消息立即传播开来，许多住得很偏远的人也赶来观看这场决战。

比赛开始前，翻译宣布:“今天参加决斗的有司徒真、赵北、黄飞鸿三人，加上昨天报名的刘忠，总共四人。洋大力士决定破例打四场。刘忠要求第三个出场，其他按报名先后上场，黄飞鸿为最后一场。”

司徒真第一个上场，他腰束红布带，带上悬挂着几枚贝壳，这种打扮非常引人注目。比试开始后，司徒真用脚顿台，对着天空大喊了几声“师傅”，众人不解其意。大力士挥拳向他打去，司徒真又喊了一声“师傅”，挺胸迎拳，被击中后他不但没倒下，反而将大力士弹击出数步之远。众人感到惊奇，大力士更是暗吃一惊。司徒真见洋人呆立于台上，乘势出拳迅捷攻向对方面颊。大力士将头一偏，顺势用右拳向司徒头部横扫。司徒又叫了声“师傅”，头虽中拳，却也安然无恙。

正当大家拍掌欢呼时，大力士用左勾拳偷袭司徒真成功，司徒真顿足叫“师傅”已不起作用，轰然一声倒在台上，嘴里和鼻孔里都出血了。原来他一分神之后，气功失去作用了。裁判见他口鼻流血，终止了比赛，判司徒落败。

翻译上台宣布，第二个上场的是赵北。叫了几遍，不见有人上台，翻译只好通知刘忠准备上场。原来赵北见司徒真之惨状，畏惧洋大力士之重拳，不敢上台与他比武。

刘忠是著名的蔡李佛拳的传人（也有资料说他是鸿胜馆的），他认为不打败这个洋人，有辱于中国人，便毅然报名攻擂。他连看了几天比赛，深知这个洋人大多以长手取胜，要打败他，必须用“哨锤冲插”等方法，这一点与黄飞鸿可谓英雄所见略同。坐在前面等待上台比赛时，刘忠虚心地向身边的飞鸿师傅请教。当他将自己的想法告诉飞鸿时，飞鸿连连点头:“你说的不错，咱们想到一块去了。对付这种西洋拳术，就是要用‘哨锤’‘冲插’之类的方法。看来，今天有你上去就行了，用不着我黄飞鸿出马了！”

刘忠说：“您毕竟是前辈，又得南少林真传，上台之前，希望您还能多指点指点，这样就会多一份取胜把握。”飞鸿对刘忠这位后生非常看重，他师出名门，悟性又好，尤其是能摒弃门派之见虚心求教，更令人佩服。于是，飞鸿将自己的一些设想告诉了他，并叮嘱他要特别注意防范洋人的左勾拳：“记住，他喜欢故露破绽来诱你进攻，然后乘人不备用他拿手的左勾拳打对手的头部，要想方设法封闭他左边的攻击之路，不要让他的左勾拳发挥出来！”

有了飞鸿的指点，刘忠信心大增。比赛一开始，他就抱着为败者雪耻的念头猛攻对手。大力士见刘忠出手不凡，也很谨慎应对。观众开始对刘忠并不抱太大希望，而寄希望于下一个上场的黄飞鸿。谁料刘忠在第一个回合中占尽上风，令众人刮目相看。

第一个回合结束，双方回到座位略事休息。飞鸿又在刘忠耳边嘀咕了一阵，刘忠不住地点头。铃声再次响起，双方离座再斗。大力士转守为攻，突然运拳猛击刘忠之脸，刘忠急忙躲过。因提防这是对方的诱敌之计，不敢过于侧重防守，动作略迟被大力士的拳背擦过，刘忠被带倒于地。但他很快跃起，纵步上前，用自己擅长的“冲锤法”，向大力士胸部狠劲打去。

刘忠这一“冲锤”，势大力猛，锐不可当。大力士中拳之后，竟然倒于台上。“轰然”一声巨响，巨人倒下去了，裁判赶忙过来数秒：“1，2，3……”一直数到“10”，大力士还没起来。裁判于是拉着刘忠的手，高高举了起来。刘忠胜了，观众欢呼雀跃，有的手舞足蹈，有的抛鞋掷帽。当刘忠从人群中寻找黄飞鸿时，他已和他的弟子们离座走了。

陆正刚等人都说太可惜了，让刘忠拣了个便宜，怪师傅报名迟了。黄飞鸿笑了笑，开导他们说：“只要有人能为华人争回面子，不管是谁都是可喜可贺之事，为什么非要是我才开心呢！”事后刘忠到陆正刚处感谢飞鸿指点，陆正刚才知原来还有这么回事，更加敬佩师傅的武德。而此时，黄飞鸿早已经离开香港回广州去了。

回到广州后，黄飞鸿深居简出，仍以卖药为生。看着孩子们一个个长大，他心里说不出有多高兴。这种日子过得飞快，转眼就过了五六年。在这五六年中，广东的形势正发生着巨大的变化，革命党人活动日益频繁。

早在清政府编练新军时，一些革命党人就以见习军官的身份，在新军中扩大革命影响。1907 年 6 月，清政府批准陆军部所拟《巡防队试办章程》，广东据此成立巡防营，该营中就有不少革命党人，而顺德的巡防营，哨兵中十之八九是革命党人。1908 年 11 月，光绪帝和那拉氏相继死去，年仅三岁的宣统帝继位，由醇亲王载沣摄政。为缓和矛盾，下诏“重申实行预备立宪”，令各省成立咨议局。1909 年 2 月广东成立咨议局筹备处，而后选出咨议局议员 94 人，正式成立咨议局。革命党人利用合法身份，在广东开展反清活动。

孙中山于 1905 年 8 月在东京成立同盟会后，积极在广东发展革命势力，并组织了多次起义。其中的广州起义虽然失败了，但却产生了深远的影响。1911 年，刘永福加入同盟会，加入推翻封建王朝的反清斗争行列之中。

黄飞鸿对刘永福一直非常敬佩，但他并不知道刘永福秘密加入了同盟会。刘永福的晚年，仍然关心国事，体恤民瘼。1907 年，广西钦州三那（那桑、那黎、那彭）群众在刘思裕的领导下，举行了声势浩大的抗捐活动，刘永福对此予以同情和支持。

辛亥革命前夕，全国的革命形势一片大好，广东作为革命策源地，形势更为喜人。应广东都督胡汉民的邀请，刘永福出任广东民团总长。刘永福上任不久，就来找黄飞鸿，希望他能出任广东民团总教练。

刘永福出面相邀，飞鸿不便直言相推托。他对刘永福解释说：“您知道，我早已退出江湖多年，也不过问政治。再说父亲临终前，一再叮嘱我要弃武从医，我岂能违背父训呀！”

刘永福耐心地劝他：“此一时彼一时，过去我们都走过弯路，为清廷效力过。现在孙先生领导的革命党要建立民主新政权，我们能坐视不管吗？我想，如果令尊黄麒英师傅还在，也一定会支持你的。”

飞鸿坚持不再问江湖之事，让刘永福去另请高明。刘永福不急不躁，继续拉他出山：“民团虽不是一支正规军，但却是一支不可小视的力量，革命需要它！如果你不去掌握它，可能就会被别人利用它，甚至被反动势力利用。你是希望广东乃至全国一天天变好，还是回到过去暗无天日的生活中？毫无疑问是希望新生，不推翻清廷，哪来新生呢？”

飞鸿被刘永福说得无话可说。

刘永福抛出了他的撒手锏：“你我共事一场，在台湾结下生死之交。不为别的，就算是老朽我个人请你帮忙，你也不至于不给我这个面子吧？”

一番话说得黄飞鸿无法再拒绝刘的要求，于是 1911 年 8 月飞鸿应刘永福的邀请，出任广东民团总教练一职，任期为两年。

刘永福任民团总长期间，与飞鸿师徒交往密切，还为陈殿标推荐任职。

广东的民军一向较多，早在1857年12月英法联军占领广州后，城郊人民纷纷团练募勇自卫，设局于石井。此后各地反抗侵略者的民军纷纷成立，发动了多次起义，给帝国主义和腐败的清王朝以沉重打击。

武昌起义在10月10日爆发，并一举取得成功。广东革命党人急起直追，注重招收绿林豪杰，发展会党群众，在省城、东江、北江、西江和潮梅地区，广泛组织民军。11月1日陈炯明、邓铿率民军三千人在淡水起义，四天后新军营长、同盟会员任鹤年发动香山起义。与此同时，番禺、新会、顺德等地均爆发起义，11月9日省城广州光复。

广州光复的第二天，胡汉民从香港回到广州，就任都督，宣布成立广东军政府。当时城内外留下大批反正的新军、防营、旗营、绿营等，与民军时有矛盾。民军头领居功自傲，其他军队则视他们为绿林草寇。对这种状况，刘永福与飞鸿均表示担忧。

果然，没过多久，民军的现状促使军政府做出了错误决定，他们解散了民军。

民军对威慑济军及李准旧部发挥了很大作用，但普遍存在素质较差、纪律松弛的缺点，一些民军首领居功自傲，引起军政府的不满。起初军政府成立民团督办处，先委任刘永福为民团总局局长，以图统一各民军。但刘永福年事已高，无法威慑民军。军政府因此让黄世仲代替刘永福为民团总局局长，黄世仲不懂军事，同样驾驭不了民军。

黄飞鸿在刘永福的民团总局局长一职被解除后，自动解除了广东民团总教练一职。但后来对民军索饷闹事，却时有耳闻。胡汉民对民军不是因势利导，而是采取杀鸡吓猴的办法，革去“兰”字营镇统陆兰清之职，并枪决了“石”字营统领石锦泉，引起军心浮动。

接替刘永福任职的黄世仲更惨。陈炯明代理都督时，自任广东军团协会会长，以裁军为名，剪除异己，扶植个人势力。办报出身的老同盟会员、著有《洪秀全演义》等长篇小说的黄世仲，在广东威望颇高，当时还是民团总局的局长，公开反对陈炯明裁减他人部队、扩充自己实力的裁兵计划。1912年4月9日，陈炯明悍然派人将他逮捕，不经审讯，先行枪决，再发布告，说他“串通民军统领，冒领军饷，私图分肥”云云。

黄世仲提出裁弱留强的方针，本来是正确的，但陈炯明却妄加罪名，枪决黄世仲。接着陈炯明又以绥靖为名，大肆遣散民军。

刘永福辞职回家，黄飞鸿也重新干起了他的老本行——行医售药。他不想过问江湖之事，然而却时常会发生让人身不由己的事。

1912年的一天，一位三栏行的熟人找上门来，开口就要飞鸿伸张正义。飞鸿让他坐下，给他倒了杯茶，让他慢慢说。

这位熟人讲了他的同事冯如灿遭歹徒勒索被殴打受伤一事。

原来，鱼栏伙计冯如灿（人称“卖鱼灿”）在鱼栏卖鱼时，碰上几个蛮不讲理的恶徒，他们想强要他的鱼，又不愿付分文。天下哪有这等好事！卖鱼灿心想，你们这不是光天化日之下明抢吗？身强力壮且学过几天功夫的冯如灿不愿被他们白拿，就软中带硬地说：“不是我不想给，而是我没法交账。你们高抬贵手，大家都好过，不然的话……”

“不然怎么样？不给你点厉害你不知道马王爷几只眼！”为首的那个歹徒说着就要掀冯如灿的鱼档。

卖鱼灿血气方刚，把刀一举：“慢，要踢我的档位，先问问它同意不同意！”

为首的歹徒看见明晃晃的剖鱼刀，不敢上前，他往后退了一步说：“算你有种，算你厉害，咱们走着瞧！”一挥手，带着几个歹徒悻悻离去。

这位熟人告诉飞鸿：“我们知道那帮家伙是不好惹的，劝卖鱼灿向他们认个错，孝敬他们几条鱼，也就算了。谁知卖鱼灿却偏偏那么犟，他说凭什么要孝敬这伙王八蛋？‘养成了他们白占白拿的习惯，将来他们天天都会来伸手要。我绝不向他们低头！’”

飞鸿赞叹说：“世道太乱，坏人猖狂。卖鱼灿不向歹徒低头是对的！”

鱼栏熟人告诉飞鸿，卖鱼灿不听大家的劝，真的遭到那伙歹徒的暗算。有一天他走在路上，七八个人围上来对他拳打脚踢。卖鱼灿奋起反抗，给他们还以颜色。但终因寡不敌众，被歹徒殴打成重伤。

“那伙歹徒将卖鱼灿打成重伤，反而倒打一耙，硬说卖鱼灿打伤了他们的弟兄，要赔偿他们的药费等损失。而且他们还狮子大开口，张口就要500块大洋。”

飞鸿一拍桌子："真是岂有此理！"

三栏行的这位熟人趁机说："三四十年前，您就是我们的武术教练，我们三栏行中一些年纪大的人，对您教武一事记忆犹新，一直怀有崇敬之情。现在行里年轻人与您不太熟，但也久闻您的大名，知道您是一位仗义行侠、除暴安良的义士。卖鱼灿的事发生后，大家推举我来找您，希望您能出面救人，使卖鱼灿早日摆脱歹徒的迫害。"

听着熟人的话，飞鸿陷入沉思之中。管不管这桩事呢？自己早已退出江湖，不愿多管江湖恩怨；如果坐视不管，等于放任邪恶势力欺凌良民，助长邪气！

"您是大名鼎鼎的侠义之士，总不会任凭歹徒欺压善良之人吧？那伙歹徒说了，10 天之内不把 500 块大洋送去，不要卖鱼灿的小命，也要砍下他一条腿。"

飞鸿说："这事您让我考虑考虑吧！"

对方用激将法激飞鸿出马："三栏行的人都知道我来找您，如果您不出面，卖鱼灿要受害不说，别人还会认为您没有正义感。即使不这样认为，也会认为您老了，怕自己不是人家的对手而不敢管事。"

"不用再将我的军了，我答应出面。但不是为别的，主要是不想让歹徒太猖狂，想尽我微薄之力，匡扶正义。"

到了第十天，那伙歹徒见卖鱼灿没去孝敬他们，便气势汹汹地找上门来。他们一见冯如灿就骂："你这臭小子，是不是活得不耐烦了？今天咱们一定得了断这事，你是要命还是愿意放血（出钱）？"

飞鸿从里屋出来，强忍愤怒对他们说："大家都要活命，有事好商量。"

为首的那家伙把脸一沉："你是什么人？你有什么资格和我们商量？"

飞鸿说："我叫黄飞鸿，是冯如灿的亲戚。"

众歹徒一起拔刀出来："你想怎么样？"

飞鸿根本没把这伙人放在眼里，他对为首的那家伙说："这件事是你们挑起的，责任不在我亲戚这里。所以我劝你们双方都算了，就算给我黄飞鸿一个面子。"

为首的那家伙说："黄飞鸿？好像听说过。要给你面子也可以，这 500 块大洋就由你代他出吧！想不放血，你做梦！"

碰上这样无聊之歹徒，飞鸿知道讲理是讲不通了。他不甘示弱地说:“要是我想做铁公鸡，一分钱也不出呢?”

“那就剥下你的皮!”

已经忍无可忍的飞鸿大吼一声:“来吧！今天不收拾你们几个，就算我黄飞鸿太孬!”飞鸿边说边往外走，将他们引到外面的一块空地上。

为首的那家伙一挥手:“弟兄们，给我上！他一把年纪了，没什么了不得!”几个歹徒刚上前，就被飞鸿扫倒在地。为首的那家伙挥刀砍来，飞鸿将他的刀一脚踢飞。此刀被踢之后，直刺另一个歹徒的大腿。

飞鸿左右开弓，先将同来的其他几个歹徒打趴在地，然后全力对付为首的那家伙。这个手上有两下子的歹徒不肯认输，与飞鸿展开决斗。飞鸿见他出招凶狠，决定给他点颜色瞧瞧，让他知道厉害才行。只见飞鸿施展“虎鹤双形拳”与对手交锋，打得这家伙只有招架之力。但他却不自量力，仍想顽抗到底。

“嗒”的一声，飞鸿用力折断了对方的手臂，然后飞起一拳将这家伙打得摔出好几米远。倒地之后歹徒掏出匕首掷向飞鸿，飞鸿将匕首接过来掷向歹徒，匕首不偏不倚插在了他两腿之间的地上。歹徒吓得只好求饶，表示今后再也不敢为难卖鱼灿了。

“你敢再作恶，下次非废了你不可!”飞鸿大喊一声，“滚吧!”那些伤势较轻的家伙扶起为首的歹徒，赶紧溜之大吉。

“义救卖鱼灿”一事在羊城很快传开，市民们对黄飞鸿见义勇为、严惩歹徒的行为大加赞扬。飞鸿此后为生计所迫再出江湖，谁也未曾想到却让他遇上了一桩天命姻缘……

第十七章
天命姻缘

在有关黄飞鸿的电影中，十三姨的形象给人们留下了深刻印象。有人说『十三姨就是黄飞鸿的第四个妻子莫桂兰』，其实并非如此。飞鸿一直称莫桂兰为妾，他们的相识充满了戏剧性。1915年，时年五十九岁的飞鸿与小他整整四十岁的莫桂兰喜结良缘。此后，这对志同道合的恩爱夫妇相依为命。超凡脱俗的莫桂兰事夫之余悉心学武，成为飞鸿的得力助手。

第十七章 天命姻缘

在关德兴主演的77部黄飞鸿的电影中，黄飞鸿总是“寡佬”（光棍）一个。到了徐克导演的“黄飞鸿系列”中，忽然冒出个留过洋、貌美如花的十三姨来。她打着小洋伞，身穿洋装，还教飞鸿说“爱老虎油”（I love you）。有些人将黄飞鸿的第四任妻子莫桂兰当作十三姨，其实这是误会。历史上，十三姨查无此人。她与莫桂兰的许多情况也很不相符，完全是徐克等人的艺术虚构。

也有人认为，十三姨就是救过飞鸿的陆阿宽。网上一篇题为《十三姨非黄飞鸿恋人》的文章说，陆阿宽因救过黄飞鸿被黄父认作义女，出嫁时飞鸿还赠送了500大洋做嫁妆。文章还说，黄飞鸿与十三姨的关系是被电影渲染的，两人并没有发生恋情。不管十三姨是以谁为原型，先来看看黄飞鸿与莫桂兰的这段姻缘。

黄飞鸿“义救卖鱼灿”后，再次扬名广州城。很长一段时间，一些人几乎要忘记飞鸿了，因为他退隐于家，不问江湖之事。既然重出江湖，飞鸿也就自然而然地参加一些武林中的活动，与在广州几位徒弟的交往也比以前更加密切。开铺售药虽然日子过得比较平静，但孩子多了日子也变得拮据起来。辞职前，民团总教练一职的收入有限，为此飞鸿不得不参与一些其他活动。过了一年多，恰好佛山镇近郊的叠滘乡在风调雨顺的年头开展酬神打醮的民间节日活动，久闻飞鸿大名的叠滘人，特意到广州来请飞鸿前往该乡表演助兴。

飞鸿隐居多年，极少外出，很久没回佛山了，他想回老家去看看，会会那里的朋友。加上参加表演助兴有一些收入，于是便答应了下来。他迅速召集在广州的门徒，率团来到叠滘舞狮演武助兴。

酬神庆典那天，飞鸿和他的弟子们穿戴整齐，盛服登场。多年未见飞鸿的一些老友，见年过五十的飞鸿依旧精神抖擞，威风不减当年，不由得赞叹练武之功效。

听说黄飞鸿师傅亲自率舞狮队来助兴，当地人奔走相告，所以当飞鸿等人到达叠滘时，到处都是围着他们看热闹的人。

“擂鼓起狮！”

飞鸿一声令下，弟子们立即行动起来。他们的醒狮一路狂舞，表演了踩梅花桩、过龙门以及拆蟹等技艺。这些高超的技艺，在当时很少能看到，令当地乡民大饱眼福。看过他们的舞狮表演后，乡民们议论纷纷：

“舞得太妙了，真绝！”

“黄飞鸿就是黄飞鸿啊，果然名不虚传！”

“百闻不如一见，晚上再看他武功表演。”

……

听到乡民们的议论，飞鸿的徒弟们心里乐滋滋的。按计划，晚上还要进行狮子上楼台和武术表演。武术表演时，飞鸿将亲自上阵。

表演的中心会场搭起了一个戏台，戏台上布置了几幅色彩鲜艳的图画，四周吊着的一盏盏大灯，把戏台周围照得如同白昼一样亮。因为乡民早已听说黄飞鸿要上台表演，吃过晚饭后他们便成群结队来到这里看热闹。

在这伙看热闹的乡民中，有一老一少两人夹在其中。年少的村姑叫莫桂兰，当时年方十七八岁，年老的是莫桂兰邻家的二婶，她们结伴而行，为的是一睹黄飞鸿大侠的风采。

这莫桂兰虽是个村姑，却也懂得几下拳脚，她来看飞鸿表演，不像二婶那样完全是看热闹，毕竟她对武术还有不小的兴趣。莫桂兰一个姑娘家为什么习武？说来就话长了，这还得从她的身世说起。

中日甲午战争前后出生于高州的莫桂兰，自小生活在一个贫困的家庭。有材料说她因父母双亡后无依无靠，就辗转来到佛山叠滘投亲，平时做佣工为生。更多的报道说，她是因其伯父没儿女，小时候就过继到伯父家。她想学绣花，因此才从高州到佛山来学艺的。

有一点可以肯定，莫桂兰从小跟伯父学习了莫家拳术和跌打医术。莫家拳也是广东有名的拳术之一，相传在清代嘉庆十五年（1810 年）由广东海丰县莫蔗蛟传授给东莞县火岗村的莫达树、莫四季、莫定如、莫清骄等人，后来经过他们的完善和发展，在广东许多地方传播开来，练习莫家拳比较集中的地方有东莞、顺德、新会、广州等。

莫桂兰的伯父对莫家拳情有独钟，在他看来，咱姓莫的不练莫家拳还练别的拳不成？先练好莫家拳，才能练其他拳。小时候莫桂兰喜欢跟着伯父练功。莫家拳的练功方法分四步，循序渐进地练习：第一步练沙袋，主要是为增强臂力和站桩；第二步用穿石履一对（每只重六公斤）来练习拉马，结合两手抓沙袋练习，练指掌和拳力；第三步身上缠沙袋，练习弹跳力，增强下肢力量；第四步打大沙袋，以发展腿力为主，练习各种腿法。基本功练好了，才进入莫家拳的套路练习。

两年前到叠滘投靠亲友的莫桂兰，平时在亲戚家学绣花，空闲时也练两下功夫。她虽然也略懂莫家拳的套路，但更擅长的是舞剑。她的长剑挥舞起来，虎虎生风，非常潇洒自如，因此村里人把她称为“侠女”。

莫桂兰长得不太漂亮，但也还算可人，但天生性情泼辣，使她“年逾花讯，却还待字闺中”。邻家二婶与她很谈得来，也很喜欢这位能干的姑娘，多次替她做媒，不知为什么都被她婉言拒绝了。其实二婶不知道，莫桂兰心里有自己的择偶标准。一般的凡夫俗子，她不一定看得上。

黄飞鸿的名字，莫桂兰早就听说过了，但她从未见过真人。她想看看人家当作大侠、充满传奇色彩的黄飞鸿到底是个啥样的人，更想看看大名鼎鼎的黄飞鸿到底有多高强的武艺。

偏偏二婶是个好开玩笑的人，在去看演武的路上，二婶开玩笑说：“桂兰，一会儿到了戏台下看表演，黄飞鸿上台表演时，你敢不敢上台掴他一巴掌？”

“为什么要掴人家一巴掌？”莫桂兰不解地问。

二婶是个活得很快活的中年妇女，丈夫出洋谋生，不时有钱寄回给她，生活绰绰有余。所以平日无所忧虑，喜欢逗乐开心。她逗桂兰说：“别人是没胆量上台去掴黄飞鸿巴掌的，因为怕被黄飞鸿打扁。你不是被人称为侠女吗？我想看看你这侠女的胆量怎么样。”边说边暗自发笑，她估计姑娘会中计。

二婶装出一副很认真的样子对莫桂兰说这事，莫桂兰不知是拿她逗乐，也认真地说：“我要是敢这么做，你又怎么样？”

“你敢上台掴他小小一巴掌，我奖赏给你100两银子！”

莫桂兰回应道:“一言既出,驷马难追!这又有何难,你等着瞧吧!”说着,莫桂兰拉起二婶就往台前挤。

当日黄飞鸿登台演技,不时博得满场喝彩。

这也是老天在作祟。黄飞鸿此时正在台上表演瑶家武艺中的“瑶家耙”,其中有一抬叫“鬼王拔扇”。在表演此招式时,只见他将耙一按,举脚一踢,竟将所穿布鞋踢飞了。由于他脚劲大,飞出的布鞋直奔台下的观众,竟不偏不倚地打中莫桂兰的前额。

正找不到机会上台的莫桂兰,乘机快步奔到台上。她一手拿着飞鸿踢飞的布鞋,另一只手一巴掌掴在飞鸿脸上。

莫桂兰这一巴掌,打得不重也不轻。飞鸿一时还没反应过来是怎么回事,忙问:“姑娘为什么动怒打人?”

莫桂兰“怒气冲冲”地说:“你算什么名拳师,表演如此不谨慎,将鞋打到别人头上。如果是手中的武器脱手,岂不要伤及人命?”

徒弟们见师傅挨了巴掌,还遭一顿臭骂,气得和莫桂兰论理。黄飞鸿一世英名,被一村姑当众羞辱,免不了要闹出事端来。正当大家为莫桂兰担心时,却见飞鸿制止了徒弟们与莫桂兰舌战。

只见飞鸿微笑着对莫桂兰说:“姑娘说得很对,这一巴掌掴得有道理。我一时不慎,姑娘用巴掌提醒我,也算是惩罚了我的过错。还望姑娘息怒。”

飞鸿这么一说,大家松了口气。于是在众目睽睽之下,莫桂兰大摇大摆地走下台来。

目送莫桂兰下台,徒弟们依然心存怒气。黄飞鸿见这村姑胆识超群,敢在大庭广众之下与他论理,佩服有加。莫桂兰下去后,飞鸿拱拳向观众道歉:“马有失蹄,人有失手。在下向乡亲们有礼了:请多包涵!请大家不要哄吵,现在继续看我表演。”

此时此刻,二婶已经没有心思再看表演了,她后悔自己玩笑开大了。天真纯洁的莫桂兰打赢了赌,开玩笑要二婶付她 100 两银子。二婶知道她是在开玩笑,打赌的钱她是不会要的,便认真地对她说:“咱们先回家再说吧!”

二婶与莫桂兰回到家,她将晚上发生的事情原原本本地告诉了莫桂兰的亲戚,末了她还说:“黄飞鸿在台上表现出的大度,我有点担心他是装出来的,因为当着这么多的人他不好与一个女子计较。事后他会不会因受羞辱而报复,这是我担心的。”

莫桂兰的亲戚对此也心有余悸，生怕黄飞鸿带人来寻仇。因此，亲友们都劝莫桂兰先回高州老家躲避几天。莫桂兰却不这么认为，她说：“我料他是不会的，如果黄飞鸿在台上认了错，还要找我算账，那他还能算威震江湖的侠义武师吗？”

事后，莫桂兰也觉得自己当时确实冲动了些。她倒不是担心黄飞鸿报仇，而是觉得此举不像个姑娘家做的事，弄不好让人家觉得自己缺家教。当时不知道哪来那么大的勇气，敢在太岁头上动土，真是鬼使神差！

认识到自己有点过头了的莫桂兰，本想找黄飞鸿私下道个歉。但作为一个姑娘家，她又有点不太好意思。她犹豫了一下，当她下定决心去找飞鸿时，飞鸿他们早已离开叠滘回广州去了。

据说飞鸿回到广州后，对莫桂兰念念不忘，脑子里经常浮现出这个上台掴了他一巴掌的姑娘的形象。他认为这个姑娘有胆有识，还能说会道，与一般的姑娘不同。因为念念不忘，他便四处打听这个姑娘的情况，甚至写信去问佛山的朋友，了解她的家庭情况。

终于有一天，飞鸿忍不住了，亲自往叠滘找这个姑娘。那天他来到村头，二婶正好在村头的井旁洗衣服。飞鸿不认识二婶，彬彬有礼地向二婶打听莫桂兰的住处。二婶却认识他，仔细一看，来人是黄飞鸿而且打听莫桂兰的住处，她心里不由得一惊：找上门来报复？

看飞鸿一脸和气样，又不像是上门找茬的。二婶于是试探着问：“你好像是黄大侠黄飞鸿师傅吧？不知远道而来找一个村姑，为的是什么事情？”

飞鸿坦言相告：“上次误伤她，心里过意不去，特意抽空来看她。我觉得这姑娘很不错，想和她交……交，交个朋友。”因为有点不好意思，平时说话一向很利索的飞鸿，竟也变得有点结结巴巴。

二婶早已看透了飞鸿的心思，故意不点破他。这位热心人对飞鸿说：“她就住我家隔壁，你先到我家坐坐，我帮你去找她。”于是，衣服还没洗完的二婶就将飞鸿带到自家客厅坐下，敬奉香茶后派人告知莫桂兰，说飞鸿来探望她。

等莫桂兰准备好后，二婶带着黄飞鸿来到莫桂兰住的地方。刚进门，就见莫桂兰拱手相迎，满脸堆笑的她看上去非常可爱，与上次冲上台打飞鸿巴掌的姑娘，俨然是两个不同的人。

“不知黄师傅到访，有失远迎，请多包涵。”

飞鸿笑着说：“我们真是不打不相识。只可惜当时忙于表演，未来得及请教姑娘芳名，失敬之处，也请多包涵。”

“在下名叫莫桂兰，请多多指教。”

两人都练武，脾气都直来直去。飞鸿说：“姑娘的芳名我早已打听清楚了，所以才找上门来，否则找也找不到的。”

这样一来二去的，飞鸿便和莫桂兰相识了。

还有一种说法，称莫桂兰过继给伯父，而她伯父与飞鸿是好友。飞鸿常到莫的伯父家走动。《南海旧事》中有这么一段话：“正当她豆蔻年华时，黄飞鸿来访莫伯父，伯父留飞鸿吃饭，他一见桂兰就流露出爱慕的样子，常常逗桂兰打拳。有时故意让桂兰打倒在地，撒娇地叫她扶起，渐渐便有感情了。”

不管是不是这样相识的，有一点可以肯定的是，当黄飞鸿与莫桂兰两心相悦，他托人为媒向莫伯父提亲时，却费了一番周折。飞鸿向莫伯父提出要娶莫桂兰为继室，伯父深知飞鸿的人品，一口答应。都知道飞鸿不但武艺高强，而且正直，对旧社会泛滥的黄、赌、毒能做到一尘不染，真是难得。但莫桂兰的伯母却不同意这桩婚姻，不为别的，就因飞鸿年纪太大。

莫桂兰的伯母不愿自己过继到名下的女儿嫁个“伯爷公”。莫桂兰孩提时代就到伯父家，没有儿女的伯父伯母把她视作掌上明珠。伯父更是将女儿当作儿子养，将家传的莫家拳术教授给她。为此伯母还反对过，说姑娘家学功夫太粗鲁，有失体统。莫桂兰只好偷偷地学习，经过多年的磨炼，她不但学会了莫家拳，还学到了家传的跌打医术，16 岁时已成为精通医术的跌打医师了。

对这么一个宝贝女儿，伯母能随随便便就同意她嫁一个长四十岁的男人吗？

伯父说：“婚姻大事，关键还是看她本人同意不同意。你就不要横加干涉了，该提醒她的你可以提醒。”

伯母却说：“虽然现在是民国了，但婚姻大事自古以来都是‘父母之命，媒妁之言’，这个规矩不能破。再说黄飞鸿死了三个老婆，都是病死的，人家都说他克妻。我不愿把自己的孩子给这个五十出大头了的人！”

由于伯母的反对，这桩婚姻搁置了两年。

1976 年香港出版的《真功夫》杂志第 6 期，刊登了采访莫桂兰的文章。莫在接受记者采访时，道出了自己的身世以及与飞鸿的婚事情况。莫桂兰说，当时她是心甘情愿与飞鸿结合的，只不过一个女子不好主动提出罢了。两年后她伯母见她对飞鸿一往情深，渐渐地也就想通了，答应了她与飞鸿的婚事。

1915 年，黄飞鸿与莫桂兰喜结连理。

老夫少妻，黄飞鸿自然对莫桂兰百般钟爱与呵护。但他前面结过三次婚，尽管每次都是在前任妻子去世后续娶的，人们却都说他命中克妻。飞鸿认为老天对她们不公，也对自己不公。为了不致让“克妻”一说不幸而被言中，他在结婚前与莫桂兰商议：

“大伙说我命中克妻，我也觉得有点奇怪，怎么会发生这种巧合的怪事？所以我不想对外称你为妻，而称为妾。老天不会克了妻又克妾，这也是为你着想。宁可信其有，不可信其无。”

莫桂兰深知飞鸿的一番苦心，反正他家又没别的妻妾，至于称呼什么又有什么要紧呢？她对飞鸿表示没有意见。

洞房花烛夜，黄飞鸿与莫桂兰心情都久久难以平静。黄飞鸿与莫桂兰的婚姻，与一般人的婚姻不同，两人相差整整 40 岁。在当时又经过了两年的搁置，而今有情人终成眷属，且带有自由恋爱的性质，真是来之不易。

飞鸿想：桂兰过门了，宝芝林有了个好帮手，一大群前妻生的孩子也有了照料他们的娘，这是多么好的事啊！他为自己高兴，也为孩子们高兴。

莫桂兰依偎在飞鸿胸前，她对丈夫说，家务事她全包下了，宝芝林也可以帮着打点，让飞鸿腾出时间参加一些必要的社会活动。但她也提了一条要求：“空闲时间，你可得教我武艺啰！什么‘虎鹤拳’‘铁线拳’，什么‘无影脚’‘武郎八卦棍’，我都想学。”

“行，咱们互相切磋。你们莫家拳也有不少东西值得借鉴，还有莫家的跌打良方……”

莫桂兰嫁给飞鸿时，自己只有 19 岁，而飞鸿已是 59 岁的人。因飞鸿年纪已老，故莫桂兰未有所出。没生孩子的她，把飞鸿前妻所生的子女看作自己生的一样，对他们非常好，孩子们不久便接纳了这个新妈妈。

嫁给飞鸿后，莫桂兰在事夫之余悉心学习武艺。晨徒暮妾，他们是师徒也是夫妻。从莫桂兰那里，飞鸿也学到了不少莫家拳知识。如了解到莫家拳的特点，主要在于“手法紧密，拳势刚猛，步法灵活，突出腿法，发劲有长劲和短劲”。

莫桂兰曾告诉飞鸿：“此拳的套路，有徒手拳路和器械套路两类。徒手拳路中又分为七十四式莫家拳、二十一式人字张拳、二十八式白虎拳和三十九式桥头拳。器械套路主要有落地棍和莫家大耙，以后我慢慢给你演习。”

夫妻之间相互学习，共同长进。他们不但探究武艺之奥妙，还对跌打医术进行交流。莫桂兰把自己家传的跌打术等良方，与宝芝林黄家的良方结合起来，研制出一种为穷苦百姓欢迎的“大力丸”和“通脉散”。有了莫桂兰这样的贤内助，宝芝林生意更加红火。

黄飞鸿常抽空指导莫桂兰的武技，莫桂兰聪明好学，武艺长进很快。莫桂兰和飞鸿一样，也是一身正气。但她与飞鸿的低调不同，对国事表现出一种积极关心的态度。这也许是两人年龄差异的一种体现吧！

就在黄飞鸿与莫桂兰成亲的同一年，袁世凯与日本签订了《民四条约》，其中包括承认日本享有德国在山东享有的一切权利，并加以扩大，延长旅顺、大连的租借期等。这年5月消息传出，全国上下一片声讨卖国贼的呼声。

飞鸿的老友刘永福，此时已年近八十岁，得知袁世凯等人的卖国行径后义愤填膺，拍电报谴责袁世凯卖国求荣，并表示：如果日本逞凶，他愿以老朽之躯充当先锋，与宿敌决一死战。

“刘老将军真是爱国志士的典范！”

莫桂兰赞赏地说。她对刘永福非常敬佩，同时也为飞鸿有这样一位好友而高兴。

有报道说，莫桂兰后来协助黄飞鸿之教务，更出任当时福字军之教练。她力求进取，性格刚烈，成为广州闻名的一位女中豪杰。教武时，莫桂兰要求很严，当时人们都称她为“莫教头”。

有一个流传很广的故事，反映了这位女中豪杰当时一身正气的精神风貌。

“莫教头”的名声在广州不胫而走，许多人慕名要拜莫桂兰为师。飞鸿晚年身体不如前，不再收徒，学武者基本上由莫桂兰指教，这使她名气越来越大。跟她学武的，不仅有男的，还有少数女徒弟。

有一天，一位长得如花似玉的姑娘上门来，要拜莫桂兰为师。莫桂兰见她长得这么漂亮，担心她不能静下心来习武，就对她说：“都说学武是男人的事，你一个女子为何要习武呀？”

对方笑着说：“习武可以健体防身，所以我想学。如果说这是男人才能做的事，那么请莫教头告诉我，您这一身功夫是怎么来的？”

莫桂兰觉得这个姑娘挺会说话，看她模样长得好，人也聪明。为了给她打“预防针”，莫桂兰又对她说：“练武是件很苦的差事，你一个姑娘家，细皮嫩肉的，吃得了吃不了这份苦？”

这位姑娘回答：“干什么不吃苦都不行，我已经作好吃苦的准备，请莫教头收下我为徒。”

莫桂兰答应让她来试试：“如果你能坚持三个月，我就正式收你为徒。”姑娘没想到莫教头这么认真，收徒还得三个月考察期。想到“严师出高徒”这句古训，姑娘当即表示，愿意接受莫教头的考察。

三个月很快就过去了，这位姑娘坚持下来了，莫桂兰正式收她为徒。谁料这姑娘是瞒着家里人自己偷偷来学武的，家里人并不知道她投在了莫桂兰的门下，因此引出了一场不大不小的纠纷。

当地有位名伶叫李筛芳，见姑娘长得貌美超众，就想收她入戏行当女伶。李筛芳找到姑娘家，说服了她的家长。姑娘的母亲听说入戏行收入不少，一时糊涂就答应了李筛芳。

“口说无凭，立据为证。”李筛芳怕姑娘的家里人将来反悔，就提出要签立契约。姑娘的母亲认为学会一技之长是件好事，将来可以混碗饭吃，于是也没多想就签了契约。

当时唱戏的伶人在社会上地位极低，被人们称为“戏子”。姑娘见母亲把自己交给了李筛芳要入戏行，心里一万个不愿意。她的父亲后来得知了此事，也极力反对，责怪其母做事草率，说她弄不好要毁了女儿一生。

尽管她父亲极力反对，但契约已签，反悔不得。怎么办？违约要赔巨额损失给人家，哪去弄这么一大笔钱？去戏行当伶人，地位低、前途暗淡，岂不苦了自己？姑娘托人带出话来：

“我不管，反正我不入戏行，我还是跟着莫教头学武！”

父亲对她跟莫教头习武一事，已有所闻。女儿这句话，反而提醒了这位做父亲的：对，请莫教头出面来摆平此事！为父的像是找到了救星，脸上的忧郁神色一扫而光。

姑娘的父亲找到莫桂兰，把此事说了，并向莫求助。莫桂兰最看不惯别人做这种强迫他人意愿的事，她认为任何人都有自己选择学什么不学什么的权利。别说这位姑娘还是她徒弟，就不是她徒弟，此事她也管定了！

莫桂兰有一副侠义心肠，她让姑娘的父亲带上她的名帖到李篩芳处要人。姑娘的父亲连连致谢，带上莫桂兰的名帖去找李篩芳。李篩芳慑于莫教头的威名，岂敢不照办？无可奈何地把那姑娘放了。

人虽放了，但李篩芳心里不服这口气，便向另一拳派的名师求助（莫桂兰年事已高时谈及此事，据她所说这位宗师姓吴。因莫桂兰的记忆关系，未能证实）。过了一天，这位宗师和李篩芳的父亲、兄长一起来到宝芝林，意欲兴师问罪。

他们三人进入宝芝林后，黄飞鸿正在厅中杠床打瞌睡，莫桂兰则与众人在阁楼干活。李篩芳的父兄齐声大喊："莫教头在吗？"

莫桂兰听见有人找她，便匆匆从阁楼下来。见三个素未谋面的大汉在厅中站着，不像是来寻医求药的，不禁愕然。来者不善！她有一种预感。她朝杠床打瞌睡的飞鸿望了一眼，飞鸿被叫喊声吵醒了片刻，又回瞌睡中去了。有飞鸿在，莫桂兰踏实得多，她问："你们找我有何指教？"

"我们是来领教莫教头功夫的！"

"领教？你们要领教什么？"莫桂兰不知他们为哪桩事来领教，李篩芳的父亲、兄长道明自己的身份后，她便明白了八九分。莫桂兰说他们不该强人所难，李篩芳父亲、兄长则指责莫桂兰多管闲事。

话不投机半句多，莫桂兰知道与他们讲道理是讲不通的，既然他们上门来挑战，那就来吧！莫桂兰毫无畏怯地问："来吧，你们谁先上？"

那位武林宗师说："我先来！"李篩芳的兄长争着要他先上。莫桂兰指着那位宗师说："那就你先上吧！"

莫桂兰心想，既然这位武林中人是李篩芳专门请来帮忙的，必定有两下子。如果把他制服了，剩下的李篩芳父亲、兄长就好办了。

"不过，要打就是要打困笼的（意即闭门决斗，必须待某一方被打倒后才能算决出胜负），其余的人请到外面等候！"

当时气氛极为紧张，大有恶斗一触即发之势。宝芝林帮工的把飞鸿叫醒了，飞鸿不露声色在一旁静观其变。

李筛芳的父亲是个盲公，虽看不见莫教头长得如何，却从她的言语中感悟到她的豪气与不凡，觉得她不愧为威震羊城的女中豪杰，不禁对她肃然起敬，李父因此产生和解之意。

李父既有和解之意，便站出来说："大家都是武林中人，一家人何必如此伤和气？大家各自表演一套功夫看看就算了罢！"

能化干戈为玉帛当然更好，既然李父这么说，莫桂兰也同意道："见见功夫也是好的。"被李筛芳请来帮忙的那位武师，见东家都这么说，也就顺水推舟地表示："如此最好，免伤和气。玩两下功夫，就算切磋技艺吧！"

于是那位武师先"玩"，他随便表演了二三十个动作的套路。轮到李筛芳的兄长，他更是盘膝而坐玩了几下后便草草结束了。这场一触即发的武林恶斗，在莫桂兰表演完后，终于化干戈为玉帛，大家各自客气了一番，各自回去。

事后，黄飞鸿问莫桂兰："当时害怕不害怕？"莫桂兰回答："稍微有一点紧张，主要是不知对方功底，怕失手有损自己名声。至于其他的危险，我一点都不害怕，不是还有你这只老虎坐镇身后嘛！"

莫桂兰与李筛芳的这场恩怨故事，不久流传于武林之中。后来那位"御用"武师才知道，他的师傅，早年竟是跟着飞鸿习武的。照辈分而论，黄飞鸿就是他的师公了！这位武师大惊失色，生怕成为武林唾骂的目标，于是有一天，他带上礼品来到宝芝林，向莫桂兰致歉，并毕恭毕敬地对飞鸿叫了一声"师公"。

飞鸿有点莫名其妙："我是你的师公？"

"是的，你真的是我师公。"那位武师把他师傅的名字说出来，飞鸿才恍然大悟。他开玩笑说："真是大水冲了龙王庙，一家人不识一家人。你看你，找茬都找到师公的门上来了！"一句话，说得对方羞愧地低下了头。

在知天命之后的年龄认识莫桂兰，他们的婚姻又带有老天安排的巧合，飞鸿的第四次婚姻常常被人们称为天命姻缘。飞鸿对这桩自由选择的婚姻十分满意，与前面的几位妻子相比，莫桂兰身体健康，更充满朝气。尤其是他们之间有共同的爱好——武术，使夫妻俩真正称得上志同道合，有更多的话题。

夫妻之间往往是会互相影响的，取长补短，这是婚姻带来的果实。美满的婚姻，更是能够起积极作用的精神动力。飞鸿与莫桂兰成家后，精神面貌也发生了不小的变化，他似乎变得更年轻了。心态的年轻，使他由过去的低调退隐，变得更积极地参与社会活动。黄飞鸿又回来了！武林圈内的人由衷地高兴。

飞鸿的二儿子汉森，学武很投入。过去只有飞鸿一人指导他练武，现在有了新妈妈莫桂兰，他又多了位教头。莫桂兰又当妈妈又当他的师傅，令飞鸿省了不少心。

风云变幻，飞鸿周围的人和事也日新月异。此后他的友人和徒弟中发生了一系列变故，有的与他永别，有的与他分离。欲知到底发生何事，且看下章分解。

第十八章
悲情离合

刘永福与世长辞，勾起黄飞鸿无限的悲伤。由刘永福之永别，飞鸿想到了与陈殿标、林世荣等徒弟的生离，更挂念他的几位高徒。广东的政局变化无常，最终还是操纵在桂系军阀手中。动荡年代，生活艰难，飞鸿到梁氏蟀猎场担任守护。广东精武会成立，他在会上表演了『飞砣』绝招。1921年林世荣回广州举行慈善义演，师徒短暂相见，此后又是漫长的分离……

第十八章 悲情离合

1917 年 1 月 9 日，著名的反帝爱国将领刘永福溘然长逝，享年八十岁。噩耗传来，飞鸿心里非常难过，因为他曾与刘永福同生死共患难，与刘永福关系非同一般。

纵观刘永福的一生，是令人崇敬的光辉的一生。他从一个反清义士转变为反帝骁将，为捍卫领土完整和维护民族尊严，先后同法国和日本侵略者进行了艰苦卓绝的斗争。在不屈不挠的战斗中，屡建奇功，刘永福堪称了不起的军事家、民族英雄。晚年他加入同盟会，再次投身于反帝反封建斗争行列，为他一生画上了圆满的句号。

黄飞鸿与刘永福性情相投，因为他们都出身于穷苦人的家庭，都有一种疾恶如仇的个性，为伸张正义而敢于挺身而出。对于民众的疾苦，飞鸿和刘永福都很关心。刘永福除了 1907 年支持广西钦州“三那”群众的抗捐活动，他此前还在广东参加过几次调停民间械斗的行动。

有一次，居住在南庄罗格围的关、罗二大姓，因一小事起衅，关姓中的一个武官与当地大豪绅联名诬告罗姓聚众造反，请求总督谭钟麟派兵清剿。两广总督接报后信以为真，先派统领郑润才前往围剿，烧毁罗姓许多住房和圩场。罗姓人被迫反抗，双方各有死伤。总督谭钟麟再派刘永福率兵围剿，刘永福发现所谓“造反”是诬告后，下令停止进攻南乡村，并与谭钟麟三次激烈交锋。最后终于迫使谭放弃围攻，救当地人于水深火热之中。

“这么好的一个人，怎么说走就走了……”

莫桂兰伤感之余，也发出了无限感慨。飞鸿与刘永福相识后，有很长时间是他的部下。但在飞鸿看来，刘永福一点官架子也没有。比飞鸿大二十岁左右的他，在飞鸿心目中一直是一个大哥的形象。他关心民众疾苦，爱护自己的士兵，为国为民不计个人得失，这种人真是少有啊！

往事一幕幕浮现在黄飞鸿的眼前……

刘永福不仅对飞鸿很器重，对他的徒弟们也很关照。那还是在很多年前的一个元宵节，市民张灯结彩，把羊城的夜景点缀得异常迷人。刘永福也让人挂上彩灯，与下属们饮酒庆佳节。正喝得高兴，刘永福听到远处传来阵阵锣鼓声，询问为什么这么热闹，下属告诉他这是群众在街头舞狮。刘永福也想热闹一番，心想大名鼎鼎的舞狮采青高手还在我的帐下呢！他让人立即把飞鸿这位军中技击教练召来。

不一会儿，飞鸿前来报到，刘永福让他准备舞狮。领命后，飞鸿让人立即准备好醒狮、锣鼓等，并派人赶往陈殿标、凌云阶二人住处，通知他们即来会合。一切准备就绪后，飞鸿禀告刘永福，刘十分高兴，让他们到演武厅表演。

随着锣鼓声响起，陈殿标与凌云阶捧狮起舞。得到黄飞鸿训练的这两位高徒，舞姿精妙，喝彩声四起。刘永福不由得夸道："出众出众，名不虚传！"

舞完狮，陈殿标登上演武台，进行武术表演。只见他运气作势，两手臂的肌肉顿时凸起。进入套路表演，运掌挥拳，虎虎生风；一跳一跃，非常敏捷。

刘永福见其体魄雄健，有驯狮伏虎之态，不禁暗暗称奇。表演完毕，陈殿标对着台下作揖为礼，然后退下。刘永福问坐在身旁的飞鸿："他叫什么名字？是不是我们的士兵？"

飞鸿如实相告："他叫陈殿标，不是军中士兵，是我过去教的徒弟。"

刘永福毫不掩饰地说："真是严师出高徒，我很喜欢他，要给他奖励！"刘永福当场奖励陈殿标金牌一面，白银五十两。飞鸿代陈殿标先向刘永福致谢，陈殿标上前领奖时又当面致谢。此后陈殿标又表演了师傅教的八卦棍，再次得到刘永福的奖赏。

后来刘永福又问起陈殿标目前的情况，得知他没事干时，写了一封信让殿标带上，推荐他到广西苏元春的军营当技击教练。陈殿标带信前往广西，尽管抵达苏元春营中时，苏已准备将军队解散，但刘永福对飞鸿徒弟的关照，由此可见一斑。

那次表演后不久，凌云阶因结仇身受重伤，为逃避对方报复逃往香港，后来在红磡船坞教拳。

据后来得到的消息，广西苏元春解散军队后，陈殿标先是在广西卖武售药维持生计。作为飞鸿的得意门生，他是三名得到秘传无影脚的高徒之一（另两名为梁宽、林世荣），他坚信自己能在广西活出个人样来。由于他确实武艺高强，当他在梧州用竹竿战胜拳师邬彪雄的大刀后，名震广西，许多人到他的武馆来学武。

据说后来陈殿标母亲的寿辰，徒弟们肩挑礼物前往祝贺，光是在路上的就有数万人之多。清朝地方当局怀疑他是革命党人，下令逮捕他，陈殿标闻讯后与其母连夜逃往安南（今越南），并改名陈锦泉。民国成立以后，他才返回广东，后来迁居香港麻油地。

往事一幕幕回首，飞鸿难免伤别离。由刘永福的死别，想到与徒弟们的生离，心中不由得泛起阵阵伤楚。自从上次到香港去准备攻擂见过陆正刚和凌云阶，已有很长一段时间没到香港去了，此后陈殿标也去了香港。飞鸿自言自语地说：

“云阶、殿标他们现在香港不知怎么样了？”

生离死别，更令飞鸿挂念的是他的爱徒林世荣。民国初年，林世荣曾替福军吴仁湖统领做军中教练。在清末民初这个动乱的年代里，一个习武者是看不到出路的。他们为了生活，多数在军中觅一些教练之职。而做军中教练所得到的俸薪，仅够糊口而已。所以林世荣除了做教练，不得不干点别的事。

社会动荡，为习武者提供了用武之地。当时许多戏院常有暴徒捣乱，戏院老板为此不得不聘请一些功夫高强的人来维持场内秩序。西关的乐善戏院老板正是出于这一考虑，雇林世荣为护卫。

因为林世荣受雇当了乐善戏院的护卫，他和他的徒弟出入这间戏院看戏，往往就不用购门票了。林世荣有个徒弟叫朱虾，有一次带朋友到乐善戏院看戏，他不知已经换了老板，仍不买票直入乐善戏院看戏，遭到对方阻挡，双方发生冲突。自知寡不敌众的朱虾退回武馆，向师傅求教。林世荣问明情况，责备徒弟不该惹事。

朱虾等人不服，带人重新杀回戏院，双方大打出手。林世荣闻讯，只得亲临戏院，谋求和平解决此事。戏院方面认为林是来帮徒弟斗殴的，于是火速召集衙役警政增援。林世荣进戏院后，他们一关闸门，蜂拥而上对他大打出手。

当时林世荣一方只剩他和弟子关坤、邓二等几个人，而且是赤手空拳。在这生死关头，林世荣力劈数人，夺得一对铁锏，他将其中一铁锏给徒弟，自己手执另一铁锏，奋勇杀敌。

这场恶斗从二更打到四更，对方死伤惨重。欲置他于死地的戏院方的打手，也豁出命来与他死拼。林世荣怕时间长了体力不支，到时候寡不敌众，便想方设法突围。他从口袋中取出两枚铜钱，打掉戏院两只大光灯。顿时，戏院内漆黑一片。林世荣乘机用铁锏砸铁门的开关，将门砸开后混入人群中脱险而去。

戏院老板获悉林世荣逃脱，为给那些被林世荣打死打伤打残的人一个说法，出花红悬赏缉拿林世荣。林世荣自知闯下大祸，不敢回自己的武馆，连夜出逃，不知去向。

“这事一晃就很多年了，也不知这么多年来世荣在哪里，过得怎么样?”

莫桂兰进来，飞鸿从回忆中重返现实。见飞鸿问及林世荣的情况，莫桂兰就把她从别处听来的一些有关林世荣的情况告诉了他。

听说林世荣当时逃至西豆栏街，想先到万和熟药店躲避。店主本是林的熟人，但他怕事竟不敢开门。无奈之下，林世荣只好来投徒弟孔宝发开的柴炭店。徒弟知道内情后，对林世荣说:“这里也不是久留之地，伙计人杂，人心难测。”他给了林世荣一些盘缠，让他快走。天色渐渐亮了，恰巧雷电交加，大雨倾盆，林世荣带着徒弟谭就化装成小贩冒险渡河，三天后抵达家乡南海平洲。

他先躲在田头的草寮，让徒弟进村把自己的侄儿叫来。侄儿告诉他，悬赏捉拿他的告示已在四乡张贴了，已有差捕化装成百姓在他家乡窥探，让他尽早离乡。林世荣让侄子回家带自己的妻子来见上一面，见面后他和谭就取道四会城，来到怀集他姐丈处安身。

“听人说他在怀集住了一段时间，碰上贩私盐的强盗，他率盐丁十余人把强盗打得狼狈而逃。姐丈怕他暴露身份，不让他在外露面。而那时通缉他的告示也贴到怀集来了，林世荣既不敢练武也不敢外出交友，心里很烦。住了一段时间，他离开怀集不知到哪里去了。有人推测，他可能到香港去投奔他的徒弟去了。”

飞鸿说：“要是真的去了香港，那倒也好。那里有正刚他们在，他自己还有不少徒弟在那边。人生地不熟，没人帮衬真不行啊！”

广东的形势发展，风云变幻莫测，使逃到港澳等地的人不敢轻易回来。袁世凯窃取辛亥革命的果实后，开始革命党人对他还抱有幻想。1913年3月20日，袁世凯派人在上海暗杀宋教仁，接着向五国银行团进行善后大借款，出卖国家主权以换取帝国主义的支持，孙中山先生发动了讨袁的“二次革命”。

同年6月14日，陈炯明接替胡汉民任广东都督，经孙中山鼓励，陈炯明在一个月后宣布广东独立。但袁世凯收买了不少陈炯明的部将，这些被收买了的军官反对独立，不听陈的指挥。龙光济趁机率兵进攻广州，攻下广州后出任都督，成为袁世凯在广东的代理人。陈炯明出走香港，二次革命失败。

二次革命失败后，龙光济在广东进行了长达三年的残暴专制统治。他扩充军阀武装，剪除异己，摧残民主实行专制，为袁世凯复辟帝制效劳。他搜刮财富还是小事，残杀了大量革命党人和群众。因此在他统治广东时，反袁讨龙斗争一直没停止过。

袁世凯复辟帝制后，1915年12月蔡锷、唐继尧通电宣布云南独立，各派反袁力量组成护国军，进行护国战争。1916年3月广西陆荣廷响应，宣布独立。6月袁世凯病死，龙光济投靠段祺瑞。7月北京政府任命陆荣廷为广东督军，桂系军阀乘机占据广东。

1917年7月张勋复辟失败，黎元洪下台，冯国璋代理总统，段祺瑞又担任国务总理，重掌北京政府大权。段军阀对外卖国，对内实行封建军事独裁统治，拒绝恢复国会和《临时约法》，孙中山于是到广州领导了护法运动。

桂系军阀与滇军勾结，实际上操纵了广东的实权。1917年8月25日，非常国会开会，决定成立军政府。9月非常国会选举孙中山为海陆军大元帅，选举陆荣廷、唐继尧为元帅。军阀并非真心护法，陆、唐在军政府成立后破坏北伐，分裂军政府、排挤孙中山。

到了1918年军阀们操纵非常国会，改组军政府，取消大元帅，改变护法方向。孙中山被迫通电辞职。5月21日孙中山离开广州去上海，第一次护法运动宣告失败。

尽管广东的革命有着深厚的群众基础，但长期被军阀控制政权，社会政治混乱，政权交替令人眼花缭乱。在军阀割据时期，经济发展缓慢，人民的生活水平下降。黄飞鸿生活在其中，对这一点是深有感触的。

1918 年，广州十八甫福安街梁氏蟀猎场的老板托人来找飞鸿，希望他能到该蟀猎场去担任守护。梁氏托人找他，一是久闻飞鸿大名，知道他武艺高强；二是四十年前飞鸿曾在佛山平政桥斗蟀场为卢九叔任“护草”，威名至今流传于各斗蟀场。梁氏把飞鸿当作一座保护神，想以他来压住那些捣乱的地痞流氓。

年过六十岁，诸事都要考虑。此时飞鸿已经 62 岁了，莫桂兰担心他年纪大了，怕他身体吃不消，不太主张他去。不说别的，万一蟀猎场内发生纠纷，引起群殴，飞鸿能对付得了吗?

世道不安，飞鸿眼见宝芝林生意一天不如一天，家中开支又大，便想帮莫桂兰减轻点负担，他坚持去斗蟀场任职。

“穷有穷的活法，你还是在家打点药店的生意吧!”

“咱家的宝芝林有你一人就够了，我还是不能在家坐吃山空。你就让我出去试试吧，忍受不了啦，我自然也就回头了。”

莫桂兰拗不过他，只好同意让他去。这样，飞鸿到梁氏蟀猎场担任了一段时间的守护。说是“守护”，实际上就是保镖、保安。

蟀猎场的报酬并不高，但飞鸿是那种做事非常认真负责的人，每天他早早就到场，直到蟀猎场关门他才离去。有他这尊“神”镇住这个场子，那些想来捣蛋讹诈的人都不敢起这个念头。对此，蟀猎场的老板对飞鸿十分满意。

二儿子汉森见飞鸿这么大年纪了，还要到外面给人家当护卫，心里很不是滋味。他对飞鸿说:“老爸，我也是 20 岁的人了，我也和哥哥一样出去找事做，你就别再去外面忙了。”

飞鸿认为，儿子这么懂事，确实也长大了。后来，莫桂兰和孩子们一起劝他，他也就辞去梁氏蟀猎场的守卫一职。

转眼到了 1919 年。年初，上海精武会派陈公哲、姚蟾伯等人前来广州，创办精武会广东分会。他们离开上海前，精武会曾召开大会商讨此事，会后会长施德之与夫人为陈、姚等人送行。

陈公哲、姚蟾伯来到广州后，为打破门户之见，拜访了广东武林中许多名家，黄飞鸿自然也在其中。他们准备在 4 月举行成立大会，希望黄飞鸿届时能参加他们的成立庆典活动，并说大家希望能看到黄大侠表演绝技。

精武会由一代宗师霍元甲于 20 世纪初创建于上海。1909 年霍元甲与卢炜昌、姚蟾伯、陈公哲、郑灼臣、陈铁丝等爱国青年，以“乃文、乃武”“惟精惟一”为建会宗旨，以爱国、正义、修身、助人为己任，以强身健体、洗雪“东亚病夫”之耻为目的，在上海闸北始创“精武体操会”，1910 年改名为“精武体育会”。会徽是盾形，代表以武自卫。

精武会打破了以往根深蒂固的门派之别以及厚己薄彼的派别之见，成为中华武术史上第一个教授多家拳术的民间爱国武术组织。该会有很多赫赫有名的国术名家，如精武会第二代总教练中，有弹腿门赵连和、罗汉门孙玉峰、螳螂门罗光玉、鹰爪门陈子正等。开始主要以北派拳术为主，他们到广东发展，目的就是要融合南方武术。

正因为精武会摒弃门户之见，以宣传体育救国、振兴中华为己任，因此得到了全国各地武林爱国人士的支持回应，他们先后在汉口、广州、梧州、南宁、佛山等地成立分会，并影响到香港、澳门、新加坡、马来西亚、越南等地华侨聚居较多的商埠。

早在 1915 年，孙中山先生在上海出席精武会举行的第三届运动会。会上他发表演说，肯定了精武成绩，后来在建会十周年时还为精武特刊《精武本纪》撰写序文，对精武会的工作给予了高度评价，并题写了“尚武精神”的横匾。十余年间，精武会已发展成为世界性的群众武术组织并名扬中外，这是后话。

回到广东成立精武分会这件事上。黄飞鸿接到精武会广东分会筹办者的邀请后，他没有理由拒绝，便准备参加这次武林的重大活动。上海派来的人紧锣密鼓，在广州西关荔湾湖角选定了一块地方做会址，然后积极物色武林高手来担当广东精武会的教头。

精武会的人深知飞鸿在南方武坛的知名度，对他的武艺武德也深为佩服，考虑到飞鸿年纪大了，不宜过累，就没聘请他担任教练。而最终聘请孔昌师傅担纲此职，孔的徒弟邵汉生则任助理教练职务。除了珠江派孔昌，广东精武会还聘请了不少其他南派名家为教练，如广州七星螳螂门的苏华荫等，使精武会成为真正集南北两派的武术组织。

广东精武会派人告知黄飞鸿，该会定于1919年4月9日，在广州海珠戏院举行成立大会。他们的负责人再次希望飞鸿届时出席，并表演他的拿手绝技。

莫桂兰问飞鸿："你的绝招好像还不少，什么八卦棍、无影脚、虎鹤拳、铁线拳、飞砣等，不可能每项都表演吧？你准备露哪一手给同行们看看呢？"

飞鸿开玩笑说："绝招是要有所保留的，否则大家都会了，怎么称得上'绝'呢！我会考虑的，到时候我既要一展绝技，又不会让人家偷学了本领。"

一席话，说得莫桂兰忍不住笑了："你还懂得留一手？头一回听说，不简单啊！我看呀，成立大会上那么多武林高手，你还是使出浑身解数吧，不要又把鞋子踢飞了，砸到别的姑娘头上，再抛一次'绣球'。"

说笑归说笑，飞鸿还是认真准备了一下。到了4月9日那天，海珠戏院门口被装扮得比往常更加光彩迷人，一条巨幅标语横在进门的正上方，上面写着"广东精武会成立大会会场"几个字，格外引人注目。门的两侧，彩旗飘飘，摆满了武林各派及个人送的花篮。

在这次精武会的成立大会上，飞鸿见到了许多广东武林的名家。而对他的同乡邵汉生，留下了很深的印象。

邵汉生1900年出生于南海县三山乡奕贤村一个贫苦家庭，八岁时他便来到广州谋生，后来拜乐义堂武馆洪拳师傅冯荣标为师。在冯师傅那里学了两年，他的武功进步很快，并对武术产生了极为浓厚的兴趣。以后他又拜孔昌为师学习蔡李佛拳，跟孙玉峰学习北拳，经过多年的苦练，年纪轻轻的他便成为技通南北的武术家。

精武会广东分会成立时，邵汉生正好20岁，他跟随孔昌师傅入精武会教练组，担任助教职务，而后又任精武会广东分会珠江派副主任。见了黄飞鸿，邵汉生表现得彬彬有礼，请黄飞鸿这个前辈多多指教。

飞鸿说："指教谈不上，可以切磋交流。我已老了，不是当年的黄飞鸿了，而你正当年，又练得一身功夫，还能博采众长，真是后生可畏呀！"

精武会广东分会的成立大会搞得非常热闹，邀请到会的名师有好几位，他们都表演了自己的武技。轮到飞鸿表演时，主持人向到会的人宣布："下面上台表演的，是少林洪拳大师黄飞鸿师傅！"话音刚落，戏院内响起一阵长久不息的掌声。很多人尤其是武林中人都听说过飞鸿其人其事，知道他是个曾经威震南方武坛的名师，有人甚至将他与霍元甲相提并论，成“北霍南黄”之说。“北有霍元甲，南有黄飞鸿”，许多武林后来人都想看看黄飞鸿的风采，今天总算如愿。

飞鸿面带笑容走上台，向台下观众拱拳行过礼，告诉大家：“今天我要给大家表演的，是飞砣技术，请在座的武林朋友多多指教！”台下的观众再次报以热烈的掌声。

戏台的桌子和凳子上，分别摆了一些小件的物品，有茶杯、碗筷和水果等，这些东西放置得远近高低各不同。飞鸿从身上掏出早已准备好的飞砣，开始将飞砣舞起来。

他带的飞砣用铁块制成，上面系着一段坚实的绳子。当飞鸿甩动手臂时，飞砣开始在空中飞舞。“呼呼、呼呼”的风声，一阵急过一阵。观众初时见到的是一道飞舞的白光，不一会儿便只能看到空中盘旋着的是个圆圈了。

“啪”的一声，飞鸿随手一甩，飞出去的飞砣便击中一个目标。他一使暗劲，飞砣又被拉了回来。转了两圈后，他又一甩，再命中所指的目标。如此准确无误，令观众大为叹服。

接下来，飞鸿加快了出击速度，他一转身，飞砣来回飞出去好几趟，而且每次都命中了目标，十多秒钟他便打下了一大堆目标。

好戏还在后头，表演完了带绳的飞砣，飞鸿再表演飞砣入埕技艺。这是他从小就练成了的一大绝招，很多人只听说过没见识过。见工作人员把一个小口酒埕支起，架在舞台一侧，都屏住呼吸看飞鸿表演。

“能不能将酒埕再支高一点？”飞鸿艺高人胆大，居然主动给自己出难题。工作人员只好照办，将酒埕的位置加高了许多。

“注意了，在下要表演了！一、二、三！”

“三”字一喊出，飞鸿手中的飞砣也出了手。只见飞砣直奔酒埕而去，“当”的一声钻进了酒埕，再从埕底飞出，坠于台上。

“好功夫！”台下一片喝彩声。内行人知道，酒埕没全破，只是底部被打了个圆洞，说明飞鸿的内功达到相当的功力，只有打得又准又狠，才能产生这种效果。

台下有人喊：“请黄大侠再来一次！”

飞鸿想，来就来吧，我又不是“瞎猫碰上死老鼠”——靠运气来的！观众要求再来一次的呼声更强烈，飞鸿二话没说，从身上掏出一支飞镖，一甩手朝酒埕口甩了过去。这次，一点声音都没有，眼尖的人定睛一看，那支飞镖已经从酒埕钻出来，扎在戏院的墙上。

“黄师傅，你表演得太妙了！”

“什么时候有空，教教我们吧？”

飞鸿从台上下来后，很多不认识的人也热情地和他打招呼，称他“雄风不减当年”。飞鸿非常高兴，因为在这个成立大会上，各门派的武林高手都能坦诚相处，打破了过去那种恶意相贬的陋习。精武会能融合各家各派，他认为这是极其难能可贵的，它不但有利于武林各派的团结，对中国武术的发展也必将起重大的推动作用。

广东精武会成立后，开展了大量的工作，对促进广东武术的发展，发挥了积极的作用。邵汉生不久被广州务本小学聘为武术教师，后来他还自己创办过以武术为特色的小学。此后到香港，受聘于新中影业公司，这些都是后来的事。

1920 年春，陈公哲和他的胞妹与上海精武会主任陈士超到广州，参加广东精武会成立一周年庆典。庆典活动结束后，他们一行到佛山参观，佛山方面积极主张创建佛山精武分会。经过双方共同努力，第二年佛山精武分会挂牌。

看到广东武术界这种精诚团结的趋势，飞鸿由衷地感到高兴。高兴之余他又联想到自己徒弟的处境，尤其对林世荣表示担忧。如果那时候，武林各派能像精武会这样团结在一起，什么纠纷不好调解呢？

飞鸿想念林世荣等徒弟，没过多久他这一愿望竟实现了，令他大喜过望。

1920 年 8 月，为推翻北洋军阀的统治，夺回广东革命根据地，孙中山决定先打倒桂系军阀，再图统一中国，为此他命令援闽粤军总司令陈炯明回师广东。与此同时，孙中山派朱执信等由沪返粤，联络国民党旧部和民军，响应讨桂军事行动。

10 月 29 日，粤军在各界群众的支持下一举攻克广州。桂系残部逃回广西，其统治广东的历史宣告结束。

桂系军阀被逐后，11 月 10 日孙中山委任陈炯明为广东省长兼粤军总司令，月底他重返广州主持政局，军政府重新恢复。

1921年4月7日，国会非常会议参众两院联合会在广州举行，会议通过了《中华民国政府组织大纲》，孙中山以218票当选为非常大总统。5月5日孙中山就任非常大总统，撤销军政府。在对外宣言中，孙中山希望各国承认广州政府“为中华民国惟一之政府”。

广州革命政府获得了广东人民的支持，广州数十万市民举行隆重集会和游行，庆祝新政府的诞生。广东局势好转，使广大市民看到了希望的曙光，一些逃往海外的人纷纷回到广东。

也就在这一年，广州孤儿院发起慈善筹款，在香港站住了脚的林世荣应邀回广州参加慈善义演。林世荣是一位扶弱济困、热心公益事业的武林中人，只要社会上举办公益演出，接到邀请他都会参加。这次广州孤儿院邀他义演，他二话没说就带着徒弟们回来了。

很久没见师傅，回到广州自然要先去拜会师傅。黄飞鸿见了林世荣，高兴得竟然不知说什么是好。林世荣的徒弟“师公”长、“师公”短地叫，令他应接不暇。

问过好之后，林世荣让徒弟们忙别的去了，师徒俩开始叙旧，谈了各自分别后的情况。林世荣谈了他当年逃亡路上的许多事，说起来至今感慨不已。其中谈到他与谭就从四会取道去怀集时，途中见一老人在路旁垂泪，爱救人于危难的林世荣忙问老人为何而难过？老人告诉他，女儿宝珠被强盗抢去，因拿不出钱赎女才哭。林世荣与谭就一起去探贼营，终于救出了老人的女儿宝珠。

“自己被通缉，你还去救人，行啊！”

“这都是师傅教导的结果。”

林世荣说，从怀集他姐丈那里出来后，他只身到香港，找到以前的徒弟，在香港竹树坡聚安里8号住下来，仍以开馆授徒为业。过去的军阀政府倒台了，孙中山成立了广州革命政府，他才敢回来。

接下来，林世荣参加了广州孤儿院的慈善义演。在这次的武术表演中，林世荣和他的徒弟们表演得非常成功，受到了非常大总统孙中山先生的高度称赞。孙中山因此特意以大总统的名义，向林世荣颁发了一枚银质奖章，以表彰他取得的成绩，鼓励他继续努力。

林世荣引以为荣，飞鸿也为此感到自豪。清末在东校场上大比武，林世荣就荣获第一名的好成绩，为飞鸿门里争光。今天高徒能获大总统的嘉奖，更是对自己和徒弟们的肯定，飞鸿当然感到自豪。

相聚时难别亦难。林世荣在香港，已经在开创自己的天地，义演之后他匆匆与师傅道别，很快又要回香港去。广州与香港，路途并不遥远，但那个时代香港被英人所占，进出并非易事。此次分别，何时能再相见，师徒俩自己也没底。欲知后事，且看下章分解。

第十九章

乱世遗恨

黄汉森跟父亲黄飞鸿学到一身好武艺，为减轻家里负担到广东保商卫旅营当了个小头目。他的同事『鬼眼梁』忌妒他升职快武功高，与他发生冲突，后来竟借故开枪将黄汉森杀死。祸不单行，不久广州发动商团暴乱，宝芝林被烧毁，黄飞鸿几十年心血与资财付之一炬。加上长子失业，受此打击黄飞鸿一病不起，于1925年4月17日病逝，临终前他嘱咐莫桂兰要重开宝芝林。

第十九章 乱世遗恨

夜幕下的广州城。又是一夜的枪炮声，吵得黄飞鸿无法入眠。

广东虽然建立了革命政府，但风云变幻多端，革命与反革命的斗争一刻也没有停止过。1921 年 8 月，平定广西后，孙中山积极整军北伐，10 月他向国会提出的北伐议案被通过。孙中山曾在广西多次与陈炯明商讨北伐问题，但陈炯明心怀鬼胎，暗中与直系军阀相勾结，反对北伐。因此，孙中山只好让他留守后方。

陈炯明不但不支持北伐，还将为北伐筹措经费的粤军参谋长兼第一师师长邓铿暗杀于广州车站。1922 年 3 月 26 日，孙中山召开紧急军事会议，决定改变北伐计划。4 月中旬，再次开会，决定“出师江西”，将大本营设在韶关。陈炯明不来开会，还辞去几个职务。

5 月初孙中山亲赴韶关督战，发布总攻击令。北伐军兵分三路，很快攻克南康、赣州、遂川、吉安等城市，威震全国。正当北伐军节节胜利时，陈炯明却指挥部将叶举率部进驻广州，控制了省城。

6 月 15 日，经过密集策划，陈炯明命令叶举发动武装叛乱。次日，陈炯明所部四千多人围攻总统府，炮轰孙中山住处，随后电请孙中山下野。孙中山逃出来后，登上永丰舰，指挥海军各舰和部分陆军向叛军反击，在珠江坚持五十多天。

那段日子，黄飞鸿天天都能听到枪炮声。他从别人那里得知，孙中山电令入赣的北伐军回师返粤以镇压叛乱，但北伐军回师韶关时，遭到陈炯明和直系军队的夹击，未能进军广州。孤军无援的情况下，孙中山被迫于 8 月 9 日离开广州前往上海。陈炯明的叛变，使第二次护法又遭失败。

陈炯明叛变后，为达到独霸广东的目的，对外进一步投靠英美帝国主义，对内加紧同北洋军阀勾结。在广东压抑民权，枪杀劳工，使广州笼罩在一片白色恐怖之中。

在中国共产党的帮助下，孙中山开始改组国民党。1923年1月4日，孙中山发表讨伐陈炯明的通电，并令许崇智、黄大伟、李福林所部由福建进攻潮汕；令杨希闵、朱培德的滇军以及刘震寰、沈鸿英的桂军取道梧州入粤。1月16日，滇桂讨贼军攻占广州，陈炯明率部逃遁惠州，盘踞于东江地区。

枪声渐渐少了，炮声也难于听到了。广州城暂时处于平静之中。黄飞鸿对莫桂兰说："没事最好别出去，现在政局不稳，外面不安全啊！"

莫桂兰点点头，表示赞同。兵荒马乱的年代，宝芝林的生意也淡了许多，一般的小损伤别人也不出来寻药。谁心里都清楚，省长、军长不停地换背后意味着什么，表面平静的广州城，并不是个真正安全的港湾。

兵荒马乱，对于许多普通老百姓来说，难以维持生计。而对于有一身武艺的人来说，却是一个难得的时机。飞鸿的次子汉森，准备出去找份工作，以减轻家里负担。

一方面，由于局势的不安，社会动荡，一些资本家为了继续获得高额利润，常常借助黑社会组织及所控制的武馆来欺压工人。广大工人不甘受欺压，也纷纷加入进步武馆，学武防身，并组织工会与资本家进行斗争。学武之风空前，使武馆生意兴隆，有武艺的人也好觅食。

另一方面，大动荡时代，中央政府与地方政权脱节，地方军警又失去了本身的功能，使每一个社区、每一种社团都自己武装起来——聘请习武者任教练和打手。当时有所谓商团军、民团军，还有什么保商卫旅营，等等。

飞鸿担心汉森找工作时不小心会误入歧途，便叮嘱他要认真选择，不要找昧着良心干事的工作。汉森说："老爸请放心，我已不是三岁孩童了，我会明辨是非的。"

在飞鸿的四个儿子中，二儿子汉森长得高大英武，深得飞鸿喜爱。飞鸿将自己的虎鹤拳、飞砣绝技等悉心传授给他。黄汉森领悟得很快，年纪轻轻尽得家父真传。所以他出去找工作，很快就被一家保商卫旅营的老板看中，在那里当了一名护卫。

他所在的这家保商卫旅营是干什么的呢？

那年头，广东境内各大内河商业船队经常会发生遭抢劫的事，故船队流行雇佣商船护勇（类似于镖局中的保镖）。仗着自己一身好功夫，黄汉森不但谋到一份工作，还在广东商船护勇队谋得一个小头目职务。

在保商卫旅营任职，主要是保护当时行走四乡和其他内河的小轮。飞鸿知道，干这种工作，实际上也就类似于过去的镖师，有时是会有一定危险的。汉森认为，只要自己多留个心眼，问题不大。既然他坚持干这份差事，飞鸿只得由他。

护勇队里有一个小头目叫张禺七（绰号叫“鬼眼七”，又叫“鬼眼梁”），这家伙手上有几斤蛮力，好勇斗狠，常常摆出一副气势凌人的架势。他在护勇队干了一阵子了，也还只是个小头目，而见黄汉森一来就和自己平起平坐，心里很是不平衡。

鬼眼梁知道黄汉森是黄飞鸿的儿子后，常常挑衅黄汉森。他经常挂在嘴边的一句话是：“我怕黄飞鸿，但绝不怕他儿子，我要打败他！”

开始，黄汉森没把他的话当回事，但听多了他的话，心里自然也不舒服。和黄汉森一起当护勇的小兄弟看不过去，都主张黄汉森与鬼眼梁决一雌雄，打掉他的嚣张气焰。

没过几天，鬼眼梁又冲着黄汉森的小兄弟说：“黄飞鸿我不敢与他交手，黄飞鸿的儿子我才不把他当回事呢！有种叫他来和我试试看！”正巧此时黄汉森进来，听到这话忍不住回击道：“人没人样，狗没狗样，干吗老在背后说别人怪话？”

鬼眼梁一听，立即接上话茬：“有种咱们过两招！我还是那句话，本人只怕黄飞鸿，但绝不怕他儿子！”

几次挑衅后，黄汉森终于答应比武。

鬼眼梁原以为可以和黄汉森过上几招，甚至欺他年轻可以赢他，令黄汉森出丑。没想到黄飞鸿的儿子就是黄飞鸿的儿子，在双方的较量中，自己还没使上三招，就被黄汉森打跌在地。他不服输，爬起来再打，又被黄汉森打倒。在场看热闹的同事和他手下的兄弟有的笑话他，有的则嗤之以鼻。

从此他对黄汉森怀恨在心，时刻想置他于死地。但善良又单纯的黄汉森却一丝也没警觉，没料到他如此歹毒。

1923 年的中秋节，黄汉森等人护卫商船往广西梧州渡。行船途中，老板宴请护卫们。心怀鬼胎的鬼眼梁在酒席上不断向黄汉森敬酒，并说了许多“好话”。

鬼眼梁本身酒量不错，加上又会用花言巧语迷惑人，所以涉世未深的黄汉森还真以为他变好了。

“过去我不知好歹，也不自量力，多有得罪，请不要放在心上。再敬你一杯，以此谢罪，请你原谅！”

一杯又一杯，他总能找到理由敬酒。黄汉森想，冤家宜解不宜结，既然人家认错了，今后还要在一起干事，怎么能不给他面子呢？所以他一连喝了不少杯，加上开始时其他同事也敬了几杯，黄汉森终于被鬼眼梁灌得烂醉。

众人散去后，黄汉森还醉倒在喝酒的地方。不久，同事们听到几声清脆的枪声。枪声停了之后，紧接着又听见鬼眼梁的大喊大叫声。

“杀人了！杀人了！”

“黄汉森要杀人了！”

一阵阵惊呼，把所有的护勇都引到了出事地点。大家一看，不由得惊呆了：只见黄汉森倒在血泊之中，鬼眼梁却手里握着枪怔怔地站在那里！问他怎么回事，鬼眼梁半天才说：“黄汉森喝醉了酒想杀死我，他朝我开枪，我被迫自卫，失手将他打死了！”

噩耗传到广州，黄飞鸿与莫桂兰悲痛欲绝。小时候黄汉森生得肥肥白白，就很讨人喜欢，人称“肥仔二”，飞鸿在诸子中酷爱汉森。对于汉森与鬼眼梁之间的纠纷，他曾听汉森说起过。他知道这是对方报复杀人，鬼眼梁反说汉森醉后拔枪杀他，他不得已才自卫误杀汉森致死，完全是借此摆脱罪责。

飞鸿到护勇中了解情况，很多人都提出了疑点。后来汉森的同事为他冤死而鸣不平，将此桩命案的疑点告知当时的广州国民政府警察局，鬼眼梁终于被抓获归案。

晚年丧子，白发人送黑发人，令黄飞鸿十分悲痛。他心里很清楚，儿子是因为较技才丧生的。联想到父亲黄麒英临终所说“习武必结怨仇”这番话，今天觉得真是应验了！

武技再高，又有何用？飞鸿还联想到在台湾抗日时，精通武术的士兵在日本人的枪炮下毫无还手之力而一群群惨死的情景，顿时觉得武艺再高强也敌不过枪炮，反而会招来杀身之祸。于是，他发誓不再传授武艺与他人，并告诫其他三个儿子，终身不再习武。

客观地说，黄汉森之死与当时的社会动荡有关，在那个特殊年代里一些歹徒无法无天。飞鸿不许儿子习武，显得有点偏激，但却也是出于一个父亲对孩子的爱护。飞鸿的第四个儿子黄汉熙，面孔长得很像其父，小时候也习过武，汉森出事后飞鸿也不再传艺给他。

关于黄汉森之死，大多数资料均认为事情发生在 1919 年，但都记载较简单，相互转载，都只有简简单单的一句话："1919 年，精通武术的次子黄汉森在往广西梧州渡任护勇时被妒忌其武技的'鬼眼梁'暗算惨死，对黄飞鸿打击很大，自此不再向儿子传授武功。"

据笔者推测，事情发生在 1923 年中秋的可能性较大。因为有资料显示，此前广东保商卫旅营曾一度停办，1923 年 3 月 7 日鉴于广东商人在贩货途中屡屡遭到兵匪抢劫，时任广东省省长的徐绍祯下令恢复广东保商卫旅营，专职保卫省内河道客货船的航行安全。6 月，廖仲恺任省长后，又令广东江防司令部、番禺保商卫旅营切实负起缉匪护商之责。恢复该营时需招护勇，黄汉森因此进入该营。此外，黄汉森之死对飞鸿打击极大，是导致他忧郁成疾的重要原因之一，如发生在 1919 年，则距他去世时间相隔太久远。故笔者采信 2001 年大洋网关于此事的报道，该网材料注明来自《信息时报》。

鬼眼梁张禺七被广州国民政府警察局抓捕归案后如何处置的，不得而知。当时国民政府本身也处在内外交困之中，陈炯明盘踞在东江时刻想进攻广州；北方的军阀也威胁南方革命政权；军费严重短缺，引发了一系列矛盾的发生，最终导致了 1924 年的商团叛乱。商团叛乱使宝芝林毁于战火，是导致黄飞鸿忧郁成疾的另一重要原因。

广东商团最早源于辛亥革命时期的商人自卫团体——粤商维持公安会，1912 年 2 月由粤商维持公安会组织了"粤省商团"。同年，英国汇丰银行驻沙面华人经理陈廉伯联合各大商家呈请北京政府备案，获准持械训练。商团司令部设在广州西瓜园，第一任司令为广州保险经理曾伯华。1924 年 2 月，粤省商团公所召开委员会议，决定将广州商团重新编成 10 个分团。随后，在商团的年度选举中，广州总商会会长、香港汇丰银行广州分行买办陈廉伯当选为团长。

陈廉伯，广东南海人，是中国第一家以民族资本经营的机器缫丝厂厂主陈启源之孙。到了陈廉伯这一代，其家族在广东的丝织业以及与之相关的进出口乃至金融业等，均有显赫的地位。廖仲恺曾与陈廉伯彻夜长谈，希望他加入国民党，以其在广东商界中的名望和实力帮助孙中山的革命。陈以身家性命重要、不想卷入政治为由婉言拒绝。实际上他和其他商人一样，对共产主义学说在中国传播和孙中山实行的"联俄、联共、扶助农工"政策，以及对工农革命运动的兴起，有一种出于阶级本能的恐惧。

英帝国主义为了颠覆广东革命政府，一方面援助陈炯明向广州进攻，另一方面勾结商团阴谋发动叛乱，妄图建立一个"商人政府"。在英帝国主义的支持下，商团势力猛增，1924 年初已由初创时的 1500 人猛增到 5 万人，仅广州就有 13000 人。

1924 年 7 月，陈廉伯为武装商团，向英国南利洋行购买大批枪械，于 8 月初秘密运进广州。孙中山获得密报，命永丰、江固两舰扣押其运械船及 9600 余支枪械。商团以罢市相要挟，英总领事公然出面干涉。

除发动商人公开向政府请愿外，商团还请人从中调停。后来广东国民政府同意发还枪支，但每支枪要他们交 60 元。以每支 60 元计，9641 支枪共 57.8 万余元，这对当时处于财政极度困难的广东革命政府来说，是一笔不小的收入。对于政府的要求，商团认为难以接受。

各地商团代表在佛山商团团长陈恭受的召集下，在佛山召开秘密会议，决定发动省城及各属商人罢市。8 月 22 日佛山开始罢市，25 日广州及附近县镇全面罢市。

此后双方进行谈判，政府提出了还械六条件，后来附加要商团代筹北伐经费 300 万，双方为此争执不下。10 月 4 日，商团以尚未领回被扣枪械为由，联络广州及一百余个县镇的商人代表在佛山开会，决定发动第二次罢市，并再次前往广州向政府表示抗议。

为了顾全大局，10 月 9 日孙中山令蒋介石发还部分枪支。蒋介石即将长短枪 5000 支交由李福林点收转交商团。第二天商团在西壕起卸枪械，恰遇广州各界群众纪念双十节游行。商团护械的团兵不让游行队伍通过，群众不服，竟遭商团军袭击，当场打死群众 20 余人，伤及百余人。

商团残杀群众，还散发传单侮辱政府，并派兵巡街，强令商店罢市。他们截断广韶交通，宣称陈炯明将返穗。如此种种，造成人心惶惶。

在中共广东区委和广大民众的支持下，孙中山增强了平乱的决心，组织了革命委员会作为临时军事指挥机关。

10月13日，广州宣布戒严。莫桂兰和黄飞鸿在得到戒严令后，关上了宝芝林大门，叮嘱家里人千万别往外跑。

14日，胡汉民省长下令解散商团，鲍罗廷、蒋介石、廖仲恺、谭平山等人指挥黄埔学生军、警卫军、工团军、农团军等同时出动，镇压商团叛乱，捉拿骨干分子，收缴商团枪械。

飞鸿所住的地方，正是双方交战最激烈的场所。15日凌晨，商团军首先向警卫军开枪。工团军、农团军、黄埔学生军和其他军队奋起反击，分五路包围西关，双方激战了好几个小时，战斗一度打得相当激烈。

在镇压商团的过程中，一些不法军人、地痞和土匪乘机在广州商业最繁华的西关一带，大肆烧杀抢掠，造成了许多人间悲剧。

宝芝林在这场战乱中也被点燃了，浓烟滚滚随风转，秋风助火势，一下子烧成熊熊烈火。烧杀抢掠干什么的都有，黄飞鸿和家人哪顾得上救火，还是逃命要紧。飞鸿和莫桂兰带着孩子们逃出火场，回头再望经营了三四十年的宝芝林，此时的宝芝林早已被一片火魔包围，很快就要化为灰烬。

飞鸿伤心不已，有如万箭穿心。他站在一旁久久不肯离开，浓烟呛得他不停地咳嗽，莫桂兰拉他，他还是不肯移步。

三十多年的心血，被一场无情的大火付之一炬，能不令飞鸿伤心吗？他不肯离开，莫桂兰也不便强迫他走，就扶着他离火场远一点。边走莫桂兰边安慰他说："火已烧到这份上了，你难过也没办法呀！古人说得好，钱财如粪土，没有了钱咱们还可以再去赚，要是气坏了身子骨，那可就损失大了。"

"这个道理我当然知道，可是，这是我一辈子的心血啊！没了宝芝林，今后靠什么生存？"

莫桂兰安慰他说："药方印在咱们心里，宝芝林是烧不掉的。咱们一定会东山再起的！"

莫桂兰劝飞鸿离开现场，找个地方安顿下来再说。飞鸿说什么也不肯离开，这毕竟是他生活了几十年的家呀！

经过几小时的激战，广东革命政府军终于镇压了这次商团军的叛乱。商团副团长李颂韶向政府军投降，表示愿缴械赎罪。西关地区被烧毁的商铺又岂止飞鸿他们家的宝芝林，昔日一片繁华的西关街，如今成为被战火涂炭过的废墟。

天亮了，断壁残垣裸露在市民们的视线中。有的人从躲藏的地方出来，望着被毁掉的家园，伤心地哭了。黄飞鸿是堂堂七尺男儿，望着这惨状，禁不住也落下了伤心的泪。

面对废墟，飞鸿无限伤感："可惜，真可惜啊！刘将军给我题的字、张总督的墨宝都烧了。还有我的那幅肖像，多威风呀，也成灰烬了。以后再也看不到这几件珍贵的东西了！"

莫桂兰不停地安慰飞鸿。

很快，黄飞鸿的徒弟听说了西关一带火灾的状况，担心师傅及其宝芝林，便从四面八方赶来看师傅。见到眼前这副惨状，徒弟们一个劲地安慰飞鸿。飞鸿的徒弟邓秀琼和邓芳，最先把师傅接回家中疗养。

在徒弟家住了几天，飞鸿与莫桂兰决意不给人家添麻烦，便想出去租房住。邓秀琼对师傅说："您要是不觉得我这太简陋，愿住多久就住多久。您现在出去，宝芝林又被烧了，住哪呢？"

提到宝芝林，飞鸿顿时又难过得说不出话来。邓秀琼等人安慰他说："师傅不要难过，过几天我们这些徒弟们合计一下，大家凑钱也要让你重开宝芝林。"

有这样的徒子徒孙，飞鸿还有什么话可说呢？他对邓秀琼点了点头，表示自己听见了。

莫桂兰对邓秀琼说："长期住在你这里，也不是个办法。除我们两个，还有几个孩子，这么一大堆人，弄得你们都不方便。所以我们还是去租一间房屋住吧！"

邓秀琼、邓芳等人只得依了他们。此时孩子们都已长大成人，长子黄汉林找了份事做。飞鸿便与莫桂兰租了一间小屋暂住，夫妻俩相依为命，过着清苦的日子。

次子黄汉森被害、宝芝林被焚给飞鸿心里笼罩上沉重的阴影，他本来是个开朗的人，经过这几件事的打击，心情渐渐变得忧郁起来。

就在宝芝林被烧毁后不久，资财付之一炬的黄飞鸿再受打击，其长子黄汉林又告失业。经不住这一连串打击的飞鸿，终于忧郁成疾，躺在了床上。

听说师傅病倒了，徒弟们都来看望他。大家嘘寒问暖，有的还给他请医生来诊治。经过莫桂兰的悉心照料，飞鸿的病有所好转。但他精神上受到多次打击，他的病一直没有彻底好起来。

转眼到了1925年。广州革命政府平定商团暴乱后，广东革命根据地仍然存在潜在的危险，陈炯明乘孙中山北上之机，以7个军6万多兵力图谋攻取广州。为了消除这个隐患，1925年1月，广东革命政府决定出师东征。3月双方在棉湖激战，革命军大败陈炯明的叛军。

黄飞鸿身体略有好转时，莫桂兰陪他去散心。过去飞鸿忙，极少有时间陪莫桂兰上街。有一年新春社日，飞鸿曾携莫桂兰到四牌楼一带看灯饰。那时他们新婚不久，宝芝林生意还不错，飞鸿对莫桂兰说："宝芝林已经办出了特色，你要把它经营好，一代代传下去。我老了，你还年轻，今后宝芝林主要靠你经营。"这番话就像是昨天讲的，仿佛还回响在耳边，而如今宝芝林却化为乌有了。莫桂兰想到此事，难免也生出不少伤感。

那次新春社日，夫妻俩请了辆黄包车，一齐到城隍庙看花灯。在城隍庙，他们逛了夜市，看了许多民间表演，如鲤鱼跳龙门灯、莲藕灯、雄鸡灯、百子千孙灯和走马灯等，玩得很开心。而今再次陪飞鸿出来，却是这般光景。莫桂兰希望飞鸿的病早点好起来，她想看到一个健康开朗的飞鸿。

不久，飞鸿再次病倒，住进了广州城西的方便医院。这次病得比过去更重，从此一病不起。

自知没有多少日子留在世上的黄飞鸿，让莫桂兰坐在他的床边，他摸着她的手，认真地对她说："我不能陪你多久了，以后的日子只能靠你自己。你还年轻，如果有了合适的，你就找个老实人再嫁吧！这样下半辈子也有个依靠。"

莫桂兰忍不住淌下泪来："别说这些，你会好起来的，会的，会的……"

飞鸿摇摇头："我知道自己的事，好是好不起来了。还是那句话，将来你还是找个人家再嫁，这样我在地下也就瞑目了。"

莫桂兰答道："现在已是民国14年，改嫁也不是件不光彩的事，我生是黄家人，死是黄家鬼。我虽未给你生下一儿半女，但汉林他们几个如同我亲生的孩子一样，对我很好。再说有你传下的拳术和医术，你就不要为我将来的事担忧，好好把病养好吧！"

“还有一桩事，你和孩子们都记住，宝芝林不能就这样完了，一定要把它重新开起来。这是我的一桩心愿，看来也只有交给你们来帮我了却了。”

“你就放心吧！除了我还有你一大帮的徒子徒孙呢！他们本来准备给你办的，因为你身体不适，才推迟一些。”

飞鸿听了这话，脸上露出了满意的神情：“这样，我就放心了。”一颗悬着的心落了地，黄飞鸿双眼一闭，告别了这个世界，享年六十九岁。一代豪侠与世长辞，时间是 1925 年 4 月 17 日。

黄飞鸿辞世后，家徒四壁的后人拿不出钱来安葬他。由于宝芝林遭火劫，家里的资财全部化为灰烬，莫桂兰只有戴在耳朵上的一副朱义盛耳环，拿到典当行去也当不了几个钱。怎么办？莫桂兰和孩子们心里都急了，他们准备找人借钱办丧事。

正当莫桂兰和孩子们准备设法筹钱之际，听说师傅过世了的徒子徒孙们都过来了。徒弟邓秀琼是个有情有义的女中豪杰，她当即表示：“设法通知香港的几位师兄回来参加师傅的葬礼吧！殡葬费就不用担心了，我一个人来负担。要筹集的话，也由我去筹集。”

莫桂兰和孩子们舒了一口气，忙着通知飞鸿的一些徒弟。出殡那天，四乡的徒子徒孙闻讯而至，都来为这位武林豪侠送行，场面非常悲壮。

当年黄飞鸿的父亲黄麒英辞世，家里人根据他的遗愿将其安葬在美丽的白云山麓。飞鸿与世长辞后，为了能让他和父亲在一起，家里人也把他安葬到白云山麓。

将师傅安葬之后，徒弟们对师娘莫桂兰今后的生活表示关心，邓秀琼问她有何打算，莫桂兰回答说：“我有手有脚，又学过武技，在社会上混碗饭吃，应该不是什么大问题。只是你们的师傅临终前留下遗愿，要我恢复宝芝林，我得早点把这件事办好，让他在九泉之下能早点安心。”

关于宝芝林的重建，徒弟们都表示会有钱出钱有力出力。大家都劝莫桂兰，先安定下来再说。为照料黄飞鸿，莫桂兰一直操劳，也该休息一下，调整调整。

莫桂兰是个闲不住的人，待在家不干事她难过，就想先找份事做，以此减轻一些失去亲人的痛苦。正好黄飞鸿的徒弟邓芳与邓义在广州创办义勇堂，缺武术教头，这样莫桂兰便先到义勇堂教拳。

邓芳是林世荣的师弟，广东三水人。他与邓义在广州带河基设馆授徒多年，邓秀琼曾在他的义勇堂任狮艺拳术教练，他的义勇堂在广州颇有名气，培养了不少弟子。

黄飞鸿的三个儿子吸取他们的兄弟黄汉森的教训，没有从事武技方面的工作。他们三人分别从事肉行生意、行医以及经营杂货。

宝芝林在众徒弟们的帮助下，不久重新开业。林世荣对莫桂兰说："有什么困难，尽管跟我们这些人说，如果在广州开得不顺利，可以到香港来开，香港有不少我的师兄弟，大家都希望把师傅的宝芝林开得更大更好。"

广州革命政府军第一次东征，沉重地打击了陈炯明，但并没有彻底消灭他的军队。第一次东征的军队回师广州后，陈炯明重新占领了梅县、潮汕、惠州等地，进而夺取整个东江地区。1925 年 9 月间，陈炯明勾结北洋军阀和广东南路的邓本殷部，企图夺取广州，他们分四路进军广州。刚刚平息商团暴乱不久的广州，又陷入战争的威胁之中。

为了免受战争之灾，莫桂兰决定离开广州到香港去发展。在林世荣等人的帮助下，她将宝芝林迁往香港高士打道。

黄汉枢自己决定到澳大利亚去发展，莫桂兰于是带着黄汉熙、黄汉林到了香港。

为了彻底消灭陈炯明反动势力，统一广东，国民政府举行了第二次东征。东征部队由蒋介石任总指挥，周恩来任总政治部主任，共计 3 万多兵力。10 月 1 日东征军出发，到 11 月中旬收复了全东江地区，彻底打败了陈炯明，歼灭他 12000 多人。

与此同时，盘踞在南部的反动军阀邓本殷为了与陈炯明相呼应，大举北进想攻占广州。国民政府派出南征部队，将邓逼至海南岛，到 1926 年 2 月，海南岛被收复，邓本殷也被打败。

广州安定了，形势一天天好起来。莫桂兰考虑到宝芝林主要是在广州出名的，它的业务客户主要在广州，所以得知广州政府已将几路军阀彻底打败、社会安定时，莫桂兰又把宝芝林从香港迁回广州太平南路晏公街公信巷。

宝芝林重新回到广州，这个名牌老店要恢复往日的兴旺，必须让人们知道搬回来重新开业的消息。莫桂兰精明能干，想了许多办法宣传宝芝林，其中包括散发重新开业的宣传单、与老客户重新沟通等。她在印制散发的宣传单上，清楚地写明了“少林寺真传、广东黄飞鸿跌打损伤名药”等字样。

经过莫桂兰的努力，宝芝林渐渐地有了起色。莫桂兰不但经营宝芝林药店，她还教人学武健身。她想把宝芝林恢复到与李广海、何竹林、梁财信等药铺并称“四大名店”时的盛况，以此告慰飞鸿在天之灵。

黄飞鸿带着遗憾告别了人世，但他托付给莫桂兰的事，被莫桂兰当作人生最大的事来做，宝芝林重新崛起，“黄飞鸿”的名字随宝芝林再度进入寻常百姓中。如果他在九泉有灵，也应该感到欣慰了。

为了黄飞鸿的遗愿，莫桂兰一直在打理宝芝林。经过她的不懈努力，宝芝林成了闻名省港的一间大药店。后来飞鸿的徒弟邓秀琼等人也到香港去发展了，莫桂兰决定把宝芝林开到香港去。抗战胜利后，她去了香港发展。

第二十章
名扬天下

作为一位普通的武师，黄飞鸿生前尽管有不少可歌可泣的事迹，却默默无闻。死后的相当长一段时间内，也没改变这种状况。虎妻莫桂兰秉承夫志，高徒林世荣著书立说，他们开馆授徒，使飞鸿徒子徒孙遍布世界各地。再传人朱愚斋等用文学手段再现飞鸿传奇人生，黄飞鸿电影进入吉尼斯纪录。黄飞鸿狮艺、武术馆和黄飞鸿纪念馆的创建，『佛山黄飞鸿』网站的开通，使飞鸿成为名扬天下的一代宗师。

第二十章 名扬天下

黄飞鸿活着的时候，只不过是一个极为普通的岭南武师。尽管他的武功盖世，生前却寂寂无闻。他最走红的时候，无非担任军中的技击总教练而已。全盛时期不过如此，不如意时更是为一家人的三餐而穷于奔波。他一生做了不少除暴安良之事，甚至还到了台湾抗击日本侵略者，然而这样一个为国为民的人却落魄而死，死后很长一段时间也没得到应有的地位。

《佛山忠义乡志》《南海县志》等书，都没有记载黄飞鸿的只言片语，这些正统的史志显然是沿袭封建道德标准，将卖武献艺者作为三教九流人物来对待。在封建社会里，卖艺演武者是被人瞧不起的，登不了大雅之堂，上不了地方志这，是常理之中的事。

然而，民间却没有忘记黄飞鸿，冯植先生所编著的《南海旧事》中，收录了许多有关黄飞鸿的史料，其中有三首20世纪40年代流传于广州西关一带的诗歌，兹录于下面：

（一）

虎痴平生多轶事，虽无正史稀人知；
惟是民间广有说，粤者口碑多振词。

（二）

金钱镖出震四众，饶人不痴是英雄。
黄门一家有三杰，西樵山下出虎龙。

（三）

前清十虎说太公，麒英衣钵传飞鸿。
西樵山下显三杰，禄舟一村现虎龙。

民间这些诗歌，表达了对黄飞鸿及其祖辈的赞扬。但真正使黄飞鸿后来名扬天下的，却是他的妻子莫桂兰以及林世荣等一大批徒子徒孙。

林世荣随黄飞鸿习武20年，当年他勇夺首届广东武术比赛第一名，就令其师名大显，正所谓“强将手下无弱兵”“名师出高徒”。林世荣在广州开过三家武馆，一生授徒超过万人，其影响之大显而易见，广东洪拳传人中许多都是林世荣徒弟、黄飞鸿的徒孙。

林祖，是林世荣的亲侄子，他得到其叔真传，继承林世荣的衣钵后授徒五十余年，弟子遍布美国、加拿大，以及欧洲和东南亚。

林世荣因乐善戏院事件中打死多人而逃往香港，20世纪20年代先是开馆授徒，教出了不少洪门弟子。这些弟子中，包括朱愚斋、张士镳、李世辉、赵教、刘湛等人。

30年代初，林世荣在徒弟朱愚斋、张士镳以及李世辉的协助下，开始打破门派的界限著书立说。1930年左右，经过林世荣的精心整理，《伏虎拳》《铁线拳》《虎鹤双形拳》等拳谱先后出版，开创了广东近代武术套路写作的先河。

黄飞鸿的这位高徒，为传承其师的武技立下了汗马功劳。他和他的门徒所整理的这些拳谱，结构新颖，动作轻快，革除了以往南派拳法沉滞狭隘、动作重复的弊病。尤其是虎鹤双形拳谱，刚柔并用，长短兼施，且偏正配合、进退中规，成为飞鸿一脉的代表拳法。

黄飞鸿的这些绝技，一经成书，立即风行了全广东，远播港澳、东南亚、欧美和南非等地。通过黄飞鸿的再传弟子，将这些武技精华传遍了世界各地。经过一批又一批的再传弟子的演练，这些拳法经久不衰。在新中国成立后，还被我国一些高等体育院校列为教材内容。

林世荣弟子赵教、邵英夫妇，30年代活跃于香港武坛，成为黄飞鸿再传弟子中的佼佼者。另一位弟子朱愚斋更了不得，他文武双全，不但练就了一身好武艺，而且帮师傅整理了师公创立的拳谱。在这个基础上，他还着手为一代宗师黄飞鸿、林世荣立传，弘扬其武术及他们的武德。

作为“广东十虎”之一的朱愚斋，1933年完成了《黄飞鸿别传》，这是第一部介绍黄飞鸿的传记小说。作品完稿后，先在《公商晚报》连载，后结集出版。这是第一本较为真实地介绍黄飞鸿生平事迹的传记，后世的许多关于黄飞鸿的创作素材，都源自黄飞鸿这位再传弟子的著述。

需要指出的是，朱愚斋的这部作品不是纯粹的传记，而是传记小说，其中小说的成分占了不小的比例。说得更具体一点，就是其中明显有一些虚构的东西，一看就不足信。比如关于黄飞鸿与罗绍隐到广西八排山一事，途中写了骇人听闻的人头蛇以及制服这一鬼怪的过程。“吹瓦鸡吓走绿毛人”一章写了可怕的绿毛人，“湘西购辰砂频睹怪异”一章，描绘了以驱尸为生的陈有德的经历，他丢了一具尸体，让尸体去复仇……诸如此类描写，带有迷信色彩。

《黄飞鸿别传》问世后，大受读者欢迎，这种情况多少有点出乎朱愚斋意料，此后他又写了不少关于黄飞鸿与林世荣的作品。

朱愚斋推出武林英雄的传记，可能是受当时影视的启发。1928 年明星影业公司拍摄了电影《火烧红莲寺》，这部根据平江不肖生的小说《江湖奇侠传》改编的电影一经推出便红透半边天，一口气连拍 18 集。此后武侠电影风行，短短四年里香港拍了两百多部。

然而当时的武侠片侠客的造型主要来源于京剧里的武旦，武打场面也是从舞台上的北派招术演变而来，刀来枪往，花拳绣腿，毫无真实感。到后来，武侠处陷于商业操作和浮滥取向之中，越来越粗糙，最后几乎成了神怪片，落得在抗战到来之际被明令取缔。

抗战胜利后，莫桂兰再度赴港，在香港高士道挂起“黄飞鸿授妻莫桂兰精医跌打”的招牌，传授武艺，医治伤病。她在香港重开宝芝林药店，设馆授徒谋生，坊间尊称她为“四婆”。据说她秉承了“虎夫”的武品武德，在港干出了许多扶弱除奸的事，又被人称为“虎妻”。

“虎妻”的称呼，是在香港流传开来的。人称莫桂兰为“虎妻”，并非指她是凶悍的恶妻，而是因为黄飞鸿是大名鼎鼎的“广东十虎”之一，平生又有“虎痴”之称，作为飞鸿的妻子她当然就是“虎妻”了。

莫桂兰不久就在香港打开了一片天地，她先后创办了黄飞鸿国术馆和黄飞鸿健身学院，为把黄飞鸿所创立的南派武术绝技发扬光大，做了许多有益的事。再后来，她又把飞鸿的秘技铁线拳传给她嫡亲的外孙李灿窝，李灿窝后来担任黄飞鸿健身学院院长。

网上有一张莫桂兰中年时期的照片，她身穿碎花贴身旗袍，上披西装外套，端坐在椅子上。面带微笑的她，将右手文静地放在大腿上，全身透露出一股端庄秀雅之气。这张照片和她年轻时留下的一张练习飞砣的相片，形成极大的反差。年轻时她练功的照片，真是威风十足，英姿飒爽。从她文文静静的照片上，谁会想到当年她身上的那股侠气呢?

黄飞鸿尽管早已离开人世，但他的影响却随着时光飞移而与日俱增。这种影响，一方面来自林世荣、莫桂兰等人教徒习武，另一方面更多地还是来自影视及其他文学作品的传播。

就在香港武侠片因缺乏真实感而走入低潮时，黄飞鸿题材的出现再次使武侠处走红。当时制片商和戏院老板为了挽救失去观众的功夫片，绞尽脑汁寻求新突破。正好坊间《方世玉打擂台》《洪熙官血溅柳家庄》等武侠小说大行其道，于是有人便想到发掘一个现代的方世玉或洪熙官来振兴功夫片。恰好有关黄飞鸿的传记和小说正流行于社会上，几家商定后决定把黄飞鸿的武林事迹搬上银幕。

黄飞鸿是响当当的南少林武艺传人，有足够的票房影响力，制片商想到了《黄飞鸿别传》的作者朱愚斋。他们商量拍黄飞鸿的电影，并决定要在银幕中着重表现武术的真功夫，靠硬桥硬马、真刀真枪来吸引观众。由谁来担纲主演黄飞鸿呢? 他们想到了当时的著名演员吴楚帆，可吴楚帆虽演技一流，却没有功夫根底。朱愚斋与编剧吴啸、导演胡鹏商议后，一致认为粤剧名伶关德兴是最理想人物。

1949 年黄飞鸿系列电影的上集《黄飞鸿鞭风灭烛》和下集《黄飞鸿火烧霸王庄》问世。演员除了关德兴，还有曹达华、石坚、李兰等，此外还特意请了在港设馆授徒的莫桂兰与黄飞鸿的再传弟子多人担任顾问或参加演出。

莫桂兰在香港武术界辈分最崇高，被尊称为“莫老师太”。在电影《黄飞鸿》中，她和飞鸿之子黄汉熙都担任了顾问。

两集《黄飞鸿》面世，10 月上映造成全港轰动，武林人士更是热情捧场，使该片创下年度粤语片卖座最高纪录。

1950 年，朱愚斋的另一部关于黄飞鸿事迹的作品《岭南奇侠传》问世，带动了黄飞鸿题材创作热。同年《黄飞鸿》电影的第三集《血战流花桥》和第四集《梁宽归天》上映。此后几年，黄飞鸿电影一部部推出，如《一棍伏三霸》《初试无影脚》等，这系列影片的武打场面逼真、精彩，表现了黄飞鸿及其子弟锄奸扶弱、匡扶正气的精神，深受观众喜爱。

20世纪50年代，香港出现了一位“播音皇帝”，这位享有如此盛誉的播音名家叫钟伟明。钟伟明名气这么大，一大半原因是因为播讲“黄飞鸿故事”。他播讲的黄飞鸿故事开始后，人人都往家里赶，回家听收音机。据说赶路回家的人经过家家门口，都在听“黄飞鸿”。等赶到家中，情节全都知道，一点不落下。

到1959年，香港已拍了62部有关黄飞鸿的电影。为了纪念这一盛事，黄飞鸿的亲属莫桂兰、黄汉熙还与《血战流花桥》的演职员合照。照片上，导演胡鹏坐在中间，他的右边为梁宽的饰演者曹达华；二排中间站着的是黄飞鸿扮演者关德兴；莫桂兰和黄汉熙分别站在第三排和第四排中间。

在电影作品问世的同时，黄飞鸿题材的小说也不断涌现。我是山人著的《黄飞鸿正传》于1953年由香港南丰出版社出版，而后有李世辉（笔名马云）著的《大闹丁家庄》《花地歼恶霸》，念佛山人的《黄飞鸿外传》以及忠义乡人所著的、目前所见最长的一部黄飞鸿题材的小说《黄飞鸿再传》。这些作品极大地颂扬黄飞鸿的侠义精神，扩大了他在民间的影响。

20世纪50年代香港一共生产了60部黄飞鸿电影，它是黄飞鸿电影的黄金时代。60年代也产生了13部黄飞鸿电影，当时香港出品的传统粤语片日渐衰落，王风导演的黄飞鸿题材的作品《黄飞鸿威震五羊城》《黄飞鸿醒狮独霸梅花桩》《黄飞鸿巧夺鲨鱼青》等，曾在60年代末给粤语片打了一剂强心针。

黄飞鸿电影走红，使莫桂兰成了焦点人物。1970年，已经七十多岁的莫桂兰，应香港无线电视台之邀，参加了该台的《欢乐今宵》节目。在与主持人及其他嘉宾共享欢乐后，莫老师太在千万观众面前表演了莫家拳的“拗碎灵芝”。尽管她已七八十岁了，但举手投足、一招一式还是那样有板有眼，足见其功力之深。

进入70年代，开始有了黄飞鸿题材的漫画面世。仅香港就有四位漫画家出版了黄飞鸿题材漫画集，其中有漫画《广东十虎》《黄飞鸿全集之武学之巅》等。当时香港非常流行漫画式的“公仔书”，这些根据飞鸿故事改编的作品，深受广大读者尤其是青少年的喜爱。

香港电影史专家余慕云2001年在接受《南方周末》记者采访时谈到，黄飞鸿电影大致可以分为三个时期：第一是关德兴时期，也可以称作胡鹏时代，光胡鹏就拍了59部之多。胡鹏去台湾后，原来的编剧王风接着拍了十几部，人物形象都是反映中年黄飞鸿。第二个时期从70年代后期开始，吴思远在嘉禾拍《醉拳》，由袁和平导演，这个时期演员的代表人物是成龙和洪金宝，反映的是青年黄飞鸿。第三个时期是从徐克开始的，90年代共拍了十几部黄飞鸿电影。

20世纪90年代香港一共拍了14部黄飞鸿电影，传统的黄飞鸿电影一部都没有。著名导演徐克让李连杰扮演黄飞鸿，拍摄了几部黄飞鸿系列片，在海内外都叫好叫座，重振了功夫片的雄风。值得一提的是袁和平执导的《少年黄飞鸿之铁马骝》，其中的黄飞鸿还是个少年，扮演黄飞鸿的竟是女演员曾思敏。

黄飞鸿形象在银幕上大放异彩，他的徒子徒孙们则在全球各地传播其武技。一代又一代的武技传播者，将黄飞鸿这位武林宗师推向了全世界。

飞鸿的再传弟子赵教、邵英夫妇，将黄飞鸿武技传给儿子赵志凌。赵志凌在意大利罗马授徒，传授中国南派武艺。而后他创建国际洪拳赵志凌国术会，先后在瑞士、德国设立赵志凌国术会分会。他还在美国、新加坡等国开设武馆，传授黄飞鸿的功夫，让中国武术在世界各国发扬光大。

除了赵志凌在美国开有武馆，黄飞鸿的再传弟子中还有余志伟等人在美加等地传授中华武术。美国的《功夫》杂志，曾对邓芳、阮凌、余志伟等人作过详细介绍。

在新加坡，黄飞鸿的第四代传人宋超元，创办了“新加坡岭南国术健身学院”。宋超元的弟子、现任“岭南国术健身学院”院长的江演洪，则在新加坡创办了“佛山黄飞鸿武术馆”。

黄飞鸿生前为中国武术走向世界进行了不懈努力，他的传人和再传弟子在继续他未竟的事业。据统计，他的传人已经分布在五洲四海，除了我国的广东、香港、澳门、台湾以外，美国、加拿大、澳洲、以色列、南非、意大利、新加坡、马来西亚、泰国、墨西哥、德国、英国、瑞士、波兰、比利时、捷克等地，都有他的弟子和再传弟子。

墙内开花墙外香，这种奇特的“黄飞鸿现象”，引起了黄飞鸿故乡的高度重视。改革开放后，广东经济迅速发展，黄飞鸿故乡佛山的发展势头在广东更是名列前茅。为发展旅游经济，把佛山推向世界，该市打起了“武杰之乡”这张王牌，重点推出黄飞鸿、李小龙。

1996年，黄飞鸿狮艺武术馆在黄飞鸿的家乡佛山南海市西樵山下的禄舟村建成。该馆以西樵山风景名胜区为依托，并由黄飞鸿故里西樵禄舟村的黄氏宗祠改建而成。武术馆占地面积5.23亩，建筑别致，具有清末古建筑的风格。馆内设有黄飞鸿故居、黄飞鸿史迹陈列影视室、宝芝林堂、骨伤科堂、百草堂、关德兴纪念堂等，配套设施则有武林的“广东十虎”名师像亭、黄飞鸿公园，此外，还有功夫、舞狮、舞龙等传统项目表演。

黄飞鸿狮艺武术馆左靠国画大师黄君璧纪念馆，背倚西樵山白云洞，可谓将山水之美与人文精神融为一体。引人瞩目的一代宗师黄飞鸿的铜像当阶而立，铜像中的飞鸿神气若定，长袍束带间，铮铮铁骨傲然风中，令人肃然起敬。

黄飞鸿狮艺武术馆醒狮团曾获诸多殊荣，1998年获香港世界功夫群英大赛六枚金奖；1999年获“香港世界醒狮大赛”亚军及世界狮王称号和“黄飞鸿杯”南粤狮王争霸赛两项金奖；2000年获全国农运会龙狮大赛冠军等，这些荣誉为一代宗师黄飞鸿增光不少。为了进一步发展旅游业，充分利用名人效应，黄飞鸿的故乡还建了黄飞鸿影视城、黄飞鸿武术学校、黄飞鸿武术村等。

前来佛山旅游的人，特别是海外游客，总忘不了到黄飞鸿狮艺武术馆一游。武术馆在第一期开发取得较好效果后，着手二期开发。据了解，西樵现已进行第二期黄飞鸿水寨的规划，二期开发在土地的使用、狮队等方面都有较大发展空间。

为了纪念黄飞鸿这位杰出的武林宗师，佛山市文化部门于2000年开始筹建黄飞鸿纪念馆。这年5月纪念馆奠基，经过九个月的努力，纪念馆落成。

黄飞鸿纪念馆坐在佛山市区中心、著名旅游名胜地祖庙的北侧，总占地面积五千多平方米，整个纪念馆为两层两进深三开间仿清代镬耳式建筑，内设陈列馆、影视厅、演武厅、演武天井等。陈列部除了介绍黄飞鸿的生平事迹，还全面展示了近七十年来围绕黄飞鸿而产生的各种文艺作品以及上千件珍贵文物。黄飞鸿纪念馆筹建期间，得到海内外有关人士的鼎力支持和帮助，他们为纪念馆提供、捐赠了千余件有关黄飞鸿的历史图片和珍贵实物。

2001年1月14日，黄飞鸿纪念馆落成典礼在佛山隆重举行。此前主管单位曾以各种形式向国内外发布消息，希望黄飞鸿的后代能作为嘉宾回来参加典礼。黄飞鸿的众多门人作出了回应，黄飞鸿的孙子黄源德应邀前来，其余的亲人没有回应。据报载，有记者从禄舟村了解到，黄飞鸿共有三个孙子、六个孙女，如今分布在东南亚、澳洲和拉美地区，从事的职业均与武术无关。即便是前来参加典礼的黄源德，也声明不接受媒体采访，不留照片给资料馆，他对纪念馆负责人说，他目前在香港生活平静，所从事的工作与祖父的职业毫无关系。

纪念馆落成典礼现场锣鼓喧天，群狮起舞，场面十分热烈。时任广东省文化厅厅长曹淳亮及佛山市委常委、宣传部长刘海，副市长黄振辉、李玉光等领导及黄飞鸿的后人、传人共一百多位嘉宾特意前来为纪念馆的落成道贺。在海外嘉宾中，有著名导演徐克、导演兼演员刘家良，莫桂兰嫡传弟子、黄飞鸿健身院院长李灿窝，关德兴之子关汉泉、“播音皇帝”钟伟明等人。首位粤剧黄飞鸿的扮演者、表演艺术家罗品超，也作为嘉宾到场。

据说纪念馆落成当日，还有一些来自远方的外国门人前来“寻宗拜祖”，这些洋弟子每个人都大施“三跪九叩”之礼。在落成剪彩仪式上，黄飞鸿的孙子黄源德、黄飞鸿夫人莫桂兰的嫡传弟子李灿窝、香港国术总会主席江沛伟、台湾戚冠军国术馆馆长戚冠军、新加坡冈州会馆武术醒狮部主任欧阳德昌等，分别向佛山黄飞鸿纪念馆敬送了纪念品。作为特别嘉宾，黄源德还亲自为舞狮点睛。

有报道称，黄飞鸿纪念馆落成，是我国首座武术家纪念馆诞生，有着特别的意义。佛山市文化局负责人说，黄飞鸿纪念馆的建成，不仅仅是为了纪念这位传奇人物，它的建成还有更深远的现实意义。黄飞鸿纪念馆的建成开放，对于推动佛山市区东区古民居群的进一步开发有积极的意义。另外，黄飞鸿纪念馆是文化与旅游联姻的一个项目，它对于佛山的文化事业、文博事业乃至旅游事业都有促进作用。

纪念馆开放后，接待了不少旅客，短短的四个月已接待中外游客十多万人，影响越来越大。主管部门今后将在原有的基础上进一步扩建，同时在纪念馆旁边还将新建一座武术博物馆。

“佛山黄飞鸿”网站的开通，为黄飞鸿走向世界开辟了新的途径。该网站设计新颖，内容丰富，从黄飞鸿的生平、黄飞鸿的文化产品、黄飞鸿纪念馆、黄飞鸿狮艺武术馆以及相关武术胜迹和武术知识等方面，全面地介绍了佛山文化名牌黄飞鸿。

2001年，黄飞鸿题材的电影进入《2001年吉尼斯世界纪录大全》。截至2001年，黄飞鸿电影有人说拍了100部整，也有人说是103部。香港电影史专家余慕云说："103部也好，100部也好，都不错，关键是看什么标准。我们认定的黄飞鸿电影，影片中一定要有黄飞鸿出现，如果没有黄飞鸿出现，哪怕他的片名中有黄飞鸿的字眼，比如《黄飞鸿四大弟子》《黄飞鸿之鬼脚七》等，我也不认为它是黄飞鸿电影。"

吉尼斯世界纪录认定当时拍的黄飞鸿电影为100部，余慕云说："这个吉尼斯世界纪录是货真价实的，007电影，至今至多只有十多部，日本的《寅次郎的故事》最多也只有五十几集，而徐克的《黄飞鸿之西域雄狮》，正好是第100部黄飞鸿电影。"如果加上电视剧，更是远远不止这个数字。近二十多年来，香港、台湾及大陆已出品八部170多集以黄飞鸿为题材的电视剧，如台湾的电视连续剧《黄飞鸿故事大全》、大陆的《少年黄飞鸿》等。此外，还有一部36集的动画电视连续剧。

黄飞鸿生前寂寂，死后却由他的弟子和再传人将他的精神发扬光大，逐渐成为一个天下闻名的人物。随着再传弟子的不断增多，佛山逐渐成为海内外黄飞鸿再传人的朝圣之地，他的门人不时有到佛山寻师问祖的。

2001年8月27日，是一代武林宗师黄飞鸿诞辰145周年纪念日，来自海外的160多名黄门弟子云集佛山，寻根拜祖。

这次前来寻根拜祖的黄飞鸿传人，一是由美籍华人、黄飞鸿第四代传人余志伟先生带领他的几百洋弟子，二是黄飞鸿第三代传人、著名武术家赵志凌带领的一大批门徒。这两支队伍到佛山后，都在黄飞鸿的塑像前上香行叩拜礼，这些洋弟子在祖师爷面前真诚、认真、严肃地尽行武林大礼，其虔诚之情一点也不亚于中国人拜祖先。

适逢坐落于佛山祖庙的黄飞鸿纪念馆全面开放，粤港澳武术界有关人士结伴前来参加纪念盛会。这天上午9点，曾参加过国庆五十周年庆典的20头醒狮起舞迎宾，黄飞鸿的传人、著名武术家赵志凌、余志伟等，为黄飞鸿纪念馆醒狮点睛。

这些来自美国东西部的近百名黄飞鸿门人按传统武林习俗拜祭祖师黄飞鸿后，现场进行了大型群鼓表演、舞龙表演和舞狮表演。余志伟、赵志凌及他们的洋弟子相继表演了精彩的黄飞鸿拳术。其不俗的身手与高超的武技，赢得观众高声喝彩和阵阵掌声。据了解，黄飞鸿纪念馆今后将每年举办世界黄飞鸿门人大联谊，还将举办国际洪拳大赛，黄飞鸿、霍元甲南北大侠国际武术邀请赛等活动。

赵志凌是林世荣的徒弟赵教之子，从小就随父习武，深得父亲真传。其父赵教当年曾代表广东参加全国武术比赛并获得冠军，赵志凌虽年近六十，依然目光炯炯有神，出拳身手矫健。他最擅长的是祖师黄飞鸿的洪拳，桥手刚劲，进退中规，不必站马而腰马自坚。

赵志凌生于佛山，对家乡怀有特殊的感情。几年前他从朋友口中得知家乡正在筹建黄飞鸿纪念馆，于是精心准备了很多有关黄飞鸿的报纸、照片等珍贵资料，不远千里来到佛山，将所有资料亲手交到纪念馆工作人员手中。他还利用互联网广泛联络黄飞鸿的传人，参加佛山寻根拜祖盛会。在黄飞鸿诞辰 145 周年时，他共组织 120 余名弟子前来拜祖。

面对全面开放的黄飞鸿纪念馆，赵志凌转了一圈又一圈，他不停地赞道："不错，不错，比我想象的还要好！"他称赞馆内资料丰富，较全面地展示了黄飞鸿祖师爷的生平事迹。当他走到自己提供的资料前，忍不住停下脚步，自豪地对弟子说："看，有介绍我的文章。"他的弟子也被馆内资料深深吸引，并不时地站在一起合影留念。

性格爽朗、快言快语的赵志凌，不但谈了自己的身世，还谈了他的"国际赵志凌洪拳总会"。每到一处，赵志凌都受到热烈欢迎。赵志凌说，他的"国际赵志凌洪拳总会"总部设在美国，在许多国家设有分会，目前门下弟子有上 10 万人，来自 20 多个国家，90% 以上是洋人。据他介绍，全世界有 38 万人在学黄飞鸿武术。

黄飞鸿的门人有如此之多，怪不得到处都能看到他的"影子"，听到他的影响。2002 年 3 月 13 日上午，由香港邵氏兄弟影业公司和北京今古影视策划有限公司、中影集团第二制片公司联合拍摄的功夫片《醉猴》在松江的胜强影视基地开机。该片的导演刘家良，正是黄飞鸿传人、息影十年后重出江湖的香港"刘家班"掌门人，而该片也是香港老牌电影王国"邵氏兄弟公司"

重拾电影业务后的开门之作。

为了拍好此片，邵逸夫的夫人方逸华特地邀请十年未拍片的刘家良出山，希望他把平生所学的真功夫再次展示出来，并以此擂响进军内地电影市场的“战鼓”。刘家良出身武术世家，其父刘湛是黄飞鸿的再传弟子。得到父亲真传的刘家良从1950年开始进入电影界，1975年成为邵氏公司第一位由武术指导升任导演的人。他所执导的《神打》《洪熙官》《南北少林》等作品，始终坚持“真实武打”的路子，被公认为香港武侠电影史上一位影响重大的人物。

在开机仪式上，年近七旬的刘家良豪气不减当年，他表示自己的影片不靠任何特技，全凭真功夫“打造”出来。他说：“我们的特技可能永远也拍不过美国人，但我们的功夫片也是美国人永远拍不出来的。很多美国人都弄不明白，为什么中国人个子小却能打出那么大的力量？”言下之意，就是中国的武术，你美国佬不服也得服。

中国的功夫片在欧美大有观众，据报道，2001年4月，为延续《卧虎藏龙》在美国票房掀起的武侠片热潮，好莱坞片商精心挑选了《黄飞鸿系列》于4月27日起在北美院线推出。由徐克于1991年起陆续执导的这个系列片，包括《黄飞鸿》《男儿当自强》《狮王争霸》《王者之风》等影片，上座率很不错。黄飞鸿题材电影的早期执导者胡鹏，更是对此情有独钟，在他晚年当徐克的这些黄飞鸿题材电影问世时，每一部他都要去捧场。

近年来在台、港及华人世界卖座的武侠电影为数不少，为什么单单挑上这个系列片？据好莱坞片商说，这是因为美国观众对黄飞鸿系列中的李连杰较为熟悉，此外美国不少人对传奇人物黄飞鸿一生的英勇事迹会感兴趣，还有他跟十三姨的感情刚中带柔，也很符合美国观众的口味。

事实上，在扮演黄飞鸿的演员中，李连杰的武打既不够真实，又不太近人情，受到许多香港影评人的批评。即便如此，他拍的“黄飞鸿系列”能在美国大受欢迎，足以说明美国观众对黄飞鸿这个人物的兴趣。

通过弟子与再传弟子，黄飞鸿已走向了世界。2003年1月15日，黄飞鸿第三代弟子来到泉州谒祖。黄飞鸿是南少林传人，泉州是南少林所在地。据传火烧少林寺后，少林寺和尚至善法师避祸民间，继续招收少林弟子，反清复明。至善、洪熙官及其弟子传到广东，继续发展南少林拳。在广东出了南少林拳王黄飞鸿，后又由黄的弟子传至香港，再远播世界各地。

这次到泉州来谒祖的有英、美、法、德、意、波兰、荷兰、瑞士等八个国家的四十多名洪拳传人，他们是为了庆贺黄飞鸿的再传弟子赵志凌六十岁寿辰，而组织了这次“世界海外洪家弟子南少林寺寻根贺寿之旅”。在泉州的谒祖活动结束后，他们还往广东佛山黄飞鸿故乡去。

赵志凌和他的洋弟子在泉州，送上“南派少林，认祖归宗”的锦旗。泉州的南少林寺内，锣鼓喧天，场面火爆。黄飞鸿的第三代弟子赵志凌说：“早年，我曾和成龙、洪金宝等人一起演电影并担任武术指导，后来移居美国。这次我带我的徒子徒孙们来到泉州南少林，就是为了发扬中国文化，让他们认识到自己所学的功夫源自中国。”

2004年1月下旬，广东电视台拍摄的40集电视纪录片《武林探秘》与观众见面。这部自2002年开始拍摄的纪录片，较全面地反映了中华武术的内涵及在世界的影响。其内容涉及少林寺、武当山、南少林、河北沧州、佛山黄飞鸿、太极拳、自然门、广东南拳等国内绝大部分武术门派及其在欧美和东南亚的情况。其中的第五集为《黄飞鸿传人余志伟》、第六集为《黄飞鸿传人之纽约故事》(上)、第七集为《黄飞鸿传人之纽约故事》(下)。

黄飞鸿在南派武术中的地位是无人可撼动的，他的影响随着弟子和再传弟子的不断扩大，也将越来越深远。如果按赵志凌先生所说，2001年全球已有38万黄飞鸿再传弟子，再过几年将超过40万人，那么，再过几十年呢？

黄飞鸿是一代武林宗师，永远不灭的是他的精神。可以肯定，今后还会有更多的黄飞鸿题材的作品问世。据网上消息，香港的徐克、刘家良及台湾的戚冠军等著名导演、演员和武术家，希望在黄飞鸿纪念馆的协助下继续拍黄飞鸿电影，这就是一个很好的佐证。

如今，黄飞鸿已经名扬天下。他不再是一百多年前那个在街头卖艺的艺人，而是作为闻名世界的乡贤名流而长存于世间。黄飞鸿生前除奸扶弱、除暴安良的武德，无疑将激励他的徒子徒孙继续匡扶正义，他为民族自尊、为国家而战的爱国精神，也同样将被中华儿女发扬光大。

一代宗师黄飞鸿的精神永存！

附录一

黄飞鸿大事年表

附录一：黄飞鸿大事年表

1856 年 8 月 27 日（农历七月初九），黄飞鸿出生于广东佛山镇。

1862 年 黄飞鸿六岁，开始从其父黄麒英习武。

1868 年 随父在佛山、广州、顺德一带卖武，其间以四象标龙棍胜武师郑大雄左手钓鱼棍法，得“少年英雄”之名。

1869 年 在佛山豆豉巷卖武时遇铁桥三高徒林福成，黄飞鸿父子替林福成解围。而后黄飞鸿在佛山随林福成学艺近两年，学成铁线拳和飞砣等绝技。

1872 年 移居广州，铜、铁行工人集资为其设武馆于第七甫水脚，黄飞鸿结束卖武生涯。武师李澄波、大旧二等前来踢盘被飞鸿打败，收陆正刚、梁宽等人为徒。

1874 年 广州三栏行（果栏、菜栏、鱼栏）中人聘黄飞鸿为行中武术教练。与武师宋辉镗交流武艺，学得绝技“无影脚”。

1875 年 在西樵官山墟一当铺夜宿时遇贼人打劫，黄飞鸿一人击退数十人，在当地一时传为佳话，随后应邀到在石龙乡授徒。

1876 年 年初到香港与陆正刚相会，与当地帮派发生冲突。后来一洋人携如牛犊大的狼狗在香港设擂向华人邀斗，飞鸿不甘华人受辱，赴港以“猴形拐脚”击毙恶犬，自此扬名香江。

1877 年 香港水坑口大笪地小贩彭玉摊档被一恶棍强占打伤，黄飞鸿路见不平相助，被对方同伙数十人持械围攻，飞鸿幸得少女陆阿宽相救。同年，另设馆于广州西关回澜桥附近，教徒授艺兼医刀伤跌打，三栏教席由梁宽代替。此后林世荣、戚继宽、邓秀琼等人拜飞鸿为师。

1878 年 在佛山平政桥斗蟀场为卢九叔任“护草”时，黄飞鸿不畏强暴严惩歹徒，在佛山名噪一时。

1879 年 娶妻罗氏，婚后三个月罗氏病卒。

1882 年 受聘广州水师任武术教练，并考取广州将军衙门“靖汛大旗手”一职。

1885 年 在金花庙举行酬神庆典时结识提督陈泰钧，两人比试武艺，成为好友。陈泰钧将黄飞鸿推荐给记名提督吴全美。吴全美聘黄飞鸿为军中技击教练，黄飞鸿停办回澜桥所设武馆。

1886 年 1 月，黑旗军领袖刘永福进驻广州；不久黄飞鸿之父黄麒英染疾卒。月余后，吴全美也去世，黄飞鸿辞去军中技击教练职务，在广州仁安街设跌打医馆宝芝林。

1888 年 刘永福骑马摔伤，久治不愈。有人推荐黄飞鸿为他治疗，一周即治好。刘赏识黄飞鸿武艺高强、医术精通，聘为军医官和福字军技击总教练，向其赠由张之洞题写的“医艺精通”木匾。

1894 年 9 月，刘永福率领军队赴台湾抗击日本侵略军，黄飞鸿随刘率九营福字军抵台，驻守台南。

1895 年 6 月，黄飞鸿被唐景崧任命为“殿前大将军”。此后在新竹、嘉义和台南保卫战中，黄飞鸿亲临一线浴血奋战。10 月刘永福护台失利，黄飞鸿离台返粤，自此仅行医不再教授武艺，宝芝林前榜：“武艺功夫，难以传授；千金不传，求师莫问。”

约 1896 年 续娶马氏为妻，生二女、二子（汉林、汉森），不久马氏病卒。

约 1902 年 续纳岑氏为妻，生二子（汉枢、汉熙），不久岑氏病卒。几年后，在香港指点刘忠打败西方大力士。

1911 年 8 月，应刘永福邀聘，任广东民团总教练。

1912 年 鱼栏伙记冯如灿（卖鱼灿）遭歹徒勒索被殴，黄飞鸿见义勇为严惩歹徒，“义救卖鱼灿”一事在羊城广为传颂。

1915 年 59 岁的黄飞鸿续莫桂兰为妾。

1917 年 1 月，刘永福逝世，黄飞鸿哀悼之余，想起众多离散的徒弟。

1918 年 在广州十八甫福安街梁氏蟀猎场任守。

1919 年 4 月 9 日，在广州海珠戏院广东省精武会成立大会上表演飞砣。

1923年 中秋，精通武术的次子黄汉森遭妒，往广西梧州渡任护勇时被“鬼眼梁”暗算惨死。受此打击，黄飞鸿不再向其他儿子传授武技。

1924年 10月，广州国民政府镇压商团暴乱，西关一带房屋被毁，仁安街宝芝林受累被焚，资财付于一炬；黄飞鸿长子汉林又告失业，因而忧郁成疾。

1925年 4月17日，病逝于广州城西方便医院。临终前，黄飞鸿嘱托莫桂兰，重开宝芝林。

1930年 林世荣精心整理的黄飞鸿拳谱出版，开创广东近代武术套路写作的先河。

1933年 林世荣的徒弟朱愚斋的《黄飞鸿江湖别传》出版，这是第一部介绍黄飞鸿的传记小说。

1946年 莫桂兰再度赴港，在香港高士道挂起“黄飞鸿授妻莫桂兰精医跌打”的招牌授徒行医，重开宝芝林药店。此后，她创办黄飞鸿国术馆和黄飞鸿健身学院。

1949年 黄飞鸿系列电影第一部的上集《鞭风灭烛》和下集《火烧霸王庄》上演。

1950年 朱愚斋另一部关于黄飞鸿的作品《岭南奇侠传》问世，带动了黄飞鸿题材作品创作的热潮。此后，黄飞鸿题材的小说、影视纷纷问世。

20世纪六七十年代 黄飞鸿的弟子与再传弟子向全球发展，在世界范围内开馆授徒。

1976年 莫桂兰接受《真功夫》杂志记者采访，介绍黄飞鸿许多鲜为人知的事情。

1982年 黄飞鸿第四位妻子莫桂兰在香港去世。

20世纪八九十年代 黄飞鸿的再传弟子赵志凌、余志伟等人的弟子遍及20多个国家，全世界有近40万人在学黄飞鸿武术。

1996年 黄飞鸿狮艺武术馆在他的家乡西樵禄舟村建成。

2001年 1月14日，黄飞鸿纪念馆落成典礼在佛山隆重举行。黄飞鸿题材的电影超百部，进入《2001年吉尼斯世界纪录大全》。

2004年 广东电视台播出40集纪录片《武林探秘》，内有多集介绍飞鸿和他的传人。

附录二

百部黄飞鸿题材电影目录

附录二：百部黄飞鸿题材电影目录

		片名	首映日期	导演
1	*	黄飞鸿传上集之鞭风灭烛	1949年10月8日	胡鹏
2	*	黄飞鸿传下集之火烧霸王庄	1949年10月12日	胡鹏
3	*	黄飞鸿传第三集血战流花桥	1950年4月13日	胡鹏
4	*	黄飞鸿传第四集梁宽归天	1950年4月16日	胡鹏
5	*	黄飞鸿传大结局	1951年3月15日	罗志雄
6		黄飞鸿血染芙蓉谷	1952年11月9日	胡鹏
7	*	黄飞鸿一棍伏三霸	1953年11月28日	胡鹏
8		黄飞鸿义救海幢寺（上集）	1953年7月16日	王天林、凌云
9		黄飞鸿义救海幢寺（下集）	1953年7月19日	王天林、凌云
10	*	黄飞鸿初试无影脚	1954年7月21日	胡鹏
11	*	黄飞鸿与林世荣	1954年10月29日	胡鹏
12	*	黄飞鸿正传	1955年1月13日	丁零
13	*	续黄飞鸿传	1955年7月26日	丁零
14	*	黄飞鸿花地抢炮	1955年11月13日	胡鹏
15	*	黄飞鸿威震四牌楼	1955年11月23日	胡鹏
16	*	黄飞鸿长堤歼霸	1955年12月11日	胡鹏
17	*	黄飞鸿擂台比武	1956年1月	胡鹏
18	*	黄飞鸿大闹佛山	1956年1月14日	胡鹏
19	*	黄飞鸿火烧大沙头	1956年1月28日	胡鹏
20	*	黄飞鸿花艇风云	1956年2月17日	胡鹏

21	*	黄飞鸿大战双门底	1956年2月22日	胡鹏
22	*	黄飞鸿大闹花灯	1956年2月28日	胡鹏
23	*	黄飞鸿七狮会金龙	1956年3月4日	胡鹏
24	*	黄飞鸿独管斗五龙	1956年3月25日	胡鹏
25	*	黄飞鸿三戏女镖师	1956年4月8日	胡鹏
26	*	黄飞鸿义救龙母庙	1956年4月18日	胡鹏
27	*	黄飞鸿七斗火麒麟	1956年4月25日	陈国华
28	*	黄飞鸿怒吞十二狮	1956年4月29日	胡鹏
29	*	黄飞鸿神鞭伏二虎	1956年5月9日	胡鹏
30	*	黄飞鸿醒狮会麒麟	1956年5月16日	胡鹏
31	*	黄飞鸿铁鸡斗蜈蚣	1956年5月26日	胡鹏
32	*	黄飞鸿龙舟夺锦	1956年6月13日	胡鹏
33	*	黄飞鸿水底三擒苏鼠廉	1956年6月20日	胡鹏
34	*	黄飞鸿沙面伏神犬	1956年7月19日	王天林
35	*	黄飞鸿横扫小北江	1956年7月22日	胡鹏
36	*	黄飞鸿红船歼霸	1956年7月29日	胡鹏
37	*	黄飞鸿义救卖鱼灿	1956年9月5日	胡鹏
38	*	黄飞鸿观音山雪恨	1956年9月13日	胡鹏、凌云
39	*	黄飞鸿天后庙进香	1956年9月14日	胡鹏
40	*	黄飞鸿官山大贺寿	1956年10月20日	胡鹏
41	*	黄飞鸿古寺救情僧	1956年11月17日	胡鹏
42	*	黄飞鸿河南浴血战	1957年2月20日	胡鹏
43	*	胭脂马三斗黄飞鸿	1957年2月23日	胡鹏
44	*	黄飞鸿夜探黑龙山	1957年3月21日	胡鹏
45	*	黄飞鸿狮王争霸	1957年4月7日	胡鹏
46	*	黄飞鸿喋血马鞍山	1957年4月17日	胡鹏
47	*	黄飞鸿大破飞刀党	1957年5月22日	胡鹏
48	*	黄飞鸿血溅姑婆屋	1957年7月17日	胡鹏
49	*	黄飞鸿二龙争珠	1957年12月1日	胡鹏
50	*	黄飞鸿五毒斗双龙	1958年1月26日	胡鹏
51	*	黄飞鸿龙争虎斗	1958年2月13日	胡鹏

52	*	黄飞鸿大破金钟罩	1958年2月14日	胡鹏
53	*	黄飞鸿西关抢新娘	1958年3月30日	胡鹏
54	*	黄飞鸿大闹凤凰岗	1958年4月15日	胡鹏
55	*	黄飞鸿擂台斗五虎	1958年6月1日	胡鹏
56	*	黄飞鸿大破马家庄	1958年8月14日	胡鹏
57	*	黄飞鸿夫妻除三害	1958年8月24日	任彭年
58	*	黄飞鸿铁鸡斗神鹰	1958年9月21日	胡鹏
59	*	黄飞鸿虎穴救梁宽	1958年10月27日	胡鹏
60	*	黄飞鸿义贯彩虹桥	1959年2月1日	胡鹏
61	*	黄飞鸿被困黑地狱	1959年6月7日	胡鹏
62	*	黄飞鸿戏棚伏虎	1959年7月1日	胡鹏
63	*	黄飞鸿擂台争霸战	1960年1月27日	胡鹏
64	*	猩猩王大战黄飞鸿	1960年6月16日	胡鹏
65	*	黄飞鸿大破五虎头蛇尾阵	1961年1月15日	胡鹏
66	*	黄飞鸿虎爪会群英	1967年11月9日	胡鹏
67	*	黄飞鸿威震五羊城	1968年2月3日	王风
68	*	黄飞鸿醒狮独霸梅花桩	1968年4月2日	王风
69	*	黄飞鸿醉打八金刚	1968年7月3日	王风
70	*	黄飞鸿肉搏黑霸王	1968年9月6日	王风
71	*	黄飞鸿拳王争霸	1968年11月15日	王风
72	*	黄飞鸿巧夺鲨鱼青	1969年2月23日	王风
73	*	黄飞鸿神威伏三煞	1969年4月30日	王风
74	*	黄飞鸿虎鹤斗五狼	1969年7月16日	王风
75	*	黄飞鸿浴血硫磺谷	1969年10月8日	王风
76	*	黄飞鸿勇破烈火阵	1970年8月5日	罗炽
77	#	黄飞鸿	1973年9月12日	何梦华
78	*	黄飞鸿少林拳	1974年1月22日	郑昌和
79	#	黄飞鸿义取丁财炮	1974年5月25日	王风
80		陆阿采与黄飞鸿	1976年5月7日	刘家良
81		醉拳	1978年10月5日	袁和平
82	*	林世荣	1979年12月19日	袁和平

83	*	黄飞鸿与鬼脚七	1980 年	刘丹青
84	*	勇者无惧	1981 年 3 月 5 日	袁和平
85		武馆	1981 年 8 月 20 日	刘家良
86		黄飞鸿	1991 年 8 月 15 日	徐克
87		黄飞鸿之二男儿当自强	1992 年 4 月 16 日	徐克
88		黄飞鸿 92 之龙行天下	1992 年 5 月 28 日	徐克
89		黄飞鸿笑传	1992 年 8 月 8 日	李力持
90		黄飞鸿系列之一代宗师	1992 年 12 月 4 日	李钊
91		黄飞鸿之三狮王争霸	1993 年 2 月 11 日	徐克
92		黄飞鸿对黄飞鸿	1993 年 4 月 1 日	李力持
93		黄飞鸿铁鸡斗蜈蚣	1993 年 4 月 1 日	王晶
94		黄飞鸿之男儿当报国	1993 年 5 月 20 日	张鑫炎
95		黄飞鸿之四王者之风	1993 年 6 月 10 日	元彬
96		少年黄飞鸿之铁马骝	1993 年 9 月 3 日	袁和平
97		醉拳 2	1994 年 2 月 3 日	刘家良
98		醉拳 3	1994 年 7 月 2 日	刘家良
99		黄飞鸿之五龙城歼霸	1994 年 11 年 17 日	徐克
100		黄飞鸿之西域雄狮	1997 年	徐克
* 关德兴饰演黄飞鸿的影片				

※ 注：第 100 部以后的黄飞鸿题材的电影和有关黄飞鸿的电视剧未列入本表中。

后 记

本书在编撰过程中，参照了《黄飞鸿江湖别传》《岭南奇侠传》《少年黄飞鸿》《南海旧事》《简明广东史》等书籍和《南方周末》《信息时报》等报刊以及部分网上相关资料，得到冯植先生、谢瑞东博士和周云华律师等友人的大力帮助。在此，谨向上述资料所有的作者和编者及提供帮助的友人表示诚挚的感谢！

作者

2017 年 2 月 28 日